SÉRIE DE SERMÕES — C. H. SPURGEON

# SERMÕES DE SPURGEON
## SOBRE OS MILAGRES DE JESUS

SÉRIE DE SERMÕES — C. H. SPURGEON

# SERMÕES DE SPURGEON
## SOBRE OS MILAGRES DE JESUS

C. H. SPURGEON

*Sermões de Spurgeon sobre os milagres de Jesus*
por Charles Haddon Spurgeon
Sermões compilados por Dayse Fontoura
Copyright © 2019 Publicações Pão Diário
Todos os direitos reservados.

Coordenação editorial: Dayse Fontoura
Tradução: João Ricardo Morais
Revisão: Dalila de Assis, Dayse Fontoura, Lozane Winter, Rita Rosário, Thaís Soler
Projeto gráfico: Audrey Novac Ribeiro
Capa e diagramação: Audrey Novac Ribeiro

Dados Internacionais de Catalogação na Publicação (CIP)

---

Spurgeon, Charles Haddon, 1834–92.
*Sermões de Spurgeon sobre os milagres de Jesus,* Charles Haddon Spurgeon.
Tradução: João Ricardo Morais — Curitiba/PR, Publicações Pão Diário.
1. Teologia prática  2. Religião prática  3. Vida cristã

---

Proibida a reprodução total ou parcial, sem prévia autorização, por escrito, da editora.
Todos os direitos reservados e protegidos pela Lei 9.610, de 19/02/1998.
Permissão para reprodução: permissao@paodiario.com

Exceto quando indicado o contrário, os trechos bíblicos mencionados são da edição Revista e Atualizada de João F. de Almeida © 2009 Sociedade Bíblica do Brasil.

**Publicações Pão Diário**
Caixa Postal 4190,
82501-970 Curitiba/PR, Brasil
publicacoes@paodiario.org
www.publicacoespaodiario.com.br
Telefone: (41) 3257-4028

PS220
ISBN: 978-1-68043-352-4

1.ª edição: 2019 • 2.ª impressão: 2021

*Impresso no Brasil*

# SUMÁRIO

*Apresentação* ............................................................... 7

1. O início dos milagres realizados por Jesus
   (Jo 2:11) ............................................................... 9
2. O oficial do rei e sua fé
   (Jo 4:46-53) ......................................................... 29
3. Mas sob a tua palavra
   (Lc 5:5) ............................................................... 51
4. Cristo adormecido no barco
   (Mc 4:38) ............................................................ 67
5. O ministro de Cristo em Decápolis
   (Mc 5:17-19) ....................................................... 87
6. O corpo docente perplexo, o grande Médico bem-sucedido (Mc 5:25-28) ................................ 103
7. Que Cristo cresça e eu diminua
   (Mt 8:8) ............................................................ 123
8. Impotência e onipotência
   (Jo 5:5-9) .......................................................... 145
9. Era Jesus, não um fantasma
   (Mt 14:26) ........................................................ 161
10. Onde estão os nove? Onde?
    (Lc 17:17) ........................................................ 183

11. Ele não podia? Ah, mas Ele não quis
    (Jo 11:37) .................................................................. 201
12. Bom ânimo da parte de Cristo e de Seu chamado
    (Mc 10:46-52) ........................................................... 217
13. A moral de um milagre
    (Mc 11:22) ................................................................ 235

# APRESENTAÇÃO

Quando o apóstolo João estava chegando ao fim do registro de seu evangelho, ele esclareceu aos leitores o porquê de tê-lo escrito:

> *"Na verdade, fez Jesus diante dos discípulos muitos outros sinais que não estão escritos neste livro. Estes, porém, foram registrados para que creiais que Jesus é o Cristo, o Filho de Deus, e para que, crendo, tenhais vida em seu nome"* (21:30,31).

Embora o ministério terreno de Cristo esclareça que milagres nem sempre funcionam como um meio de convencimento de pecado para salvação no coração dos homens, eles, com certeza, alimentam a fé daqueles que já iniciaram a jornada com o Mestre Jesus.

Nesta compilação de sermões de Charles Haddon Spurgeon sobre os milagres de Jesus, procuramos organizá-los em ordem cronológica dentro dos 3 anos em que o Verbo encarnado ensinou, pregou e curou (Mateus 4:23) à medida que caminhava entre os homens. Neles, o "Príncipe dos pregadores" discorre sobre curas, libertação de espíritos demoníacos, o poder de Cristo sobre a natureza e ressurreição de mortos. Disserta sobre os efeitos desses milagres para além do exterior dos beneficiados: salvação, vidas transformadas, comunidades restauradas, histórias reorientadas. Esses mesmos resultados podem ser colhidos entre os que leem, meditam e põem sua fé no Deus Filho, que nunca muda.

Nosso desejo é que a força do púlpito de Spurgeon provoque nos leitores uma reflexão profunda sobre os belos relatos dos encontros do Filho de Deus com o caos humano e de Seu poder para revertê-lo por meio de milagres. E que nosso coração seja estimulado a se firmar na verdade imutável de que, não importa o tamanho do problema ou desafio que tenhamos à frente, Jesus é sempre maior do que todos eles juntos.

*Dos editores*

# 1

# O INÍCIO DOS MILAGRES REALIZADOS POR JESUS

*Com este, deu Jesus princípio a seus sinais em Caná da Galileia; manifestou a sua glória, e os seus discípulos creram nele* (João 2:11).

este momento, não considerarei a relação desse milagre com a abstinência total. O vinho que Jesus fez era um bom vinho e foi feito da água; não é provável que encontremos algo desse tipo neste país onde o vinho raramente é feito a partir do puro suco da uva; e onde não é conhecido quem o fez, ou do que é feito. O que agora é chamado de vinho é um líquido muito diferente daquele que nosso Senhor produziu divinamente. Usamos nossa liberdade cristã para nos abstermos de vinho e julgamos que nosso Salvador aprovaria nossa esquiva daquilo que, nestes dias, faz nosso irmão se escandalizar. Nós que recusamos a taça embriagante de hoje temos nossos modos de ver a ação de nosso Mestre nesta situação e temos facilidade em ver sabedoria e santidade

nela. Mas, mesmo que não pudéssemos interpretar o que Ele fez, não devemos ousar questioná-lo. Enquanto os outros criticam, nós adoramos. Mesmo isso é mais do que eu queria dizer, pois meu objetivo, esta manhã, está muito longe dessa controvérsia. Busco um tema *espiritual* e oro pela ajuda do alto para tratá-lo corretamente.

Encontramos esse milagre apenas em João. Nem Mateus, nem Marcos, ou ainda Lucas têm uma palavra sobre isso. Como João veio saber disso? Em parte, foi por estar presente. Mas o prefácio referindo-se à mãe de Jesus veio-lhe de outra maneira, pensamos. Lembre-se das palavras de nosso Senhor na cruz para João, como está escrito: "Dessa hora em diante, o discípulo a tomou para casa"? Creio que ninguém ouviu as palavras de Jesus para Sua mãe, além da própria Maria. Ocorreu depois do Seu modo gentil de repreendê-la quando estava sozinha. Mas, quando João e a estimada mãe conversaram, ela, provavelmente, lembrou-lhe do milagre e falou do erro dela. Os santos ganham coisas preciosas dos servos fracos e provados de Deus; e aqueles que dão assistência à viúva e ao órfão não ficam sem recompensa. Se a minha conjectura estiver correta, vejo a santa modéstia da "mãe de Jesus"; que ela contou sua própria falha e não proibiu João de mencioná-la. O Espírito Santo moveu o evangelista a registrar não só o milagre, mas o erro de Maria. Foi sábio, pois é um argumento conclusivo contra a noção de que a mãe de Jesus pode interceder por nós com seu Filho e usar de autoridade com Ele. É evidente, a partir dessa narrativa, que nosso Senhor não toleraria tal ideia, nem na mente dela nem na nossa. "Mulher, que tenho eu contigo?" — é uma frase que soa a morte de qualquer ideia de que o nosso Senhor seja movido por relacionamentos segundo a carne. Com todo respeito amoroso, contudo, Ele interrompe decididamente toda interferência de Maria; pois Seu reino devia estar de acordo com o *espírito* e não de acordo com a carne. Deleito-me em acreditar, a respeito da mãe de Jesus, que, embora ela tenha incorrido em um erro natural, no entanto, ela, por nenhum instante, persistiu nele. Nem o escondeu de João, mas provavelmente teve o cuidado de dizer-lhe que ninguém deveria incorrer em erro semelhante ao pensar nela de forma imprópria.

Que nunca esqueçamos que "a mãe de Jesus" teve uma fé muito firme e prática em seu Filho, sobre quem anjos e profetas lhe deram testemunho. Ela o viu em sua infância e o observou enquanto criança; e não deve ter sido fácil crer na divindade de quem você segurou como bebê e alimentou no seio. Desde o Seu maravilhoso nascimento, ela creu nele e, agora que recebe uma espécie de recusa dele, sua fé não falha, mas ela calmamente se volta para os servos e pede que eles estejam prontos para obedecer a Suas ordens sejam quais forem. Ela sentiu que Ele estava muito certo de fazer o que era necessário. Mesmo a partir de Suas palavras: "*Ainda não* é chegada a minha hora", ela provavelmente percebeu que Sua hora de ministrar chegaria. Sua fé estava acompanhada de imperfeição, entretanto, era do tipo certo. Sua fé perseverou em situação de dificuldade e, no final, triunfou, pois o vinho que faltou tornou-se abundante novamente e o que Ele forneceu foi de qualidade superior. Que possamos ter uma fé que sobreviva a uma repreensão! Que nós, como Maria, cantemos "Meu espírito se alegrou em Deus, meu Salvador" e que Jesus seja para nós como Ele foi para ela; aquele em quem confiamos e amamos, por quem nossa alma aprendeu a esperar com confiança. Com esse fim em vista, tomei esse assunto para discorrer. Ó, que Seus discípulos possam confiar nele mais e mais! João disse, em outro lugar, a respeito dos feitos de nosso Senhor: "Estes, porém, foram registrados para que creiais que Jesus é o Cristo, o Filho de Deus, e para que, crendo, tenhais vida em seu nome". Verdadeiramente, posso dizer que este sermão é pregado para que meus amados ouvintes possam crer no Senhor Jesus e sejam salvos!

Consideraremos três coisas relacionadas com o texto; primeiro, *o significado desse início de milagres*. Leia "sinais" em vez de "milagres" e você estará mais próximo do significado do original. Esse "início de milagres" pretendia, como tudo o que o seguiu, ser um sinal instrutivo. Em segundo lugar, vamos observar sua *particularidade como manifestação*; "E manifestou a Sua glória". E então, em terceiro lugar, *sua suficiência como confirmação de fé*; "E os seus discípulos creram nele". Esse milagre foi calculado para estabelecer a fé deles e assim foi.

1. Para começar, vamos pensar no SIGNIFICADO DESSE INÍCIO DE SINAIS. Que o Espírito Santo graciosamente auxilie nossos pensamentos e aqueça nossos corações!

O primeiro sinal/maravilha que Cristo realizou foi a transformação de água em vinho no casamento em Caná da Galileia, e, como muitas vezes podemos prejulgar o trajeto de um homem a partir de como foi seu começo, e o início é frequentemente a chave de tudo que vem depois, assim aprendamos todo o teor dos milagres de nosso Senhor a partir deste.

Note, em primeiro lugar, que esse milagre *mostrou a Sua abnegação*. Nosso Senhor havia estado alguns dias antes no deserto e após 40 dias de jejum teve fome. Estava em Seu poder ter ordenado que as pedras se tornassem pães; e se Ele assim tivesse feito, o início dos sinais teria sido um milagre realizado em favor de Suas próprias necessidades. Mas tal início não teria sido coerente com o curso da Sua vida e, especialmente, isso teria sido muito diferente da conclusão de Sua vida quando foi dito sobre Ele: "Salvou os outros, a si mesmo não pode salvar-se". Ele não faria pão para si mesmo, mas Ele fará vinho para os outros. E o fato de que foi vinho e não pão que Ele fez, torna o milagre ainda mais notável. Ele fez não apenas pão para os homens, o que é uma necessidade, mas Ele foi além e lhes fez vinho, que é um *luxo*, embora Ele não fizesse nem mesmo pão para si próprio. Você vê o contraste nítido entre a Sua recusa em se ajudar, até mesmo com uma casca de pão, e a prontidão para dar aos homens não só o que poderia ser necessário para a vida, mas o que só era necessário para a alegria deles. Quando faltou o vinho, o único perigo era que a noiva e o noivo ficassem aflitos, e o casamento desonrado; e isso o nosso Senhor impede. Ele não permitiria que a humilde festa de dois aldeões chegasse a um fim prematuro sendo que eles convidaram tão gentilmente tanto a Ele quanto a Seus discípulos. Ele retribuiu a cortesia deles com a Sua generosidade espontânea. Quão grande é o nosso divino Senhor para ser admirado e amado por nós! Contemple a Sua bondade! Ele não é egoísta. Cada um de nós pode clamar: "Ele me amou e se entregou por mim". Ele entregou a Sua vida pelos homens; Ele deu tudo que tinha aos outros. Nenhum objetivo egoísta jamais manchou a Sua vida consagrada! Ele não reservou nenhuma medida ou grau de poder para si; para os outros, Ele usou esse poder sem restrição. Esse início dos milagres é uma demonstração de altruísmo. A consideração pelos outros brilhou nesse milagre como o sol nos céus.

Em seguida, observe que esse milagre foi *marcado com beneficência*. Foi "o início dos milagres" e o primeiro é a tônica para o restante; somos felizes, pois o primeiro milagre está repleto de bênção! Moisés começou sua obra no Egito com um milagre de *julgamento*. Ele jogou ao chão uma vara, e ela tornou-se uma serpente; e ele transformou água em sangue; mas Jesus vence a serpente com a vara da Escritura e transforma água em vinho! Ele não cria nenhuma praga, mas cura as nossas enfermidades. Bendito Mestre –

*Tua mão não engendra trovões,*
*Nem terror está em Tua face,*
*Nenhum relâmpago leva nossas almas culpadas*
*Para um inferno mais flamejante.*

A missão de Jesus é feliz e, assim sendo, se inicia em uma festa de casamento. O objetivo dela é trazer alegria e satisfação aos corações pesados e assim começa com uma ação de generosidade real. Na coroação dos reis, o canal em Cheapside [N.E.: em 1432] fluiu com vinho e aqui as talhas de água estão cheias disto até a borda! Os resultados dos milagres eram todos benéficos. Verdade, Ele secou uma figueira infrutífera, mas foi um ato benéfico secar uma árvore que atraía os homens para fora de seu caminho por falsas promessas de frutas, e assim causava dores agudas de decepção para viajantes famintos e transeuntes enfraquecidos. Foi bom ensinar a todos nós uma lição prática de sinceridade por meio de algo tão pequeno como secar uma árvore que não servia para nada. Todas as ações de nosso Senhor com os homens estão cheias de benevolência e graça reais. Haverá um dia em que o Cordeiro ficará irado e, como Juiz, Ele condenará os ímpios; mas, enquanto esta dispensação não chegar, Ele é para nós misericórdia, amor, bondade e generosidade. Se você, meu ouvinte, vier a Ele, descobrirá que o Seu coração irá para você, e Ele livremente o abençoará com vida, descanso, paz e alegria. O Senhor o abençoará e levará a maldição para longe de você.

Esse início de milagres foi realizado em um casamento para mostrar grande beneficência. O casamento era o último vestígio do paraíso deixado entre os homens, e Jesus se apressou em honrá-lo com Seu primeiro milagre. O casamento é ordenança de Seu Pai, pois foi Ele quem levou Eva até Adão; e o nosso Senhor operava em harmonia com o Pai. Ele simbolicamente tocou nas próprias origens da virilidade e deu a Sua sanção a essa ordenança pela qual a raça é perpetuada. Jesus vem a um casamento e dá a Sua bênção para que saibamos que a nossa vida familiar está sob o Seu cuidado. Quanto devemos às alegrias dos nossos relacionamentos familiares! Daí a vida é gerada da água para o vinho. Às vezes pensamos que foi quase uma prova da divindade do cristianismo que pudessem haver lares tão felizes como alguns de nossos lares feitos pela presença do nosso querido Senhor, a quem convidamos para a nossa festa de casamento; e que nunca nos deixou; mas tem estado conosco por todos esses anos felizes! Foi um milagre que, ao honrar o casamento, confirmou uma instituição repleta de felicidades para nossa raça.

Mas, também, foi *um milagre muito compassivo*. Os milagres de nosso Senhor eram realizados, em cada caso, para atender a uma necessidade. O vinho faltou na festa do casamento e nosso Senhor surgiu no momento da crise, quando o noivo temia ser envergonhado. Aquela necessidade foi uma grande bênção. Se houvesse vinho suficiente para a festa, Jesus não teria realizado esse milagre e eles nunca teriam saboreado do mais puro e melhor vinho! É uma necessidade abençoada que dá espaço para que Jesus venha com milagres de amor. É bom ter necessidade de algo para que assim possamos ser conduzidos ao Senhor por causa dela, pois Ele a suprirá abundantemente. Meu querido ouvinte, se você não tiver necessidade, Cristo não virá a você. Mas, se você estiver em extrema necessidade, Suas mãos se estenderão em sua direção. Se suas necessidades estiverem diante de você como imensas talhas de água vazias, ou se a sua alma estiver tão cheia de tristeza quanto aquelas mesmas talhas estavam cheias de água até a borda, Jesus pode, por Sua doce vontade, transformar toda a água em vinho; o suspiro em cântico! Esteja feliz por estar muito fraco, para que o poder de Deus possa repousar sobre você! Quanto a mim, sou cada vez mais dependente do Senhor por cada partícula de força. Meus diáconos e anciãos sabem com que frequência em uma manhã de domingo, antes de subir ao púlpito, agradeço a Deus por ser assim. Estou feliz por ser inteiramente dependente do Senhor e de ter tal falta em relação a todo o vinho natural de minha habilidade o qual possa oferecer ao meu Senhor a oportunidade de entrar em cena e suprir o vinho de Sua força o qual possui qualidades divinas. Provavelmente faremos melhor o nosso trabalho quando sentirmos a maior parte da nossa insuficiência e formos levados a Deus em busca de ajuda. Se cultuarmos de forma descuidada, falharemos. Mas, se formos a Ele tremendo em relação a nós mesmos, olhando com confiança para o Senhor, seremos mais do que vencedores! Se tivermos uma grande necessidade, se um recurso indispensável tiver acabado, se estivermos na iminência de sermos desprezados por causa de falha, vamos, pela fé, esperar que o Senhor Jesus venha para nos libertar! Percebo, desse milagre, que nosso Senhor olha para as necessidades do homem e não para as suas posses. Ele tem um olhar sobre nossas falhas e necessidades; e Ele faz de nossa angústia a plataforma sobre a qual manifesta a Sua glória, suprindo todas as nossas necessidades.

Além disso, não posso deixar de perceber *o quão condescendente foi esse milagre!* É dito duas vezes que foi realizado em Caná na Galileia. Duas vezes isso é mencionado para que possamos observá-lo bem. Nosso Senhor não escolheu os lugares mais especiais de Jerusalém, nem notáveis cidades da Palestina como a cena do Seu primeiro milagre; Ele foi a uma aldeia tranquila na Galileia, em um solo galileu que pertencia aos gentios, um distrito muito desprezado, e lá Ele realizou o Seu primeiro milagre na cidade de juncos e canas, Caná da Galileia. Ele realizou o sinal não em uma ocasião espiritual e sagrada, nem diante de eclesiásticos e cientistas. Alguns parecem supor que tudo que o nosso Senhor faz deve ser feito em igrejas ou catedrais. Não, não! Esse milagre não foi realizado em uma reunião de oração ou de leitura da Bíblia, mas, sim, em uma casa particular durante o casamento de alguns camponeses pobres de nomes desconhecidos. Veja como Jesus condescende aos lugares comuns da vida e derrama uma bênção sobre o lado secular da nossa existência!

Aqueles que deram essa festa eram pessoas de poucas posses. O vinho não teria acabado tão cedo se eles fossem muito ricos. É verdade que vieram para o casamento sete pessoas a mais do que tinham esperado, mas mesmo assim, se fossem pessoas ricas, teriam tido mais do que o suficiente para satisfazer sete convidados extras, pois os orientais mantinham a casa aberta para quase todos durante a semana do casamento. Eles não eram, de modo algum, de um partido aristocrático ou um conjunto de notáveis de Israel. Por que nosso Senhor não iniciou os Seus milagres diante do rei, ou do governador, ou pelo menos na presença do sumo sacerdote e dos escribas e doutores da lei? Nosso Senhor ter escolhido não realizar Seu primeiro prodígio aos grandes e respeitosos me traz conforto. O fato de Ele ir a indivíduos comuns é felicidade para mim! Você e eu podemos, em relação à posição social e riqueza, estar na base da pirâmide, mas Jesus se inclina para homens de poucas posses. Para lugares comuns como este — Newington, no lado sul do Tâmisa — o Senhor veio visitar o Seu povo! Aqui, também, Ele tem realizado Suas transformações e muitas vidas pálidas se tornaram ricas e cheias através da Sua graça!

Meu caro ouvinte, Jesus pode vir a você, não importa se você é apenas um trabalhador ou um servo, ou um pobre comerciante, ou a esposa de um artesão! Nosso Senhor ama os pobres! Ele é um grande frequentador de casebres. Ele se detém não para grandes ocasiões, mas faz sua morada com o humilde. Ele está cheio de condescendência.

*Esse primeiro milagre foi muito generoso.* No casamento, Jesus não multiplicou o *pão*; Ele lidou com algo de requinte e alegrou o coração dos convidados com o que se assemelhava ao puro sangue da uva. Quando nosso Senhor alimentou as multidões no deserto, Ele poderia ter dado a cada um deles um pouco de pão para que não passassem fome. Mas Ele nunca faz as coisas de modo miserável, como nos abrigos para os desamparados e, portanto, Ele adicionou o peixe para dar um sabor ao pão. Nosso Senhor não dá apenas existência, mas uma existência feliz que é verdadeiramente vida. Ele não dá aos homens apenas o suficiente para sua necessidade, mas Ele dá em grau mais elevado, o que chamamos de satisfação. Aqui ele transforma água boa e saudável em uma bebida mais doce, mais rica e mais nutritiva; talvez pouco saibamos o quão verdadeiramente boa e substanciosa aquela bebida, feita por Deus, foi para aqueles que foram privilegiados em prová-la. Nosso querido Mestre dará a todos aqueles que são os Seus seguidores uma alegria indescritível e cheia de glória. Eles não só terão graça suficiente para viver, de modo a apenas esperar e servir, mas eles beberão de "vinhos velhos bem clarificados" [N.E.: Isaías 25:6] e terão graça para cantar, graça com que se alegrar, graça para enchê-los com segurança e fazê-los transbordar de satisfação. Nosso Amado não só nos trouxe para a casa do pão, mas para o banquete de vinho! Temos o Céu aqui abaixo. Jesus não mede a graça em gotas, como os químicos fazem seus remédios; Ele dá liberalmente. Suas talhas estão cheias até a borda, e a qualidade é tão notável quanto a quantidade; Ele dá o melhor dos melhores; alegrias, arrebatamentos e êxtases. Ó minha alma, à que mesa real você se senta! Ele diariamente a supre com benefícios.

*Que milagre gracioso foi esse!* Que liberalidade! Que abundância! Ele não precisou pisar as uvas para realizá-lo. Maria não deve interferir. Afaste-se, boa mulher, pois o Senhor sabe o que é necessário sem que você lhe diga! Caro amigo, você pensa, talvez, que deva orar até atingir certa quantidade, mas o Senhor está muito mais pronto para dar do que você para orar. Não é a sua oração que o fará querer abençoá-lo, pois Ele está disposto, mesmo agora, a fazer por você muito mais abundantemente além daquilo que você pede ou pensa!

Para obter o fornecimento de vinho, é de se salientar que nada foi exigido dos homens, mas apenas o que era muito simples e fácil. Apressem-se, servos obedientes, a buscar *água*; basta tirá-la do poço e despejá-la naquelas grandes talhas; isso é tudo que vocês têm que fazer! O Senhor Jesus não vem a nós com condições árduas e termos exigentes. Não sonhe que para ser salvo, você tem que fazer ou sentir algo grandioso. Você pode crer em Jesus para a vida eterna assim como está! Tenha fé suficiente para receber a oferta do Senhor e, para sua própria surpresa, haverá vinho onde antes havia apenas água! O Senhor, por Seu Espírito, pode vir e mudar seu coração e renovar seu espírito de modo que, onde tem havido apenas um pouco de pensamento natural, haverá vida e sentimento espiritual! Ele fará isso sem pressionar e persuadir. A graça é gratuita! Jesus tem um coração terno para com os pobres pecadores; a lança o abriu; uma oração o tocará.

O primeiro milagre foi *profético*. Nosso Senhor inicia os Seus sinais em um casamento. Ele nos convida agora para uma festa de casamento. Tudo acabará em um glorioso jantar de bodas. A história de nossa Bíblia termina como todos os contos bem contados: eles se casaram e viveram felizes para sempre. Para provar isso, leia o Livro de Apocalipse. Nosso Senhor virá para celebrar um casamento entre Ele e Sua igreja, e todo vinho que eles beberão naquela grande festa será providenciado por Ele mesmo, e toda alegria e felicidade serão dadas por Ele! Jesus é o sol do dia do paraíso! Ele é a glória do glorificado! Ele cuidará para que ao longo da era milenar, sim, e durante toda *eternidade*, a alegria de Seus escolhidos nunca falte, pois eles se alegrarão em Deus e nele mesmo sem medida e ilimitadamente.

Nosso Senhor iniciou com esse milagre especial como se quisesse nos mostrar que Ele havia vindo aqui para transformar e transfigurar todas as coisas, para cumprir a Lei e seus tipos; acrescentando a estes substância e realidade. Ele iniciou com esse milagre especial para pegar o homem e elevá-lo de uma criatura caída a filho e herdeiro nascido do Céu! Jesus veio para livrar este planeta de suas névoas e revesti-lo de vestes de glória e beleza. Em breve, veremos novos céus e uma nova Terra! A Nova Jerusalém descerá do céu, vinda de Deus, preparada como uma noiva adornada para o seu marido! Jesus veio para elevar e cumprir; e Ele dá prova disso neste início dos sinais.

**2.** Segundo, quero que você perceba nesse milagre SUA PARTICULARIDADE COMO UMA MANIFESTAÇÃO. "Com este, deu Jesus princípio a seus sinais em Caná da Galileia; manifestou a sua glória". Creio que haja uma conexão muito clara entre o primeiro capítulo deste evangelho e a passagem perante nós. João, no primeiro capítulo, disse: "E o Verbo se fez carne e habitou entre nós, cheio de graça e de verdade, e vimos a sua glória, glória como do unigênito do Pai". Aqui você tem uma revelação dessa graça e glória.

Observe que *Ele manifestou a Sua glória*. Verdadeiramente, Ele glorificou o Pai, pois esse era o Seu grande fim e objetivo, mas mesmo assim Ele manifestou a Sua própria glória nesse mesmo ato. Perceba que foi a Sua glória que foi manifestada. Nunca foi dito isso de nenhum profeta ou santo. Moisés, Samuel, Davi, Elias; nenhum deles jamais manifestou sua própria glória; na verdade, eles não tinham glória para manifestar! Aqui está Aquele que é maior do que um profeta! Aqui está um que é maior do que o mais santo dos homens! Ele manifestou a Sua própria glória; não poderia ser de outra forma. Sinto que devo adorar meu Senhor Jesus enquanto leio essas palavras. Jesus revelou a Sua própria glória como Deus e homem. Durante todos aqueles anos anteriores, essa glória estivera encoberta. Ele foi um menino obediente em casa e um jovem trabalhador como carpinteiro em Nazaré; então a Sua glória era uma fonte fechada, uma fonte selada; mas agora fluía na torrente avermelhada desse grande milagre! Se você pensar nisso, verá mais claramente que glória isso foi. Jesus era um homem como os outros e ainda assim, por vontade própria, Ele transformou água em vinho! Ele era um homem que tinha mãe; ela estava lá como se fosse para nos lembrar de que Ele nasceu de mulher. Ele era um homem com uma mãe e, ainda assim, era tão verdadeiramente "Deus sobre todos" que criou, por Sua vontade, uma abundância de vinho. Ele era apenas um entre muitos convidados para o casamento com os Seus seis humildes seguidores, mas mesmo assim, agiu como o Criador! Ele não se sentou com vestes de sumo sacerdote, nem usou os amuletos dos fariseus, nem qualquer outra forma de ornamento que significasse um ofício ou profissão eclesiástica; no entanto, Ele realizou maiores maravilhas do que eles poderiam tentar. Ele era simplesmente um homem entre os homens e, entretanto, era Deus entre os homens! Seu desejo era lei no mundo material de modo que a água recebeu as qualidades do vinho. Adorem-no, irmãos e irmãs! Adorem-no reverentemente! Prostrem-se diante daquele que era homem, um homem de verdade e, no entanto, agiu como somente o próprio Jeová pode fazer! Adorem aquele que não julgou como usurpação o ser igual a Deus e, todavia, é encontrado entre os convidados num casamento modesto, manifestando ali mesmo a Sua glória!

Observe, *Ele manifestou Sua glória ao agir além do poder da natureza.* A natureza não faz a água se transformar em vinho instantaneamente; se isso for feito, deve ser pela ação direta do Senhor. É verdade que existem processos pelos quais a gota de orvalho entra no bago da uva e é gradualmente, através de arranjos secretos, transformado em suco refrescante. Mas, por qual poder a *água* poderia ser tirada de um vaso de barro e transmutada em vinho enquanto era levada para a mesa? Ninguém, além de Deus, poderia fazer isso e, como Jesus o fez, Ele, então, exibiu Sua Divindade. Ao fazer isso, Ele mostrou que tinha todo o poder na Terra. Ele pode fazer como quiser e por Seu único ato de criação ou transformação, Ele manifesta a glória de Seu poder.

*Ele fez isso agindo, em parte, sem qualquer equipamento.* Quando Moisés adoçou a água amarga, foi através de uma árvore que o Senhor lhe mostrou. Quando Eliseu limpou o manancial das águas, ele jogou sal na água. Não temos instrumentalidade aqui. Sempre que o nosso Senhor usou meios visíveis, Ele os selecionou como se, por si só, fossem claramente insuficientes para o propósito, como se não se opusessem ao Seu desígnio como, por exemplo, ao curar o cego fazendo barro com saliva e colocando-o em seus olhos; algo para cegar, em vez de abrir-lhe os olhos. Aqui, no entanto, nosso Senhor não tinha qualquer instrumento. Ele nem mesmo pronunciou uma palavra, dizendo: "Água, torne-se vinho". Não, Jesus apenas desejou e foi feito! E quão divinamente Ele manifesta Sua glória nesse sentido!

E *Ele agiu de maneira tão fácil e majestosa* a qual nos lembra do método e da maneira do grande Deus. Ele simplesmente diz: "Enchei de água as talhas", e os servos obedecem à Sua ordem com entusiasmo, pois Ele é o Provedor supremo. "Tirai agora", diz Ele, e no processo de levar os jarros ao mestre-sala, a água é transformada em vinho! Aqui não há esforço, nem o recuperar de fôlego para realizar uma façanha. A Terra gira, mas a engrenagem da natureza nunca trabalha sobre seu eixo. Deus age por meio de Suas leis de maneira perfeitamente natural e irrestrita. A criação e a providência encontram-se nesse majestoso silêncio que vem da onipotência. Tudo ocorre facilmente onde Deus está. De acordo com Sua própria vontade, Ele pode fazer todas as coisas por nós e, em um momento, transformar o choro do nosso sofrimento em alegria.

Nosso Senhor manifestou a Sua glória ao *agir naturalmente e sem espetáculo*. Realmente creio que se vocês pudessem ter realizado esta maravilha, teriam dito ao mestre-sala da festa: "Reúna todos os convidados para observarem que acabou o vinho e que estou prestes a criar uma nova provisão. Vê esta enorme talha? Observe como a enchi de água para que todos saibam que não há vinho nela. Observe-me enquanto realizo a transformação". Então vocês teriam falado em voz alta, ou teriam realizado uma série de performances. Jesus não fez nada disso! Ele odeia espetáculo. O reino de Cristo não virá sob holofotes. Ele evita pompa, barulho e cerimônia. Ele age como um Deus cujas maravilhas são muitas para que Ele mesmo seja considerado alvo de atenção; foi divino da parte do Senhor realizar tamanha obra sem parecer estar fazendo algo incomum.

*Testemunhas imparciais certificaram que Ele literalmente realizou o milagre*. João, ou Filipe, ou todos os seis poderiam ter dito: "Mestre, vamos encher as talhas de água com água". Mas não deve ter sido assim a menos que houvesse uma suspeita de conluio entre o Mestre e os discípulos. Os servos comuns devem encher os jarros de água com água. Novamente, os discípulos teriam ficado muito satisfeitos em levar o vinho ao mestre-sala da festa, dizendo: "Aqui está o vinho que o nosso grande e bom Mestre fez para vocês". Não, os servos devem trazer o vinho e não dizer nada sobre sua origem; e o mestre de cerimônias, como principal testemunha, verificará que o que foi trazido é realmente vinho e da melhor qualidade; um cavalheiro sem consciência espiritual, mas alguém que esteve em muitas dessas festas, conhece o costume delas e tem uma sentença pronta para apresentar. Ele era, com certeza, um homem capaz de julgar a qualidade do vinho e podemos aceitar com segurança o seu veredito: "tu, porém, guardaste o bom vinho até agora". Quanto menos espiritual o homem neste caso, melhor será o testemunho da realidade do milagre! Se ele fosse um seguidor de Jesus, poderia ser suspeito de estar envolvido com Ele e Seus discípulos em atividades sociais. Mas é possível ver que ele é um homem de outra categoria. A obra de Deus é fato, não ficção; apela para a *fé*, não à imaginação. Da mesma forma como havia testemunhas que testificaram a ressurreição de Cristo quando Ele ressurgiu dentre os mortos, o modo como Deus realiza Sua obra levantará testemunhas que estarão preparadas para comprová-la; portanto, Seu primeiro milagre é comprovado como real e verdadeiro pela melhor das testemunhas. Havia um motivo especial para isso. Ó, meus amados ouvintes, se vocês vierem a Cristo, Ele não os enganará! Suas bênçãos não são sonhos! Se vocês vierem e confiarem em Jesus, a obra que Ele fará por vocês será tão real quanto o que Ele fez em Caná! Mesmo os ímpios serão obrigados a ver que Deus realizou uma mudança em vocês. Quando eles virem sua nova vida, dirão: "Aqui há algo bom, como nós nunca vimos nele antes". Venham, peço-lhes, e recebam a Cristo para que Ele seja absolutamente tudo em sua vida, e Ele será, de fato, tudo o que vocês precisarem! Confiem a Ele seus pecados e Ele trará um verdadeiro perdão. Confiem a Ele seus problemas; Ele lhes dará descanso perfeito! Confiem a Ele sua natureza perversa; Ele os renovará! Jesus não finge fazer o que Ele não faz. Ele realmente transformou a água em vinho de qualidade naquele casamento diante do testemunho de todos; e, dessa forma, Ele agora pode transformar o seu caráter e torná-lo de tal forma que nem a natureza, com o melhor do seu conhecimento, jamais poderá produzir! Repito, a particularidade desta manifestação está no fato de que revelou o Senhor Jesus, por Seu próprio poder, exaltando tudo o que Ele tocou, transformando homens, coisas e fatos em mais nobres do que eram antes, ou jamais poderiam se tornar. Essa é a particularidade da manifestação de Cristo; Ele diz: "Eis que faço novas todas as coisas". Jesus apresenta o melhor por último! Ele conduz pobres famintos a banquetes! Ele eleva a humanidade decaída para algo tão glorioso que ela permanece, em Sua pessoa, próxima ao trono de Deus! Em tudo esse Cristo é revelado e Seu nome é glorificado!

**3.** E agora, finalmente, penso que temos aqui UMA RAZÃO PARA A CONFIRMAÇÃO DA FÉ. Foi dito: "E os seus discípulos creram nele". Irmãos e irmãs, percebam algo aqui. Como João soube que os discípulos creram nele? Bem, porque ele era um deles, e o próprio João creu nele. A melhor testemunha é aquela que participa do acontecimento de alguma forma. Quando você mesmo sente algo, tem total certeza disto. João sabia que os outros cinco discípulos creram em Jesus pelo que lhe disseram, pois seus sentimentos coincidiram com os dele. Que também compartilhemos da fé que as maravilhas do nosso Senhor produzem.

Reparem que todos os convidados naquela festa partilharam do vinho, mas os discípulos naquela celebração tiveram algo muito melhor; eles tiveram um aumento da fé. E isso é muito melhor do que todas as delícias de um banquete. Os outros comiam e bebiam, mas esses homens viram Deus em Cristo Jesus, manifestando a Sua glória!

Nosso questionamento é: o que houve nesse milagre que levaria a *confirmar* a fé dos discípulos? Observe que eu digo *confirmar* a sua fé. Não *originou* essa fé, mas a estabeleceu. Aquela fé tinha sido originada pela Palavra do Senhor pregada por João Batista; eles haviam crido em Jesus como o Cordeiro de Deus que tira o pecado do mundo. Em segundo lugar, tinham desfrutado da comunhão pessoal com Jesus ao se aproximarem dele e viverem com Ele. Isso fortaleceu muito a fé daqueles homens. E agora começavam a provar o benefício de estarem associados a Jesus e de verem por si mesmos o que Jesus podia fazer. Assim, sua fé cresceu. Seus discípulos já criam em Jesus, mas esse milagre confirmou sua confiança.

Esse sinal justificou plenamente que os discípulos cressem em Jesus sem qualquer tipo de restrição, pois é evidente que a realização de *um milagre prova o poder de realizar todos os milagres*. Se Cristo pode transformar água em vinho por Sua vontade, Ele pode fazer toda e qualquer coisa. Se Jesus uma vez exerceu um poder além do natural, podemos prontamente crer que Ele pode fazê-lo novamente. Não há limite para o Seu poder; Ele é Deus e para Deus todas as coisas são possíveis. Assim, o primeiro milagre certamente confirmou a fé dos discípulos.

Mas, em seguida, *mostrou a disposição de seu Mestre para enfrentar dificuldades inesperadas*. Ninguém havia previsto que o vinho acabaria. Jesus não tinha ido ao casamento, preparado e pronto, como dizemos entre homens. A demanda veio de repente, e a provisão também. O vinho acabou e Ele estava pronto para a dificuldade. Isso não confirma a sua fé? Cristo está sempre pronto para toda emergência! Algo que você não tenha imaginado pode acontecer amanhã; Cristo estará pronto para o inesperado. Entre o aqui e o Céu, você encontrará um grande número de eventos improváveis, mas não serão surpresas para Jesus. Ele tem pleno conhecimento prévio. Quando a provação chegar, Ele proverá: "No monte do Senhor, se proverá".

Mais uma vez, a fé daqueles homens foi confirmada porque Jesus mostrou que *não poderia permitir que nada que estivesse ligado a Ele falhasse*. Gosto de ter a certeza de que o Senhor Jesus está comigo em qualquer situação, pois sei, deste modo, que a vontade do Senhor prosperará em Suas mãos. É verdade que não era o casamento de um dos seus parentes ou discípulos, mas mesmo assim era um casamento para o qual Jesus tinha sido convidado e Ele não permitiria dizerem que ficaram sem provisões enquanto Ele estivesse lá. Sua conexão com a festa pode parecer ter sido remota, mas era uma conexão; e pequenas ligações são observadas pelo nosso Senhor Jesus! Ó minh'alma, se eu apenas puder tocar a orla de Suas vestes, virtude sairá dele para mim! Entro no mesmo barco com Jesus e, se eu afundar, Jesus também afundará, portanto, sei que estou seguro! Ó meu coração, se eu apenas tiver a mão de Cristo sobre minha mão, ou minha mão em Sua mão, estou unido a Ele e ninguém poderá nos separar! Nessa união está a minha vida, minha segurança, meu sucesso, pois nada que Ele tocar, ou que o toque, jamais falhará. Ele é apenas um na festa de um casamento, mas por Ele estar lá, as coisas certamente irão bem. Creio que isto deve ter encorajado muito os discípulos quando, em dias posteriores, começaram a pregar. Sua confiança seria de que Jesus estava com eles e assim prevaleceriam. Os discípulos eram homens pobres e indoutos, e todos os eruditos da época estavam organizados contra eles; mas os seguidores de Cristo disseram a si mesmos: "Não tememos, pois Jesus está nesse conflito e cuidará disso". Convidemos Cristo para nossa luta pela aliança e pela verdade de Deus de maneira que não haja dúvidas durante a batalha! Se, no que tange a sua salvação, sua fé introduz o Salvador no assunto, vocês podem estar certos da vida eterna!

Esse milagre mostrou aos discípulos, em seguida, e isso deve ter confirmado muito a sua fé, *que Ele poderia usar os meios mais simplórios.* Para fazer vinho, o Senhor tinha apenas água e seis grandes jarros de água. Sim, mas Ele pode fazer o melhor vinho a partir da água do que os homens podem fazê-lo de uvas! Contemplem os Seus tonéis e os seus lagares: seis talhas de água de pedra. Você e eu, o que somos? Bem, somos simples vasos de barro e um pouco rachados, eu receio. Há pouco o suficiente em nós e o que há é fraco como a água, mas o Senhor pode produzir de nós um vinho que alegrará o coração de Deus e do homem; palavras de fé que agradarão a Deus e salvarão o homem! Os discípulos, em dias posteriores, aprenderiam que não eram nada mais do que vasos de barro e se lembrariam de que seu Senhor poderia realizar milagres através de suas vidas.

Quando viram *a majestosa naturalidade de Sua obra*, você não acha que isso confirmou a fé destes homens? Jesus não convocou anjos. Ele não fez uma longa oração, muito menos repetiu um mantra. Ele apenas desejou e aconteceu! Da próxima vez que enfrentassem dificuldades, os discípulos acreditariam que o Senhor poderia facilmente aparecer para eles. Então, permaneceriam imóveis e veriam a salvação de Deus! De alguma maneira, o Senhor proveria e faria maravilhas sem criar problemas para si mesmo. Irmãos e irmãs, seremos chamados no grande dia ao toque da trombeta, pois Deus é conosco!

Isso também lhes mostrou que, a partir de então, *eles jamais deveriam ficar ansiosos*. Você que lê seu Novo Testamento em grego poderá perceber a expressão aqui? Lá está escrito: "Seus discípulos acreditaram nele"? Não! É "aceitaram Ele"? Não. "Creram nele"? Sim. E é assim que está em nossa versão. Contudo, o sentido mais preciso seria "creram entrando nele", pois no grego está *eis*, que traduzido seria o movimento de entrar em algo. Eles creram tanto que pareciam submergir em Jesus, "para dentro dele"; pense no que isso significa! João, André, Natanael e os outros lançaram sobre Jesus suas preocupações a respeito da vida e perceberam que nunca mais precisariam ter quaisquer preocupações! Jesus cuidaria deles até o fim. Eles deixariam tudo nas mãos de Cristo. Maria tentou controlar a situação, mas ela cometeu um erro. Os discípulos entraram *em* Jesus pela porta aberta deste milagre comprovado, e lá descansaram. Que esta seja a sua condição; "Lançando sobre ele toda a vossa ansiedade, porque ele tem cuidado de vós". Eles creram da forma certa *em* Jesus. Uma coisa é acreditar nele e outra é crer nele; é tranquilizador acreditar nele, mas é melhor depositar confiança crendo nele, para que toda a sua própria personalidade seja imersa em Cristo e você sinta a felicidade de uma união viva, amorosa e duradoura com Ele! Aqueles seis homens não podiam ter produzido uma gota de vinho sequer para o casamento; mas, com seu Mestre junto a eles, os sete poderiam inundar as ruas se houvesse necessidade! Entrar em parceria com Jesus fez a fé dos discípulos se erguer como uma manhã sem nuvens. Agora eles estavam seguros, firmes e fortes, pois sua fé fraca e insípida tinha adquirido a plenitude e a riqueza do vinho abundante!

Concluo ao dizer para qualquer um aqui que estiver indeciso: vejam, meus queridos ouvintes, Jesus Cristo virá e os visitará assim como estão! Ele está disposto a ir às casas de homens comuns, mesmo quando estiverem festejando. Peça para que Jesus Cristo venha a vocês exatamente como estão. Vejam como Ele é capaz de abençoar a alegria humana! Talvez vocês pensem que irão a Jesus na próxima vez que estiverem tristes, mas lhes digo que se aproximem dele imediatamente, enquanto estão alegres. Vocês que estão fazendo negócios, que se alegram com um filho recém-nascido, vocês que estão recém-casados, que passaram em uma prova com louvor: venham a Jesus com toda alegria e peçam-lhe para elevar sua felicidade a um grau e qualidade superiores até que alcance a alegria do Senhor! Jesus é capaz de levá-los, amados amigos, do que são agora para algo melhor, mais completo, mais grandioso, mais nobre, mais santo e mais divino! Que Ele possa fazê-lo agora! Acreditem nele! Aceitem-no! Creiam nele! Creiam "entrando" nele e será feito! Amém.

---

Este sermão foi pregado no Metropolitan Tabernacle, em Newington, na manhã de 20 de julho de 1890.

# 2

# O OFICIAL DO REI E SUA FÉ

*Dirigiu-se, de novo, a Caná da Galileia, onde da água fizera vinho. Ora, havia um oficial do rei, cujo filho estava doente em Cafarnaum. Tendo ouvido dizer que Jesus viera da Judeia para a Galileia, foi ter com ele e lhe rogou que descesse para curar seu filho, que estava à morte. Então, Jesus lhe disse: Se, porventura, não virdes sinais e prodígios, de modo nenhum crereis. Rogou-lhe o oficial: Senhor, desce, antes que meu filho morra. Vai, disse-lhe Jesus; teu filho vive. O homem creu na palavra de Jesus e partiu. Já ele descia, quando os seus servos lhe vieram ao encontro, anunciando-lhe que o seu filho vivia. Então, indagou deles a que hora o seu filho se sentira melhor. Informaram: Ontem, à hora sétima a febre o deixou. Com isto, reconheceu o pai ser aquela precisamente a hora em que Jesus lhe dissera: Teu filho vive; e creu ele e toda a sua casa* (João 4:46-53).

sta narrativa ilustra o germinar e o progresso da fé na alma. Enquanto tento abordar esse assunto, oro para que possamos acompanhar de forma experiencial o progresso, desejando que tal fé brote em nosso coração, progrida em nosso espírito, e se torne ainda mais forte em nós do que a demonstrada pelo oficial desse relato. A questão, meus irmãos, não é apenas ouvir sobre essas coisas, mas vivenciá-las em sua própria alma. Queremos verdadeiramente abordar essas questões e tornar as coisas de Deus fatos absolutos para nós mesmos. Desejamos não apenas ouvir sobre esse oficial de Cafarnaum, ou sobre qualquer outra pessoa, mas ver em nossa própria alma o mesmo agir da graça que atingiu a vida daquelas pessoas. O mesmo Cristo vivo está aqui, e precisamos tanto de Sua ajuda quanto aquele oficial precisava. Que possamos buscá-la como ele a buscou e encontrá-la como ele a encontrou! Assim, o Espírito Santo, que inspirou a narrativa que está diante de nós, escrevê-la-á novamente, não nas páginas de um livro, mas sobre as tábuas de carne do nosso coração.

Observe então que, no começo, antes de tudo, *o problema conduziu esse oficial a Jesus.* Se ele não tivesse sido provado, poderia ter vivido sem se importar com o seu Deus e Salvador. Porém a tristeza sobreveio a sua casa, e era um anjo de Deus disfarçado. Pode ser, querido amigo, que você esteja com problemas esta manhã e, se assim for, oro para que a aflição possa ser o cavalo negro sobre o qual a misericórdia cavalgará até sua porta. A reação de alguns homens é algo muito triste, pois, quanto mais o Senhor lida com eles em providência, pior retorno eles lhe oferecem. Por outro lado, há corações que se voltam para o Senhor quando Ele os fere. Quando eles derivam em águas profundas, quando têm dificuldades para encontrar pão para comer, quando a doença ataca seus corpos, e especialmente quando seus filhos são atingidos, então eles começam a pensar em Deus e em coisas melhores. Bendita é a disciplina do grande Pai nesse caso. É bom para os que estão atribulados quando sua adversidade golpeia seus corações, levando-os ao arrependimento, e o arrependimento os conduz a buscar e a encontrar perdão.

A forma de provação em particular que sobreveio a esse oficial foi a doença de seu filho. Ele tinha um filhinho, a quem amava muito, e este estava com uma febre mortal. O pai parecia ser uma pessoa naturalmente amável e afetuosa. Seus servos evidentemente tinham grande afeição por aquele oficial visto que, na angústia familiar que o afligia, como se vê, eles ansiosamente vieram ao seu encontro para contar-lhe sobre a recuperação de seu filho. O coração desse pai encontrava-se abatido pela tristeza, pois seu amado menino estava a ponto de morrer. Sem dúvida, ele tentou todos os remédios conhecidos na época, procurou todos os médicos que poderiam ser encontrados nos arredores de Cafarnaum, e agora, tendo ouvido falar de um tal Jesus de Nazaré — que em Caná transformara água em vinho, e em Jerusalém realizara muitos feitos poderosos — ele recorre ao Senhor com uma súplica intensa e esperança desesperadora. Talvez jamais tivesse pensado em procurar Jesus até que se deparou com a iminente morte de seu amado menino. Quantas vezes acontece de os filhos, embora não sejam anjos, serem usados para fazerem uma obra melhor do que os anjos poderiam realizar, pois eles docemente conduzem seus pais a Deus e ao Céu! Eles se entrelaçam em nosso coração, e então, se os vemos adoecer e atentamos para suas dores, nosso coração compadecido se angustia e clamamos: "Ó Deus, poupe meu filho! Senhor, tenha piedade do meu pequeno!". As primeiras orações que saem de muitos corações para Deus são trazidas pela dor por meio dos pequeninos mais amados. Não está escrito: "E um pequenino os guiará"? Foi assim com esse oficial. Ele foi trazido a Jesus pelos problemas, pelo cuidado com um filho. Acredito que neste momento estou falando com certas pessoas que não são convertidas, mas que vieram aqui porque estão passando por grande tristeza; possivelmente um pequenino amado esteja definhando, e seus corações estão clamando a Deus para que, se possível, essa preciosa vida seja poupada. Na casa de oração, eles se sentem um tanto consolados, mas seus corações estão a ponto de se partirem por causa da perda que tanto temem. Como oro ao nosso Senhor para tornar esse problema um meio de graça!

A provação foi a ocasião, o prefácio à obra da graça divina. Examinemos agora a parte que diz respeito à salvação, a saber, a fé que nasceu no coração desse oficial. Primeiramente, exploraremos *a centelha de fé*, depois *o fogo abrasador da fé* — sobre o qual empilhamos muita madeira umedecida, de modo a ser fumaça em vez de fogo. Então, em terceiro, examinaremos *a chama da fé,* ou a fé, por fim, se manifestando definitivamente. E em quarto, *a conflagração da fé*, quando a fé finalmente já queimou no homem, incendiou toda a sua natureza e se espalhou por toda a sua casa — "E creu ele e toda a sua casa". Mais uma vez digo, vamos tentar seguir na prática, bem como em meditação.

1. Quero que você atente para a CENTELHA DE FÉ, enquanto diz: "Vou procurar e ver se tenho tal centelha de fé e, se a encontrar, vou valorizá-la e orar para que o Espírito Santo sopre suavemente sobre ela, a fim de que cresça e se torne algo permanente e mais poderoso".

A fé desse oficial, *de início, apoiava-se totalmente sobre o relato dos outros*. Ele morava em Cafarnaum, perto do mar, e entre os propagadores de notícias era comum falar sobre o grande profeta que surgira e que realizava grandes maravilhas. O próprio oficial nunca tinha visto Jesus, nem o tinha ouvido ensinar, mas ele acreditou no relato de outros e estava certo ao fazê-lo, pois eram pessoas confiáveis. Não há dúvida que muitos deles estavam nos estágios iniciais da fé, pois ouviram os amigos dizerem que o Senhor Jesus recebe pecadores, que Ele vence o pecado, que Ele acalma a consciência, que Ele muda a natureza, que Ele ouve oração, que Ele sustenta Seu povo em meio a dificuldades. Eles ouviram essas coisas de pessoas de boa reputação, a quem estimavam, e, portanto, em quem acreditavam. Amigo, você está dizendo a si mesmo: "Não tenho dúvida que tudo isso seja verdade, mas pergunto-me se isso seria verdade para mim? Estou com problemas esta manhã; o Senhor Jesus me ajudará? Meu espírito está sobrecarregado; orar a Ele me aliviará?". Você não consegue afirmar que sabe que Jesus o abençoaria desta forma, baseado apenas em qualquer coisa que você já tenha visto dele, mas deduz que Ele o fará meramente por causa do que os amigos lhe disseram. Bem, a fé geralmente começa dessa maneira. Os homens acreditam no relato que lhes é trazido por pessoas do seu círculo de relacionamentos que experimentaram o poder do amor divino e, assim, primeiro, como os samaritanos, acreditam por causa do relato da mulher. Em breve, eles creriam por terem ouvido, visto e experimentado, e, enfim, lidado com o fato por si mesmos, mas o começo é bom. Essa fé que vem do relato de outros é uma centelha de fogo verdadeira. Cuide dela. Que Deus lhe conceda graça para orar sobre isso, que essa centelha se torne uma chama!

Observe que essa fé era tão pequena que *só dizia respeito à cura da criança doente*. O oficial não sabia que ele precisava de cura em seu próprio coração; não percebia sua própria ignorância sobre Jesus e sua própria cegueira quanto ao Messias. Talvez, não soubesse que precisava nascer de novo, nem entendia que o Salvador poderia conceder-lhe vida espiritual e luz. Ele tinha pouco conhecimento sobre o poder espiritual do Salvador, e assim, sua fé tinha um alcance muito limitado. O que ele realmente acreditava era que o Senhor Jesus, se fosse à sua casa, poderia impedir que seu filho morresse devido à febre. Ele havia chegado até ali e, com a fé que tinha, voltou-se imediatamente para o uso prático dela. Amigo, você ainda não sabe o quão grande é o meu Senhor e que coisas maravilhosas Ele faz por aquele que deposita sua confiança nele, mas está dizendo: "Certamente Ele poderia me ajudar nesta manhã em minha atual provação, e me livrar da dificuldade presente". Até agora, tudo bem. Use a fé que você tem. Traga diante do Senhor a provação do momento. Deixe-me encorajá-lo a fazer isso. Se você não pode vir a Ele por causa das coisas celestiais, você pode, no momento, começar com as tristezas e provações terrenas; se você não pode vir a Ele por uma bênção eterna, você pode chegar a Ele por um favor temporário, e Ele está pronto para ouvi-lo. Embora sua oração seja apenas sobre coisas mundanas, e não seja mais do que uma oração meramente natural, ore mesmo assim, pois Ele ouve "os filhos dos corvos, quando clamam", e estou certo de que não fazem orações espirituais. Tudo que corvos podem pedir serão minhocas e moscas, e ainda assim Ele os ouve e os alimenta. Já você, um homem, embora possa apenas orar neste momento por uma misericórdia muito comum, uma das bênçãos mais fracas, no entanto, você pode orar com confiança se tiver alguma fé no gracioso Senhor. Embora essa fé seja apenas uma centelha e nada mais, eu não a apagaria, nem o Senhor Jesus o faria, pois Ele disse que não apagará um linho fumegante. Se você tem algum desejo em relação a Ele e qualquer grau de fé no Senhor, deixe esse desejo viver e conduzi-lo aos pés do querido Mestre.

A fé do oficial estava tão débil que ele *limitou o poder de Jesus à Sua presença no local*. Consequentemente sua oração foi: "Senhor, desce, antes que meu filho morra". Ele acreditava que, se pudesse apenas convencer o Senhor Jesus a entrar no quarto onde o filho jazia doente, Jesus falaria à febre e esta desapareceria. Contudo, esse oficial não fazia ideia de que o Senhor Jesus Cristo poderia fazer isso à 40 quilômetros de distância. Ele não tinha noção de que a palavra do Senhor pudesse agir separada de Sua presença. Mesmo assim, melhor era ter aquela fé limitada do que nenhuma. Vocês, filhos de Deus, quando limitam o Santo de Israel, são culpados de grave pecado, mas, se aqueles que estão buscando o Senhor, por meio da ignorância e da fraqueza de fé, são encontrados limitando-o, são muito mais desculpáveis. O Senhor Jesus trata isso com graça, e remove tais falhas por uma suave repreensão. Não é a mesma coisa um iniciante ser fraco na fé e você, que há muito usufrui da bondade de Deus, não confiar nele. Por isso, digo a você, em quem o Senhor está começando a agir, se não tiver mais fé do que apenas dizer: "O Senhor Jesus poderia me curar se Ele estivesse aqui, o Senhor me ajudaria e responderia meu clamor se Ele estivesse aqui" — é melhor ter tal fé do que ser incrédulo. Sua fé limitada o restringe demais e o enclausura em um lugar muito fechado, e, portanto, você não deve esperar que Ele aja poderosamente em seu favor; mas, ainda assim de acordo com a medida da sua fé, Ele irá com você e o abençoará. Por uma questão de graça soberana não prometida, Ele pode até mesmo fazer abundantemente mais do que você pedir ou pensar. Portanto, eu trataria sua fé como um bebê; eu a alimentaria até que ela pudesse ficar em pé sozinha, e estenderia meu dedo para ajudá-la até que seus passos cambaleantes se tornassem firmes. Não culparemos o bebê porque não pode correr ou pular, mas vamos tratá-lo com carinho, e encorajá-lo a uma força maior, força que virá no devido tempo. Nosso Senhor Jesus Cristo merece a maior fé que cada um de nós puder ter. Não o entristeça com suspeitas a respeito da Sua habilidade. Ofereça-lhe a fé que tiver e peça-lhe mais.

Sua fé no Senhor Jesus Cristo, embora fosse apenas uma centelha, *o influenciou*. Ela o levou a fazer uma viagem considerável para encontrar o nosso Senhor. De Cafarnaum, ele subiu as colinas para Caná para que pudesse implorar a Jesus. E ele foi pessoalmente. Isso é o mais notável visto que era um homem de posição. Não sei se ele era Cuza, o procurador de Herodes. Não deveria conjecturar sobre isso, pois não ouvimos falar de nenhuma outra família nobre estar ao lado de Cristo, mas ouvimos falar da esposa de Cuza, o procurador de Herodes, estando entre aquelas que ministravam ao Senhor com suas posses. Ouvimos também de Manaém, irmão adotivo de Herodes. Ele pode ter sido um dentre eles, não sabemos, pois oficiais eram escassos na igreja naqueles dias, como, de fato, o são agora.

Naturalmente, esperamos, portanto, ouvir sobre uma pessoa dessas novamente, e como temos menção honrosa desses dois, não estamos sendo muito imprudentes em presumir que o oficial de nosso texto teria sido um deles. Bem, os oficiais, em geral, não pensam em viajar já que têm muitos servos à sua disposição; mas este oficial foi sozinho, pessoalmente, procurar a Cristo com a esperança de que o Senhor fosse a sua casa e curasse seu filho. Se sua fé for fraca em alguns aspectos, e ainda forte o suficiente em outros para conduzi-lo pessoalmente a Cristo, para orar diretamente a Ele, é a fé do tipo aceitável. Se ela o leva a orar ao Senhor com todo seu coração, suplicando-lhe então, é a fé do tipo certo. Se ela o leva a suplicar a Cristo que tenha misericórdia de você, é a fé que salva a alma. Pode ser pouca como um grão de semente de mostarda, mas sua súplica mostra que há angústia na alma — é verdadeira mostarda. Caro senhor, você está começando a orar neste momento por causa de tristeza? No silêncio da sua alma você está clamando: "Ó Deus, salva-me hoje! Vim a Londres para ver outras coisas, e caí aqui nesta manhã. Ó, que este possa ser o dia em que serei ajudado nos meus problemas, e eu mesmo serei salvo"? Se sua fé o leva à oração, você é um filho reconhecido da graça, pois a verdadeira fé sempre clama. Se a sua fé o ajuda a segurar Jesus com firmeza, dizendo: "Não te deixarei ir se me não abençoares", pode ser pouca fé, mas é fé verdadeira. É acionada em sua alma pelo Espírito de Deus, e trará uma bênção com ela. Você será salvo por esta fé, para a glória do nosso Senhor e para o seu próprio conforto.

Percebo que *a fé do oficial o ensinou a orar no estilo correto*. Observe o argumento que ele usou. Esse oficial procurou Jesus para que Ele descesse e curasse seu filho, pois este estava à beira da morte. Ele não reivindicou nenhum mérito, mas alegou a miséria do caso. Não alegou que o menino era de nascimento nobre — o que teria sido um apelo muito ruim diante de Jesus — tampouco insistiu que ele era um filho adorável — o que teria sido um péssimo argumento — mas declarou que ele estava à beira da morte. Sua situação limite foi o motivo de sua urgência. A criança estava à beira da morte; portanto, seu pai implorou que a porta da misericórdia fosse aberta. Quando você, meu amigo, aprende através da graça a orar de forma correta, você insistirá sobre os fatos que revelam seu próprio perigo e angústia, e não aqueles que o fariam parecer rico e justo. Lembre-se de como Davi orou: "Senhor", disse ele, "perdoa a minha iniquidade, que é grande". Essa é uma súplica fundamentada no evangelho. A maioria dos homens teria dito: "Senhor, perdoa minha iniquidade, pois foi indesculpável, mas de modo algum, ela assemelha a estupidez de meus companheiros". Davi agiu melhor. Seu clamor é: "Perdoa a minha iniquidade, que é grande". Suplique a Deus, pobre pecador, quão grande é a sua necessidade, a situação extrema em que se encontra, diga que você está a ponto de morrer, diga-lhe que a razão pela qual você suplica é uma questão de vida ou morte; isso será um argumento deliberado para mover o coração da infinita compaixão. Qualquer pitada de bondade que seu orgulho tentar acrescentar ao cenário da situação a estragará. Demonstre profunda tristeza. Suplique a Deus pelo amor de Sua misericórdia, porque misericórdia é o único atributo para o qual você pode, com esperança, dirigir-se enquanto é um pecador não perdoado. Você não pode pedir ao Senhor para abençoá-lo por causa de alguma recompensa ou mérito que tenha, pois você não tem vestígios de tal coisa, mas será sábio ao suplicar por suas necessidades. Clame: "Ó Deus tenha misericórdia de mim, porque necessito de misericórdia!". Descreva o estado de seu filho e diga: "Pois ele está a ponto de morrer". Essa é a chave que abre a porta da misericórdia.

Vocês me compreendem, queridos ouvintes ainda não convertidos? Existe em seu coração, em qualquer grau, algum desejo de ir ao Senhor Jesus Cristo embora seja somente por um problema pontual que os esteja afligindo demais? Um cavalo não precisa de uma dúzia de esporas para fazê-lo correr. Aquela que no momento fere seu flanco é suficientemente afiada e está inserida tão profundamente que você a sente. Rendam-se para que não haja necessidade de chicote bem como de espora para fazê-los se mover. Se vocês forem os escolhidos do Senhor, irão a Ele, e quanto mais prontamente forem, melhor será para vocês. Vão imediatamente. Não sejam como o cavalo ou como a mula, que não têm entendimento, mas corram a Jesus enquanto Ele gentilmente os atrai. Mesmo que vocês temam com uma fé tão frágil, que esteja mais para incredulidade do que fé, aproximem-se dele. Venham como estão, e olhem para Jesus, e orem, pois nessa oração haverá esperança, ou melhor, a certeza de alívio. O grande coração de Jesus sentirá sua oração e dirá: "Siga em paz".

2. Assim, vimos fé na centelha. Atentaremos agora para O FOGO DA FÉ, lutando para manter-se e aumentando gradualmente. Vejamos como o fogo arde, e o monte começa a fumegar, e assim trai o fogo interior.

*A fé do oficial era verdadeira do jeito que era.* Isso é uma grande coisa a dizer. Ele ficou diante do Salvador determinado a não se afastar dele. A única esperança que tinha para a vida de seu filho estava neste grande Profeta de Nazaré, e, portanto, ele não pretendia deixá-lo até que seu pedido fosse atendido. De início, na verdade, ele não obtém a resposta que deseja, mas ele persevera e continua sua súplica. Isso mostrou que sua fé tinha coração e vitalidade. Não era um capricho, nem um impulso repentino, mas uma verdadeira persuasão do poder de Jesus para curar. Que misericórdia ser liberto de toda fé falsa! É melhor ter pouca fé, e ela ser real, do que possuir um grande credo e não dar crédito substancial ao Senhor Jesus. Diga-me, meu ouvinte, você tem alguma fé prática no Mestre dos mestres?

A fé do oficial era verdadeira do jeito que era, mas *foi dificultada pelo desejo por sinais e maravilhas*. Nosso Senhor, portanto, gentilmente o repreendeu, dizendo: "Se, porventura, não virdes sinais e prodígios, de modo nenhum crereis". Bem, sei que muitos de vocês acreditam que o Senhor Jesus pode salvar, porém vocês determinaram em suas mentes o modo pelo qual Ele deve fazer isso. Vocês têm lido certas biografias religiosas, e acham que esse homem foi levado ao desespero, teve pensamentos horríveis, e assim por diante. Assim, vocês estabeleceram em suas mentes que devem passar horrores semelhantes ou estarão perdidos. Como um sistema, vocês instauraram que devem ser salvos dessa forma, ou não o serão de jeito algum. Isso está certo? Isso é sábio? Você quer dar ordens ao Senhor?

Talvez você tenha lido ou ouvido que certas pessoas eminentes se converteram por meio de sonhos ímpares ou por notáveis ações de providência, e você diz a si mesmo: "Algo igualmente singular deve acontecer comigo, ou não acreditarei no Senhor Jesus". Nisto você erra como o oficial. Ele esperava que o Salvador descesse à casa e realizasse algum ato peculiar ao Seu ofício profético. De fato, esse oficial é a reprodução neotestamentária de Naamã do Antigo Testamento. Lembra-se do que Naamã disse: "Pensava eu que ele sairia a ter comigo, pôr-se-ia de pé, invocaria o nome do Senhor, seu Deus, moveria a mão sobre o lugar da lepra e restauraria o leproso". Naamã tinha planejado tudo em sua própria mente e, sem dúvida, havia planejado uma atuação artística e muito adequada, e, portanto, quando o profeta simplesmente disse: "Vai, lava-te sete vezes no Jordão", ele não poderia receber um evangelho tão simples e despretensioso; era muito comum, desprovido de rituais. Muitas pessoas, por meio de suas ideias preconcebidas, atam o Senhor da misericórdia a certa maneira de salvá-los, contudo o nosso Senhor jamais se colocará sob tal restrição; por que deveria? Ele salvará aqueles que Ele quiser, e da maneira que quiser. Seu evangelho não é: "Sofra muito horror e desespero, e viva", mas "crê no Senhor Jesus, e serás salvo". Ele vem ao encontro de muitos e os chama verdadeiramente pelos suaves sussurros do Seu amor; eles confiam apenas nele, e entram em um descanso imediato. Com um discreto sentimento de horror e êxtase, exercitam silenciosamente uma confiança infantil em seu Senhor crucificado e encontram vida eterna. Por que não deveria ser assim com vocês? Por que vocês deveriam se manter desconfortáveis, estabelecendo um programa, e exigindo que o Espírito livre devesse prestar atenção a isso? Deixe-o salvá-los como Ele quiser. Afastem-se de preconceitos tolos!

No entanto, isso deve ser dito sobre a fé do oficial, *ela poderia suportar uma rejeição*. Pense no Mestre apenas dizendo a esse pobre pai angustiado: "Se, porventura, não virdes sinais e prodígios, de modo nenhum crereis". Era uma triste verdade, mas soou honestamente contundente. Ó, os queridos lábios de Jesus são sempre como lírios, gotejando aroma doce de mirra! Mirra, vocês sabem, tem sabor amargo, e havia um amargor aparente no que o Senhor disse ao oficial. Mesmo assim o pai não desistiu de seu intento, recompôs-se e disse para si mesmo: "Ele me trata com dureza, mas a quem irei?" e, portanto, não foi embora. Era como aquela mulher para quem os lábios do Senhor gotejaram um bocado mais pungente de mirra quando Ele disse: "Não é bom tomar o pão dos filhos e lançá-lo aos cachorrinhos". No entanto, ela encontrou um cheiro doce naquela mirra e perfumou sua oração com esta quando disse: "Sim, Senhor, porém os cachorrinhos comem das migalhas que caem da mesa dos seus donos". Aquele oficial respondeu ao nosso Senhor com uma súplica ainda maior. Ele não iria embora, não ele. Ó, querido coração, que você tenha tanta fé em Cristo que, embora Ele o repreenda, você não o deixe! Jesus é a sua única esperança; portanto, não se afaste dele. Imite Bunyan [N.E.: John Bunyan, escritor e pregador cristão (1628–88).] quando ele proferiu palavras a esse respeito: "Fui levado a tais dificuldades que tive que, necessariamente, ir a Jesus, e se Ele tivesse me encontrado com uma espada desembainhada em Sua mão, eu teria preferido me atirar ao fio de Sua espada do que me afastar dele, pois sabia que Ele era minha última esperança". Ó alma, apegue-se a seu Senhor, venha o que vier!

Assim, veja *com que paixão este homem suplicou*. Ele clamou: "Senhor, desce, antes que meu filho morra", como se ele tivesse dito: "Senhor, não me questiones agora sobre minha fé. Ó meu Senhor, peço-te que não atentes para mim, mas cura meu querido filho, ou ele morrerá! Ele estava a ponto de morrer quando o deixei: apressa-te e salva-o". Limitada foi aquela fé, pois ele ainda pediu que Cristo fosse até seu filho e parecia pensar que era essencial que nosso Senhor fizesse uma viagem a Cafarnaum a fim de realizar a cura, mas observe quão intensa, quão aflita, quão perseverante foi sua súplica. Se a fé falhou em amplitude, ela se superou em força. Caro amigo aflito, fique próximo do exemplo que temos diante de nós. Ore novamente, aguarde e mantenha-se firme; continue a clamar; nunca cesse até que o Senhor do amor lhe conceda uma resposta de paz.

**3.** Chegamos ao estágio mais alto, e vejamos A CHAMA DA FÉ. A centelha aumentou para um fogo abrasador, e agora o fogo se revela em chamas. Observe que Jesus disse ao suplicante: "Vai, teu filho vive". E o homem realmente creu e seguiu seu caminho.

Aqui, observe que *ele creu na palavra de Jesus em detrimento de todos os seus antigos preconceitos.* Ele pensava que Cristo poderia curar apenas se o Senhor fosse a Cafarnaum, mas agora ele crê, embora Jesus permaneça onde está, que basta apenas o Mestre pronunciar a palavra de cura. Amigo, você, neste momento, crê no Senhor Jesus Cristo confiando apenas em Sua palavra? Você confiará nele sem estabelecer quaisquer regras sobre como Ele o salvará? Se você prescreveu convicções obscuras, ou sonhos vívidos, ou sensações estranhas, você vai parar com essa tolice? Você crê em Jesus Cristo como Ele é revelado nas Escrituras? Você crê que Ele pode salvá-lo e o fará agora mesmo baseado em sua simples confiança? Você não ouviu sobre a Sua paixão e morte na cruz em favor do culpado? Você não ouviu dizer que todos os tipos de pecado e de iniquidade serão perdoados aos homens se crerem no Senhor? Você não sabe que aquele que crê em Jesus tem a vida eterna? Você cessará com suas bobagens sobre "Vem e me salva", ou "Faz-me sentir isso, e eu crerei em ti"? Você crerá no Senhor agora, apesar de todos os seus antigos pensamentos, e pretensões, e desejos, e apenas dirá: "Eu confiarei minha alma a Cristo, crendo que Ele pode me salvar"? Você será salvo tão certamente quanto você confia.

A próxima coisa que o oficial fez para provar a sinceridade de sua fé foi que *ele imediatamente obedeceu a Cristo*. Jesus disse-lhe: "Vai", isto é, "Vai para casa" — "teu filho vive". Se o homem não tivesse crido na Palavra, ele teria permanecido ali, continuado a suplicar esperando sinais favoráveis. Mas, como ele creu, ficou satisfeito com a palavra do Senhor e seguiu seu caminho sem uma palavra a mais. "Teu filho vive" foi suficiente para ele. Muitos de vocês disseram quando ouviram o evangelho ser pregado: "Você nos diz para crer em Cristo, mas continuaremos em oração". Não é isso que o evangelho recomenda. Eu os ouço dizerem: "Continuarei a ler minha Bíblia e a participar dos meios da graça"? Esse não é o preceito do Salvador. Você não está satisfeito com a palavra do Senhor? Não aceitará essa palavra e seguirá seu caminho? Se você crer nele, você seguirá o seu caminho em paz, crerá que Ele o salvou e agirá como se soubesse ser isso verdade. Você se alegrará e se regozijará pelo fato de ser salvo. Você não vai parar para discutir por ninharia, e para questionar, e para seguir todos os tipos de experiências e sentimentos religiosos, mas exclamará: "O Senhor me diz para crer nele, e eu creio nele. Ele afirma: 'Aquele que crê em mim tem a vida eterna' e eu creio nele; portanto, tenho a vida eterna. Posso não sentir nenhuma emoção peculiar, mas tenho a vida eterna. Se vejo ou não minha salvação, sou salvo. Está escrito: 'Olhai para mim e sede salvos, vós, todos os limites da terra'. Senhor, olhei, e sou salvo. Minha razão para crer é que o Senhor falou. Fiz o que o Senhor ordenou e Ele manterá a Sua promessa". Esse modo de raciocinar é devido ao Senhor Jesus. Ele merece ser aceito em Sua palavra e receber confiança verdadeira.

Agora, a fé do oficial inflamou-se de fato. Ele não crê baseado em um simples relato, mas baseado na Palavra de Jesus. Ele não espera um sinal, mas ouve a palavra, e nessa palavra deposita sua confiança. Jesus disse: "Teu filho vive; vai", e ele foi para encontrar seu filho vivo. Ó alma que busca, que Deus, o Espírito Santo, a traga a esse estado imediatamente para que possa dizer agora: "Ó Senhor, não esperarei mais por qualquer tipo de sentimento, evidência ou sinal, mas confiarei minha eternidade apenas na palavra que Seu sangue selou, pois agora aceito Sua promessa e, já que eu creio nela, seguirei meu caminho em paz".

Ainda, quanto à fé do oficial nesta fase, devo dizer que *ainda era insuficiente comparada ao que poderia ter sido*. Foi algo considerável chegar tão longe, mas ele ainda tinha que ir adiante. Esperava menos do que poderia esperar, e, portanto, quando viu seus servos, perguntou-lhes quando a cura de seu amado filho começou. E ficou muito feliz quando disseram: "Ele jamais *começou* a ser curado, 'ontem, à hora sétima a febre o deixou' de uma só vez; assim, ele se recuperou". Você percebe que ele esperava uma cura gradual. Procurava o curso normal da natureza, mas aqui estava uma obra milagrosa. Ele recebeu muito mais do que contava receber. Quão pouco sabemos sobre Cristo, e quão pouco cremos nele mesmo quando confiamos nele! Medimos o Seu tesouro ilimitado com base em nossas parcas bolsas. No entanto, a fé salvífica nem sempre é totalmente madura; há espaço para crermos mais e esperarmos mais de nosso bendito Senhor. Ó, que façamos isso!

Mas quero mencionar algo aqui que, embora eu não o entenda bem, talvez você possa entendê-lo. *O pai viajou com o descanso da confiança.* Era cerca de 40 ou 48 quilômetros até Cafarnaum, e não tenho dúvidas de que o bom homem iniciou sua viagem no mesmo instante que o Mestre disse: "Vai". Não há dúvidas de que ele seguiria imediatamente em obediência a tal ordem e avançaria na estrada em direção a sua casa. Entretanto lemos que os servos o encontraram.

Eles iniciaram a viagem assim que a criança foi curada? Se assim for, eles o encontraram a meio caminho, ou nas redondezas. Era colina acima; digamos, portanto, que eles viajaram 16 quilômetros, e que 25, ou até 30, foi o percurso do oficial. Os servos disseram: "Ontem, à hora sétima a febre o deixou". A sétima hora era cerca de uma da tarde, e aquele dia era "ontem". Sei que o dia termina ao pôr do sol, mas dificilmente se falaria de "ontem" sem uma noite entre os acontecimentos. Ele levou 15 ou 16 horas para essa parte da viagem? Em caso afirmativo, ele não viajou numa velocidade extrema. É verdade que 40 quilômetros eram um bom dia de viagem para um camelo, pois no Oriente as estradas são cruéis, mas ainda me parece que o pai feliz se locomoveu com a tranquilidade de um crente em vez de com a pressa de um homem aflito. O avanço habitual de um oficial pelos vilarejos era lento e ele não alterou o ritmo habitual, porque ele nem parecia se apressar agora que sua mente havia encontrado descanso. Estava certo de que seu filho estava bem e, portanto, a febre da aflição havia deixado o pai, assim como a febre tinha deixado seu filho. Mentes ansiosas, mesmo quando creem, têm pressa para ver, mas esse bom homem estava tão certo que não permitiria que o amor de pai o fizesse agir como se a sombra de alguma dúvida permanecesse. Está escrito: "Aquele que crer não foge", e nele foi literalmente cumprido. Ele viajou com um estilo que um membro da família real deveria viajar, acompanhado por um séquito apropriado, e, assim, todos viram que sua mente estava tranquila em relação a seu filho. Gosto deste consagrado descanso; condiz com uma fé sólida. Quero que todos vocês, quando crerem em Jesus Cristo, creiam completamente. Não lhe dê uma fé pela metade, mas uma fé inteira, seja sobre um filho, ou sobre você mesmo, creia com fervor. Diga: "'Seja Deus verdadeiro, e mentiroso, todo homem'. Em sua palavra, minha alma descansa. Vou 'descansar no Senhor, e esperarei nele'. Não há alegrias incríveis atravessando meu espírito? Deus disse: 'Aquele que crer em mim tem a vida eterna', e, portanto, tenho a vida eterna. E se eu não me levantar e dançar de alegria? Ainda ficarei quieto, e cantarei com minha alma, porque Deus visitou o Seu crédulo servo. Esperarei até que grandiosas alegrias venham sobre mim, mas, enquanto isso, confiarei, e não temerei".

Caro ouvinte, você está me acompanhando em tudo isso? Você está pronto para exercer uma confiança substancial e repousante em Jesus dessa maneira?

4. Até agora, a fé do oficial aumentou, mas agora veremos ela se tornar A CONFLAGRAÇÃO DA FÉ. Enquanto ele ia para casa, seus servos o encontraram com boas notícias. Na quietude de sua fé, ele ficou extremamente satisfeito quando disseram: "Teu filho vive". A mensagem veio sobre ele como o eco da palavra de Jesus. "Já ouvi isso", disse ele, "pois ontem, à sétima hora, Jesus disse: 'Teu filho vive'. O dia seguinte chegou, e eis que meus servos me saúdam com a mesma palavra: 'Teu filho vive'". A repetição deve tê-lo surpreendido. Percebo com frequência o quanto algumas frases, durante a pregação da Palavra, os impactam quanto as próprias palavras de vocês quando Deus as abençoa. As pessoas me dizem: "O senhor disse o mesmo que estávamos falando quando estávamos na estrada. O senhor descreveu nossas situações, até mesmo nossos pensamentos, e o senhor mencionou certas expressões que foram usadas em nossa conversa. Certamente Deus estava falando através do senhor". Sim, muitas vezes é assim, as próprias palavras de Cristo encontram muitos ecos que saem dos lábios de seus servos comissionados. A providência do Senhor governa palavras, ações, e inspira os homens a dizerem as palavras certas sem que saibam por que as dizem. Deus é tão graciosamente onipresente que todas as coisas o revelam quando são impelidas a fazê-lo.

Agora, a fé do oficial é *confirmada pela resposta às suas orações*. Sua experiência veio em auxílio a sua fé. Ele acredita em um sentido mais seguro do que antes. Ele provou a verdade da palavra do Senhor, e, portanto, sabe e está convencido de que Jesus é o Senhor e Deus. A fé do pecador que encontra a Cristo é uma coisa; a fé do homem que encontrou a Cristo e obteve a bênção é outra questão e mais forte. A primeira fé, aquela mais simples, é a que salva, mas a outra fé é a que traz conforto, alegria e força no espírito.

"Minha oração é ouvida", ele disse. Na sequência falou aos seus servos, e, *após a indagação, sua fé foi sustentada em cada detalhe*. Ele clamou: "Conte-me tudo: Quando ocorreu?". Quando eles responderam: "À sétima hora a febre o deixou", ele lembrou-se de que naquele exato momento, lá em cima nas colinas em Caná, o Senhor Jesus Cristo havia dito: "Vai; teu filho vive". Quanto mais ele observava esse acontecimento, mais maravilhoso ele se tornava. Os detalhes foram singularmente confirmadores de sua confiança, e, por meio deles, esse homem passa a ter uma fé mais evidente e firme. Irmãos, quantas dessas confirmações alguns de nós tiveram! Os duvidosos tentam discutir conosco sobre a simplicidade do evangelho e querem lutar conosco no terreno do mero raciocínio especulativo. Caro senhor, isso não é justo para nós. Nosso próprio terreno é de outro tipo. Não somos estranhos às questões de fé, mas adeptos dela, e você deve permitir algo em favor de nossa experiência pessoal quanto à fidelidade do Senhor nosso Deus. Temos mil lembranças preciosas de detalhes felizes que não podemos contar. Não o chamamos de suíno, mas ao mesmo tempo não ousamos jogar nossas pérolas a você. Temos muitas coisas estabelecidas, mas não podemos repeti-las, pois, para nós, elas são muito sagradas, portanto não somos capazes de usar esses motivos que, para nossos corações, são os mais convincentes. Temos outros argumentos além daqueles que escolhemos para disseminar em audiência pública. Não se surpreenda se parecemos obstinados, você não faz ideia de o quanto estamos intensamente seguros. Você não pode retirar de nós nossa consciência secreta; você também pode tentar retirar nossos olhos de suas cavidades. Sabemos, e estamos certos, porque vimos, ouvimos, experimentamos e manuseamos a boa Palavra do Senhor. Certas coisas estão tão interligadas à nossa vida que estamos ancorados por elas. "Coincidências", você diz. Ah bem! Diga o que quiser, para nós elas são diferentes do que o são para você! Nossa alma clamou, vez após vez: "Isto é a mão de Deus". Um homem que foi ajudado a sair de um problema muito grave não pode esquecer o seu libertador. Você responde: "Você teve sorte de sair dessa"? Ó, senhor, isso parece uma observação a sangue frio!

Se você tivesse estado onde eu estive e experimentado o que experimentei, você admitiria que o Senhor estendeu a Sua mão e salvou Seu servo; você teria a mesma convicção solene que eu tenho de que Deus estava lá gerando a salvação. Sei que não posso criar essas convicções em você contando-lhe a minha história. Se você estiver determinado a não crer, não aceitará meu testemunho, mas me considerará uma pessoa iludida embora eu não seja mais apto a ser iludido do que você. No entanto, se você estiver inclinado a crer ou não, não tenho tal hesitação. Sou forçado a crer, pois quanto mais cuidadosamente examino minha vida, mais convencido estou de que Deus agiu em mim e por mim.

No mesmo momento em que Cristo afirmou: "Teu filho vive", o filho do oficial, de fato, viveu. A mesma palavra que Jesus usou para o pai foi usada também pelos servos que estavam a 48 quilômetros de distância e, portanto, o pai sentiu que algo além do humano havia cruzado seu caminho. Você questiona isso? Ademais, aquele amado menino, a quem o pai encontrou saudável e bem, foi um argumento poderoso. Você não poderia convencer o feliz pai a abandonar a fé que lhe trouxe tanta alegria. A criança estava a ponto de morrer até que a fé recebeu a palavra do Senhor Jesus, e em seguida a febre se foi. O pai deve crer; você duvidaria dele?

Fortalecido em sua fé devido a sua experiência, depois de ter crido na palavra de Jesus, o bom homem agora vê essa palavra cumprida, *e ele crê em Jesus no sentido mais amplo,* crê por tudo, pelo seu corpo e pela sua alma; por tudo o que ele é e por tudo o que ele tem. Daquele dia em diante, ele se torna um discípulo do Senhor Jesus. Ele o segue não apenas como Aquele que cura, nem apenas como um Profeta, nem como apenas um Salvador, mas como seu Senhor e seu Deus. Sua esperança, sua confiança e sua segurança estão em Jesus como o verdadeiro Messias.

O que se segue é tão natural, e ainda tão alegre, que eu oro para que seja verdade para todos vocês; a propósito, a família desse oficial também creu. Quando ele chega a casa, sua esposa o encontra. Ó, a satisfação que brilha nos olhos daquela mulher! Tenho certeza de que ela falaria assim: "Nosso menino amado está bem. Ele está tão bem quanto sempre esteve em sua vida. Não precisou ficar na cama por semanas para recuperar sua força após o enfraquecimento da febre, mas a febre desapareceu e o menino está bem. Ó, meu querido marido, que Ser maravilhoso deve ser aquele que ouviu suas orações e, mesmo com toda essa distância, fez nosso filho recobrar a saúde! Eu creio nele, marido, creio nele". Os mesmos processos que observamos em seu marido ocorreram em sua mulher. Agora, pense no menininho. Aqui vem ele, tão feliz e alegre, e seu pai lhe conta tudo sobre sua febre e sua ida para ver aquele maravilhoso Profeta em Caná, e como Ele lhe disse: "Teu filho vive". O menino grita: "Pai, eu creio em Jesus. Ele é o Filho de Deus". Ninguém duvida da fé dessa querida criança. O menino não era jovem demais para ser curado, tampouco jovem demais para crer. Ele usufruiu de uma experiência especial, mais pessoal do que a de seu pai e de sua mãe. Ele sentiu o poder de Jesus em seu próprio corpo, e foi de se maravilhar que ele creu. Enquanto isso, o pai está feliz por descobrir que ele não será crente sozinho, pois sua esposa e o menino também confessam a mesma fé. Mas não estamos no fim da questão, pois os servos que estão ao redor exclamam: "Mestre, não podemos deixar de crer em Jesus também, pois vimos a criança amada se recuperar, e o poder que a curou deve ter sido divino". Todos eles imitam a fé de seu mestre em Jesus. "Eu me sentei com o amado menino", diz a velha enfermeira, "Não dormi, pois senti que se eu dormisse, poderia encontrá-lo morto quando acordasse. Eu o vigiei e, à sétima hora, vi uma mudança encantadora nele, e a febre o deixou. Glória a Jesus!", gritou a velha senhora, "Nunca vi ou ouvi nada igual a isso, é a mão de Deus". Todos os outros servos tinham a mesma opinião. Lar feliz! Houve um grande batismo logo depois quando todos foram confessar sua fé em Jesus. Não só a criança fora curada, mas todo aquele lar foi curado. O pai não sabia, quando foi suplicar por seu filho, que ele próprio precisava ser salvo, a mãe também provavelmente pensou apenas em seu filho, mas agora a salvação veio para toda a família, e a febre do pecado e da incredulidade desapareceu com a febre física. Que o Senhor opere tal maravilha em todos os nossos lares! Se algum de vocês estiver gemendo debaixo de um fardo de dor, acredito que você ficará tão aliviado que, quando você contar a sua esposa, ela também crerá em Jesus. Que o amado filho sob seus cuidados creia em Jesus enquanto ainda for criança e que todos os que pertencem ao seu círculo familiar também pertençam ao divino Senhor! Conceda, neste momento, o desejo de Seu servo, ó Senhor Jesus, por amor a Sua glória! Amém.

---

Este sermão foi pregado no Metropolitan Tabernacle, em Newington, na manhã de 11 de outubro de 1885.

# 3

# MAS SOB A TUA PALAVRA

*Mas sob a tua palavra*
(Lucas 5:5).

Nosso Senhor Jesus Cristo havia pregado um sermão para a multidão enquanto estava sentado no barco de Pedro. Depois que o povo se foi, Ele deu uma mensagem particular a Simão, dizendo-lhe: "Faze-te ao largo, e lançai as vossas redes para pescar". As mensagens de Cristo para o público em geral eram repletas de ensinamentos muito abençoados, mas Suas breves conversas particulares com os Seus amigos mais íntimos eram ainda mais proveitosas e preciosas. Ele proclamava a muitos as importantes verdades sobre Deus, porém, as mais seletas, Ele reservava para poucos. Muitas parábolas dirigidas à multidão, Ele as explicou apenas aos Seus discípulos — e muitas coisas que nunca disse à turba, porque não poderiam entendê--las, e teria sido como lançar pérolas aos porcos, Jesus sussurrou aos ouvidos de Seus discípulos. Assim foi com Simão Pedro neste momento. Primeiro, houve o sermão para muitos e, depois do sermão, esta palavra para Pedro sobre se lançar ao largo. Você, que ama o Senhor, lembre-se de sempre procurar a mensagem particular depois de ouvir o sermão público. Atente para a doce Palavra que o seu Mestre está sempre disposto a proferir — e não se satisfaça até que a ouça.

Sempre que a mensagem que Ele lhe der for um preceito ou uma ordem, como aquela dirigida a Simão, ordenando-o a lançar suas redes, trate de obedecer imediatamente. Não seja negligente quando ouvir a voz especial de Deus em seu próprio coração e consciência porque Deus intenciona lhe conceder uma grande bênção, assim como fez com Simão cujo barco ficou cheio de peixe quase a ponto de afundar! Se você prestar atenção a essa palavra particular de seu Senhor para o seu próprio coração e alma, terá muitos barcos cheios de peixe, ou melhor, um coração cheio de bênçãos incontáveis que, de outra forma, jamais poderia ter recebido.

Pedro, depois de exortado a lançar suas redes ao largo para pescar, argumentou que, de acordo com o curso normal dos acontecimentos, seria de pouca utilidade agir assim, pois ele e seus companheiros haviam trabalhado arduamente com suas grandes redes durante toda a noite, sem que nada pegassem, portanto, não parecia provável que pescariam qualquer coisa agora. No entanto, sentindo que Cristo era o seu Mestre e Senhor, e que por isso não lhe cabia levantar qualquer questionamento sobre o assunto, apenas apresentou os fatos sobre esse caso e em seguida, acrescentou alegremente: "Mas sob a tua palavra lançarei as redes".

Essas cinco palavras: "Mas sob a tua palavra" parecem me dar um tópico sobre o qual tentarei falar — Primeiro, *a palavra de Cristo é nossa regra suprema*. "Sob a Tua palavra". Segundo, a palavra de Cristo nos é garantia suficiente. Se tivermos isso como preceito, poderemos bem dizer: "Mas sob a tua palavra lançarei as redes". E, em terceiro, guardar essa palavra sempre assegurará uma recompensa.

## 1. Primeiro, A PALAVRA DE CRISTO É A REGRA SUPREMA DO CRISTÃO.

Desde há muito tempo, temos falado sobre o precioso sangue de Cristo que o limpa de todo o pecado e sobre as bênçãos que Jesus lhe traz quando Ele se torna seu Salvador. Mas também somos obrigados a lembrar a todos vocês, que professam nele crer e se tornaram Seus discípulos, de que devem não apenas reconhecê-lo como seu mestre e Senhor, mas devem fazer tudo o que Ele lhes ordenar:

*A fé deve obedecer à vontade do Senhor,*
*Assim como confiar em Sua Graça.*

No momento em que nos tornamos cristãos, salvos por Cristo, nos tornamos Seus servos para obedecer a todos os Seus mandamentos. Por isso, é nossa a incumbência de examinar as Escrituras, para que possamos saber qual é a vontade do nosso Mestre. Lá, Ele escreveu para nós em letras simples e é um ato de desobediência negligenciar examiná-las. Quando nos recusamos a aprender qual é a vontade de nosso Senhor, *o pecado da ignorância torna-se deliberado* porque não usamos os meios pelos quais podemos receber instrução. Todo servo de Cristo é obrigado a saber o que deve fazer e, quando souber, deve fazê-lo imediatamente. A tarefa do cristão é, primeiro, aprender qual é a vontade de Cristo e, em seguida, fazê-la! Uma vez aprendida, essa vontade é a lei suprema do cristão, não importa o que se opuser a ela.

Deixe-me apenas mencionar algumas situações quando parece difícil nos conformarmos com essa vontade, porém, nas quais, devemos dizer: "Mas sob a tua palavra".

Primeiramente, devemos fazer isso *quando nossa própria razão estiver confusa* com respeito às grandes verdades do evangelho. Nenhuma pessoa ponderada pode meditar seriamente sobre as Doutrinas da Graça sem declarar muitas vezes: "Elas são muito sublimes! Não consigo alcançá-las". Há muitas coisas que nos são reveladas nas

Escrituras que não conseguimos entender — mesmo que submetamos toda nossa mente a fim de nos empenharmos a compreendê-las. Há dificuldades na teologia. Uma doutrina não parece se enquadrar com outra ou aquela com a próxima. Uma verdade talvez pareça inconsistente com o amor de Deus, ou podemos, às vezes, nos perguntar como certos acontecimentos nos tratos providenciais de Deus podem ser consistentes com a Sua bondade ou justiça. Bem, meus irmãos e irmãs, sempre que vocês colocarem a mão na sua testa e disserem: "Não consigo compreender isso", sobre qualquer coisa revelada nas Escrituras, coloque sua outra mão em seu coração e diga: "No entanto, creio nisso. Na Bíblia é claramente ensinado e, embora a minha razão possa achar difícil explicar, e talvez não consiga descobrir argumentos para provar a verdade disso, deixo minha razão aos pés do meu infalível Mestre e confio no que não consigo ver". Pois, é degradante para um homem, receber seu credo cegamente de um papa ou de um sacerdote visto que ele recebe esse ensinamento de seu semelhante — mas, se depositar toda a sua mente aos pés de Jesus Cristo, não será uma degradação, pois Cristo é a Sabedoria de Deus, e toda a sabedoria está infalivelmente reunida nele. Não espero entender completamente a vontade do meu Senhor — apenas peço para ser informado sobre qual é a Sua vontade. Não suponho que eu possa compreendê-la, mas digo: "Qual é a Tua vontade, meu Mestre? Se tu a revelares, crerei nela".

Devemos adotar um caminho semelhante *quando somos expostos às trivialidades de nossos semelhantes*. Muitos jovens encontram-se especialmente incapazes de responder a todas as objeções levantadas por aqueles que se opõem ao evangelho. Seria uma maravilha se pudessem, pois, como o antigo provérbio diz: "Um tolo pode fazer mais perguntas do que 50 sábios podem responder". É improvável que os que estão apenas começando a aprender as verdades divinas possam superar todos os seus oponentes. Às vezes, quando uma pergunta me confunde, meu sentimento é: "Bem, não posso responder a isso, mas creio que há uma resposta. Agradeço a Deus por ter ouvido a pergunta, porque me ensinou sobre minha ignorância a respeito desse assunto e vou me sentar e estudar a Palavra de Deus até que eu *possa* respondê-la, mas, se não conseguir responder, não importa. Alguém pode e, acima de tudo, o próprio Deus pode! Mesmo que eu permita, às vezes, que as flechas do adversário perfurem meu escudo — lá não farão mal algum. Se ele gosta de ver as flechas cravadas no escudo, que se divirta com isso, mas, enquanto eu me apegar ao infalível ensino de Cristo, elas não me ferirão. Portanto, deixe-o atirar e atirar de novo". Você descobrirá, amado, que isso será um bom exercício para sua humildade e para sua lealdade a Cristo. Será demonstrado que você é, afinal, um seguidor de Cristo e não um crente em sua própria infalibilidade ou alguém se apoiando em sua razão que, na melhor das hipóteses, é apenas uma vela fraca. Ficará evidente que você realmente rendeu sua mente ao senhorio de seu Salvador.

Às vezes, teremos que dizer: "Mas sob a tua palavra" *mesmo quando a ordem de Cristo parecer contrária à nossa própria experiência*. Isso seria perigoso, se fôssemos sempre seguir a experiência até mesmo de cristãos, pois a experiência de um homem pode nos ensinar uma coisa, mas a experiência de outro pode nos ensinar exatamente o contrário. Tornar a experiência a base para a teologia, embora ela possa servir de boa ilustração, resultaria em grande erro. Não devo nunca dizer: "Fiz tal e tal coisa. Sei que não era o certo, mas deu bom resultado, portanto, sinto que posso fazê-lo de novo". Nem devo dizer: "Fiz tal e tal, que sabia ser o correto, mas sofri muitos problemas como consequência. Portanto, não devo fazê-lo novamente". Não, não! Seja lá o que acontecer conosco, nosso único caminho é seguir a trilha certa e evitar tudo o que for errado. Que cada um de nós diga: "Meu Mestre, se algum ato de obediência ao Senhor me custar muitos privilégios, custar-me a minha liberdade, levando-me à prisão (e isso aconteceu a muitos santos de antigamente), ainda farei conforme o Senhor me ordenar quaisquer que sejam as consequências".

O que disse o mestre John Bunyan depois de ter permanecido na prisão por muitos anos simplesmente por pregar o evangelho? Os magistrados lhe disseram: "Bunyan, vamos libertá-lo, mas você deve prometer não pregar de novo. Existem os teólogos do país — o que você, como funileiro, tem a ver com a pregação?". John Bunyan não respondeu: "Bem, agora posso ver que esse negócio de pregação é ruim, pois colocou-me na prisão e tive de trabalhar duro para fazer soldas suficientes para manter minha esposa e meu pobre filho cego. É melhor eu sair deste lugar e ficar com minha funilaria". Não, ele não reagiu dessa maneira. Ele disse aos magistrados: "Se vocês me libertarem da prisão hoje, amanhã pregarei novamente, pela graça de Deus". E quando eles lhe disseram que não o deixariam sair, a menos que prometesse não pregar, ele respondeu corajosamente: "Se eu permanecer na prisão até que o musgo cresça em minhas pálpebras, nunca esconderei a verdade que Deus me ensinou".

Portanto, não devemos colocar nossa experiência passada no caminho da obediência à vontade de nosso Senhor, mas dizer-lhe: "Por mais custoso que este dever possa se revelar, sob a Tua palavra, lançarei a rede ou farei o que quiseres que eu faça". Contudo, às vezes, as pessoas se tornam notavelmente sábias através da experiência, ou assim elas pensam. Velhos marinheiros, por exemplo, pensam que "sabem uma coisa ou duas". E Simão Pedro, que pescou naquele lago por um longo tempo, achava que sabia tudo o que se poderia saber sobre pesca. No entanto, Cristo interferiu e deu a Pedro uma ordem sobre pesca! O pescador poderia ter dito: "De que adianta lançar a rede? Pescamos a noite inteira e não pegamos nada! De que adianta continuar a pescar?". Pedro não falou assim, embora possa ter pensado dessa forma, porém disse: "Mas sob a Tua palavra, já que o Senhor conhece muito mais sobre peixe do que eu — já que o Senhor os criou e pode fazê-los vir para onde quiser que venham.

Já que o Senhor mandou, eu não faria isso se outra pessoa pedisse, mas vou fazê-lo sob a Tua palavra — vou lançar a rede". Deste modo, às vezes, pode haver algo na Palavra de Deus, ou algum caminho do dever claramente indicado para você, que não parece ser muito sábio ao julgamento humano, contudo você deve dizer: "Mas sob a Tua palavra — nenhuma outra autoridade poderia me obrigar a fazer isso — mas a Tua Lei é a suprema regra para minha conduta e farei o que o Senhor ordenar".

Esse princípio importante também deve prevalecer *quando o amor próprio se interpuser no caminho*. Às vezes, a ordem de Cristo corre completamente no sentido contrário ao que gostaríamos e obedecê-la envolve abnegação. Ele ameaça retirar de nós muito do que nos era prazeroso e, nessa altura, muito provavelmente, algo dentro de nós diz: "Não obedeça. Será muito difícil para você se decidir obedecer". No entanto, irmãos e irmãs, que o Espírito Santo aja poderosamente sobre vocês a ponto de fazerem toda e qualquer coisa que Cristo ordenar, por mais desagradável que seja para a carne! Não pertencemos a nós mesmos, então jamais ajamos como se pertencêssemos. A marca do sangue precioso de Jesus está sobre nós — fomos comprados por ele — então, não é certo fazermos provisão para a carne ou procurar nossa própria tranquilidade ou engrandecimento. É nosso dever fazer o que nosso Senhor nos pedir e sofrer as consequências, quaisquer que sejam. Então, que cada um diga: "Sei que me custará muito, meu Mestre, no entanto, farei o que o Senhor me ordenar".

Às vezes, há uma oposição ainda mais poderosa à vontade do Senhor, *quando o amor aos outros nos impede de obedecer*. "Se eu fizer tal e tal, que sei que devo fazer, entristecerei meus pais. Se cumprir essa ordem de Cristo, o amigo mais querido que tenho ficará muito zangado comigo. Ele ameaçou afastar-se de mim se eu for batizado. Meus velhos companheiros, que foram muito gentis comigo, dirão que enlouqueci e não vão mais me querer em sua companhia". Se uma pessoa tiver um coração amigável e um espírito amoroso, esse tipo de tratamento é muito tentador e há uma forte tentação em dizer: "Bem, agora, até onde posso ir na religião e ainda assim conseguir salvar os relacionamentos que me são caros? Não quero me colocar em oposição a todos — não posso, de alguma forma, agradar a Deus e, ainda assim, a essas pessoas também?". Portanto, irmãos e irmãs, se somos realmente cristãos, a regra suprema de nosso Senhor nos levará a lhe dizer: "No entanto, farei o que quer que o Senhor pedir". Adeus aos nossos mais amados, se eles interpuserem no nosso caminho com Cristo, nosso Senhor, pois Ele disse: "Quem ama seu pai ou sua mãe mais do que a mim não é digno de mim; quem ama seu filho ou sua filha mais do que a mim não é digno de mim". Devemos deixar de lado todos os outros e tudo o mais para que possamos permanecer na companhia de Cristo!

Ocasionalmente, acontece de a Palavra de Deus nos direcionar para certo curso de ação, mas não a seguimos por causa da *fraqueza do nosso próprio coração*. Você já se sentiu acovardado? Há algumas pessoas que parecem que nasceram sem nervos, ou sentimentos, pois nunca parecem estar abatidas. Entretanto, alguns de nós, às vezes, encolhem-se e parecem estar esgotados, como se a medula tivesse saído de nossos ossos e a força de nosso coração. Em momentos como esses, sabemos o que Cristo gostaria que fizéssemos, mas hesitamos em fazê-lo. Sentimos que não conseguiríamos fazê-lo — não que não o *faríamos*, mas que realmente não poderíamos fazê-lo. Há falta de coragem — falta de confiança. Somos tímidos e não podemos entrar na briga. Essa é a hora — quando o coração e a carne falham — de fazermos de Deus a força da nossa alma, ao decidir que obedeceremos à ordem de Cristo, independentemente de qual seja nossa fraqueza! Quando o seu coração estiver desfalecido, querido irmão ou irmã, siga a Cristo mesmo assim. Quando você sentir como se fosse morrer no próximo passo, ainda assim fique perto dos Seus calcanhares e, ainda que a sua alma esteja quase em desespero, segure-se nele e mantenha seus pés nos caminhos de Deus. Se alguém que teme o

Senhor ainda andar na escuridão e não tiver a Luz de Deus, que este confie no nome do Senhor e permaneça em seu Deus, pois, assim, a Luz do Senhor brilhará como a manhã e seu coração, mais uma vez, se alegrará no Senhor.

Então, veja, seja qual for o obstáculo que possa haver no caminho da nossa obediência à ordem de Cristo, que, ainda assim, cada um de nós lhe diga: "Mas sob a Tua palavra, farei o que o Senhor ordenar. Essa deve ser a regra suprema e o guia para todas as minhas ações".

**2.** Agora, em segundo, quero lhe mostrar que a PALAVRA DE CRISTO É NOSSA GARANTIA SUFICIENTE, como também nossa suprema regra.

Ela é, primeiramente, a nossa garantia por *crermos nele.* Se o Senhor Jesus Cristo pede que você faça algo, você certamente pode fazê-lo! E, se alguém lhe perguntar por que você crê em Cristo, esta será sua triunfante resposta: "O Rei me ordenou que o fizesse". Escutem isso, todos vocês que desejam ter a vida eterna e que ainda não a obtiveram! A comissão do evangelho é: "Ide, portanto, fazei discípulos de todas as nações, batizando-os em nome do Pai, e do Filho, e do Espírito Santo". E esta é a ordenança do evangelho: "Crê no Senhor Jesus Cristo e serás salvo". A pobre alma tímida pergunta: "Como posso me arriscar a confiar minha alma culpada a Cristo? Seria presunção da minha parte. Que direito tenho eu de vir e confiar nele?". O certo é que você o faça, pois Ele ordenou que o fizesse! E se Ele ordena, você o faz; isso lhe é garantia suficiente! Todo pecador sob o céu que ouve as boas-novas da salvação recebe a *ordem* de crer em Jesus e é advertido de que se não crer nele, será condenado! "Deus agora, porém, ordena aos homens que todos, em toda parte, se arrependam". Esta é a forma mais abrangente de autoridade, desta forma, peço a cada um de vocês que diga neste exato momento: "Senhor, não sou digno de ser Seu discípulo, no entanto, sob Tua ordem, crerei em ti. Se eu for salvo, sinto que será uma maravilha da graça e é quase inacreditável que isso algum dia aconteça — porém, sob Tua ordem, lanço minha rede. Até me atrevo a confiar em Teu precioso sangue e em Tua impecável justiça e esperar que tu me salvarás". Não é essa uma forma bendita de argumentação? Oro para que alguns de vocês possam sentir a força dessa argumentação e ajam de acordo com ela agora mesmo!

Em seguida, *essa é uma excelente razão para ser batizado, se você é um crente no Senhor Jesus Cristo*. Alguém pode lhe dizer: "De que adianta o batismo? Não o salvará — ser imerso na água não retirará seus pecados". Espero que você esteja pronto para responder: "Sim, sei tudo isso. Contudo, sob a autoridade de Cristo, pretendo fazê-lo. Não pergunto qual será o ganho em obedecer às Suas ordens. Isso seria puro egoísmo. Ele me ordena que eu seja batizado e isso me é suficiente". "Mas tal e tal igreja não pratica o batismo dos crentes, *ou seja*, o batismo por imersão". Não, mas Cristo o ordenou! Pelo Seu próprio exemplo, por Sua ordem singela, pela pregação e prática de Seus apóstolos, Ele nos revelou Sua vontade e, portanto, devemos obedecê-la! Se alguém nos acusar de valorizarmos demais o batismo dos crentes, responderemos: "Nosso Senhor disse: 'Quem crer e for batizado será salvo', e não temos direito de excluir uma parte de Suas palavras mais do que a outra. Então, sob Sua ordem, o fazemos. Não importa o que os homens digam".

Isto, meus amados, é também *o grande argumento para que mantenhamos a posição que ocupamos como Dissidentes*. Não é ruim divergir de outras pessoas! Sim, é claro que será ruim, se elas estiverem certas e nós errados. Porém, será igualmente ruim se elas divergirem de nós, estando nós certos e elas erradas! Não devo dizer: "Serei exclusivo e me separarei de outras pessoas". Seria errado de minha parte agir desse jeito. Entretanto, é correto dizer: "Tudo o que Cristo ordena é lei em Sua Igreja". O que os sínodos, ou os bispos, ou papas ordenam não vale o papel em que está escrito — para um cristão não há autoridade nessa escritura. Ele está livre de todo esse tipo de controle. Mas a Lei de Cristo, conforme revelada na Bíblia, é obrigatória para ele. Eu deveria honrar qualquer homem que se manteve absolutamente só, sem outro indivíduo para apoiá-lo em sua opinião, por ter a coragem de fazê-lo, caso ele justifique sua ação pela Palavra de Deus! Correr com a multidão significa, muito frequentemente, ir pela estrada errada. Crer em algo porque muitos creem é raciocínio de covarde! Afastar-se da verdade porque ela está no pelourinho — porque é impopular, porque as multidões a depreciam — ó, isso é um espírito covarde! Prefiro estar do lado da verdade com meia dúzia de necessitados do que estar do lado de uma mentira com todos os reis e prelados que cavalgaram em sua pompa pelas ruas deste mundo, pois, no final, os que estiverem do lado da verdade e do lado de Cristo, serão honrados, e aqueles que não tiveram a consciência e a coragem para seguir o Cordeiro serão desonrados e cobertos de vergonha e desprezo eternos!

Esse princípio também pode ser aplicado a muitos outros assuntos. "Mas sob a tua palavra" deve ser *um argumento para dar suporte à oração*. Se você tem pedido, por 7 anos, pela salvação de uma alma, e, no entanto, essa alma não está salva, você pode ser tentado a dizer, com Pedro: "Havendo trabalhado toda a noite, nada apanhamos". Porém, se você fizer isso, considere acrescentar também: "Mas sob a tua palavra lançarei as redes". Continue ainda a orar! Se você começou a orar por qualquer homem, continue a orar por ele enquanto você e ele viverem! Ou se for uma bênção para a Igreja ou para o mundo, que Deus evidentemente prometeu e estiver em seu coração pedi-la, continue a interceder, mesmo que, durante anos, você não receba resposta para a sua petição. Ainda assim, bata na porta da misericórdia! Lute até o fim do dia, pois, se a bênção não vier à noite, antes que o sol da manhã tenha se levantado, o Senhor realizará o desejo de seu coração.

De tal modo, também, *com respeito ao serviço cristão*. Suponho que você começou a trabalhar para Cristo e que você se sente muito estúpido com isso. Você não tem muito talento e o pouco que tem, nem sabe como dispô-lo para ser usado. Bem, irmão, irmã, parece que seria melhor você não tentar novamente, mas eu o aconselharia a dizer ao seu Senhor: "Mas sob a tua palavra irei trabalhar novamente. Tentarei uma vez mais — não, tentarei muitas vezes mais". Suponha que você tenha trabalhado em um determinado distrito ou classe, e você não tenha sido bem-sucedido — não se entregue! Muitos solos endurecidos, depois de muito esforço, finalmente produziram uma colheita! Se Jesus ordenou que você semeasse lá — e Ele o ordenou, pois Ele lhe disse para semear ao lado de todas as águas — vá e diga: "Mas sob a tua palavra farei o que me ordenas". Quando venho para me dirigir a esta congregação, gosto de sentir que venho porque me é dito que é isso que devo fazer. Um de vocês pode dizer: "Se eu for àquela aldeia escura e ficar em pé na relva para pregar, posso supor que serei maltratado. Mas sob a tua palavra o farei". É algo abençoado render obediência a Cristo sob as mais difíceis circunstâncias. Obedecer a Jesus quando é agradável — quando tudo que você faz prospera —, na medida do possível, é bom, mas obedecê-lo quando tudo parece estar contra você e nada parece prosperar — confiar no Senhor e ainda continuar a trabalhar para Ele — isto é, de fato, tornar Jesus Cristo o seu Senhor!

**3.** Não devo demorar mais nesta parte do meu tema, para não os cansar. Então, concluirei com o último ponto, que é este: GUARDAR A PALAVRA DO SEU MESTRE LHE ASSEGURARÁ UMA RECOMPENSA.

Vocês que creem em Jesus já são salvos, então entenderão que não falo de nenhuma recompensa legal, como dívida, pois isso é tudo proveniente da Graça. Mas o homem que cuidadosa e fielmente fizer tudo de acordo com a Palavra de Cristo terá, em primeiro lugar, *a recompensa de uma consciência tranquila*. Suponhamos que você vá para casa, uma noite, e diga a si mesmo: "Hoje fiz algo que considero correto, mas não parei para perguntar se estava de acordo com a vontade do meu Mestre. Não esperei nele em oração para receber orientação". Você se sentirá muito inquieto e desconfortável em sua consciência e se algum problema surgir por causa disso, você terá que dizer: "Eu mesmo provoquei isso a mim, pois segui meu próprio caminho". Mas se você puder dizer, ao anoitecer: "O que fiz hoje provavelmente será muito discutido e possivelmente censurado por alguns. E pode até mesmo ser que me cause muita dor e até perda financeira — mas sei que, até onde posso julgar, foi a vontade de meu Mestre"—, depois disso você dormirá muito suavemente. "Seja qual for o resultado disso", você dirá "o receberei das mãos perfuradas do meu Salvador e considerarei parte do sacrifício que é necessário para ser cristão". É melhor ser um perdedor dessa maneira do que ser um vencedor de qualquer outra, pois, como o velho sábio costumava dizer: "Aquele que puder usar a flor chamada tranquilidade de coração em seu peito é melhor do que aquele que usa diamantes em sua coroa, mas não tem verdadeira tranquilidade de coração". Se um homem tem seus altos e baixos nos negócios diários no mundo e em sua família — e é sempre capaz, pela Graça de Deus, de sentir: "Trabalhei aos olhos de Deus para fazer o que é certo de acordo com o ensinamento e exemplo do meu Senhor e Salvador" — esse homem tem uma recompensa em seu próprio coração por esse fato, mesmo que não tenha outras.

Entretanto, em seguida, há uma grande recompensa em ser capacitado a obedecer à palavra do Mestre, visto que, se olharmos bem, isso *é em si mesmo uma bênção da Graça Divina.* Quando você agradece a Deus pelas boas coisas que Ele tem feito por você, agradeça-lhe não apenas por Ele o manter longe do pecado, mas também lhe agradeça por Ele capacitá-lo a cumprir a Sua vontade. Nenhum homem tem o direito de receber crédito por sua própria integridade, pois, se ele é cristão, essa integridade é o dom da Graça de Deus e a obra do Espírito de Deus no coração dele. Se você, em sua juventude, fez um julgamento sincero e honesto da Palavra do Senhor depois, queimando todas as pontes e barcos — desta forma afastando-se de qualquer ligação com o que ficou para trás — ousou lançar a sua sorte com o desprezado povo de Deus, bendiga o Senhor por isso e considere como um grande favor o que Ele fez por você, na medida em que Ele o capacitou para agir assim! E se, quando tentado com grandes subornos, você até agora conseguiu dizer: "Arreda-te de mim, Satanás", e seguir de perto os passos de Cristo, dê a Deus toda a glória por isso e bendiga o Seu santo nome! Nesse caso, a virtude é a sua própria recompensa.

Ter sido obediente a Cristo é uma das maiores bênçãos que Deus pode ter concedido a qualquer homem. Alguns dentre nós devem agradecer a Deus que, nos tempos de aperto, não nos atrevemos a ceder — mas quando amigos e inimigos, igualmente, indicaram outro caminho, vimos qual era o caminho do nosso Mestre e o seguimos, pela Sua Graça. Teremos que agradecer-lhe por isso por toda a eternidade. Uma vez que se começa a negociar com o inimigo — para suprimir sua consciência ou esconder seus princípios — jovem, uma vez que se começa a seguir trapaças no comércio — uma vez que se começa a flertar com o erro, você logo descobrirá que está semeando espinhos que perfurarão seu travesseiro quando envelhecer! Seja justo e não tema. Siga a Cristo embora os céus possam cair e, seguindo-o, você será recompensado, pois isso já é uma bênção!

Contudo, mais do que isso, *nenhum homem faz totalmente a vontade de seu Mestre sem receber uma clara recompensa*. O barco cheio de peixe de Simão Pedro foi sua recompensa por lançar a rede sob a palavra de Cristo. Guardar os Seus mandamentos traz sempre uma grande recompensa. Há proveito para os outros, felicidade para si mesmo e glória para Deus. Às vezes, temo que, nós ministros, não preguemos o suficiente sobre a santidade prática. Falamos sobre a justificação pela fé e as doutrinas da Graça — e, muito frequentemente, não podemos discorrer sobre tópicos como esses — mas devemos também insistir em que, onde houver *fé* em Cristo, *haverá obediência* a Ele! E, com muita frequência, não podemos insistir que, mesmo que a salvação eterna do cristão não dependa do que ele *faz*, o seu próprio consolo, sua própria utilidade e a glória que ele trará a Deus devem depender disso. Portanto, observe-a bem, amados, jovens e idosos, ricos e pobres — e doravante, enquanto vocês viverem — levem a Palavra de Deus para ser a sua Estrela Polar, em todas as suas travessias pelo oceano da vida e sua viagem abençoada, e alcançarão o Porto da Paz, não com velas rasgadas e cordas rompidas, como um naufrágio desalentado, e, "sua entrada será abundantemente abençoada no Reino eterno de nosso Senhor e Salvador Jesus Cristo".

Que Deus acrescente Sua bênção, por amor de Cristo! Amém.

---

Este sermão foi pregado no Metropolitan Tabernacle, em Newington, na noite de 3 de junho de 1877.

# 4

# CRISTO ADORMECIDO NO BARCO

*Mestre, não te importa
que pereçamos?* (Marcos 4:38)

dia fora muito glorioso. O nosso Senhor havia mostrado de forma notável Seu ensino e poderes de cura. Grandes multidões haviam sido atraídas, e Ele havia lhes dado parábolas muito preciosas e realizado as mais maravilhosas curas. Como o dia havia sido grandioso, não poderia chegar ao fim sem uma tempestade. Da mesma maneira, vocês descobrirão que, na história da Igreja do Senhor, grandes sucessos estarão misturados com grandes aflições. Após o Pentecostes seguiu-se a perseguição; ao sermão de Pedro seguiu-se a prisão dele. Embora hoje uma igreja possa florescer abundantemente, em curto espaço de tempo poderá ser visitada por severas adversidades. Pode ser mais provada ainda, visto que Deus está no meio dela, e a está abençoando. Quando o nosso Senhor entrou no barco, o tempo parecia estar muito bom, e muitos barquinhos, que dificilmente tentariam entrar no mar devido às suas águas bravias, lançaram-se no lago seguindo o comboio do barco do grande Mestre. O barco dele era o que tinha a bandeira do almirante, e eles formavam a alegre frota. Eles eram uma flotilha alegre navegando suavemente como pássaros marinhos quando o oceano está calmo. Todos os corações estavam felizes, todos os espíritos serenos, e o sono do Mestre selava a paz generalizada. A natureza repousava. O lago era como um espelho fundido, tudo estava quieto. Entretanto, de repente, como é o costume desses lagos profundos, o demônio da tempestade correu vindo de seu lugar de assombro entre as montanhas, varrendo tudo diante dele. A pequena embarcação estava em grande dificuldade, enchendo-se água e pronta para afundar por causa da força do temporal de vento. Da mesma forma, os nossos melhores momentos de calmaria podem ser seguidos por tempestades avassaladoras! Um cristão raramente se sente tranquilo por muito tempo. Nossa vida, como o clima de primavera, é feita de sol e chuva:

*Quando percebemos tanto deleite*
*Devemos suspeitar de algum perigo por perto.*

Nada sob a Lua pode ser confiável, todas as coisas são invariavelmente variáveis. "Não te glories do dia de amanhã", diz o sábio. E ele poderia ter acrescentado: "Não te glories do dia de hoje, pois não sabes como a noite pode terminar, por mais brilhante que a manhã possa ter iniciado". Que possamos aprender essa lição no início. Não consideremos a continuidade da tranquilidade presente, nem coloquemos nossa felicidade sobre o tempo inconstante deste mundo, mas estejamos preparados para mudanças, para que, vindo quando vierem, não tenhamos medo das más notícias, que o nosso coração esteja firme, confiando no Senhor.

Parece que, quando a tempestade começou, os discípulos inicialmente não despertaram o Mestre. Eles tiveram alguma consideração pelo Seu extremo cansaço, pois Jesus passara o dia inteiro num trabalho árduo e estava exaurido de Sua força humana. Talvez, pensaram que a agitação da tempestade o despertaria. Como o Mestre poderia dormir entre os ventos uivantes e ondas ferozes? Eles pouco sabiam sobre o quão profundamente calmo estava o coração do Senhor, de modo que, em meio à tempestade, Jesus poderia dormir tão bem, pois a tempestade não chegava perto da Sua alma. Quando eles finalmente descobriram que estavam sob grande perigo, pois o barco certamente afundaria, começaram a julgar o Senhor e a pensar sobre Ele de forma cética e rude. Eles pensaram que pereceriam e se perguntaram como Jesus poderia permitir que morressem. Portanto, foram ao Senhor clamando, como Lucas registra: "Mestre, Mestre, estamos perecendo". Ou como Marcos escreve: "Mestre, não te importa que pereçamos?". Muitos gritaram. Um disse uma coisa, outro disse outra, mas o estado de espírito geral deles era de queixa contra o seu Senhor. Sabiam que o Mestre os amava, e ainda assim o consideravam um tanto cruel. Confiavam em Jesus, e ainda assim tiveram sérias dúvidas. Chamavam-no de Mestre, e, no entanto, semirrebelavam-se contra Ele. Reconheciam Sua influência, mas estavam prontos para se amotinar contra Ele, porque Jesus não exercitou Seu poder para resgatá-los.

Tomaremos o texto como o ponto principal do nosso assunto. Primeiramente, pensaremos sobre *a aparente indiferença do Senhor em relação ao Seu povo*. Em seguida, observaremos que isso *é apenas aparente*. Em terceiro, *que Jesus tem verdadeiro cuidado com eles nos momentos em que parece ser indiferente*. E, por último, *mais tarde eles verão que é isso o que ocorre*.

1. Primeiro, então, nós, às vezes, assim como os discípulos no mar da Galileia, nos queixamos da INDIFERENÇA DO SENHOR EM RELAÇÃO NÓS. É apenas uma indiferença aparente.

Às vezes, a queixa toma essa forma. Deus permite que as leis naturais sigam o seu curso prescrito, mesmo quando Seus filhos serão esmagados por elas. Há um barco no mar. Está envolto em densa névoa. Homens piedosos a bordo fazem orações pela orientação correta da embarcação, mas, se o barco continuar sendo conduzido como está agora, ele se chocará contra a rocha, e isso realmente acontecerá, não obstante as orações. Deus não se importa que pessoas orando por direção e livramento pereçam a bordo de um barco? Em outro momento, os ventos se arremessam contra o barco, e este voa enfrentando os ventos. O barco logo afundará, não resistirá por muito tempo nessa tempestade. Eles dirigem muitas súplicas e apelos a Deus, no entanto, a tempestade não diminui nem um pouco da sua fúria. Nesses momentos, as leis da natureza parecem ser tão sombrias e sem coração como se fossem controladas pelo príncipe da potestade do ar. A natureza se move assim como Deus a ordenou. Para nós, as enchentes não se levantam como um monte, nem as águas se recusam a baixar. Se for mártir ou assassino, o fogo devora com igual fúria, e a espada cai como um golpe igualmente mortal. "O mesmo sucede ao justo e ao perverso". A partir desse fato, surgem muitas queixas, e nós clamamos: "Não te importa que pereçamos?".

Nosso ente querido, a quem Jesus ama, está doente. Dia e noite pedimos por sua recuperação, mas a febre segue seu caminho, ou o membro quebrado precisa de todo o tempo necessário para a sua total recuperação. Deus não altera as leis físicas do corpo por conveniência de Seus escolhidos. Para eles, veneno é veneno e doença é doença. Muitas vezes, o Senhor permite que aqueles que amamos sofram por muito tempo e Ele parece não prestar atenção às nossas orações e súplicas; não, em vez disso, o caso piora cada vez mais. Somos muito inclinados, quando estamos debaixo de um período de provação, a julgar as leis da natureza como ordenanças muito impiedosas, sem misericórdia, e dizemos: "Mestre, não te importa que pereçamos?". É bom lembrar, no entanto, o que todos nós podemos facilmente esquecer: que a presente queixa se baseia em um erro — pois as leis da natureza nada fazem, e nem são mais culpadas do que os mandamentos fixados na parede da igreja. Não existe essa possibilidade de uma lei da natureza agir por si só. Todo o poder está em Deus, e uma lei da natureza não é nem mais nem menos do que uma descrição do modo como o Senhor geralmente age. O barco, mal conduzido, bate na rocha porque geralmente Deus faz os barcos obedecerem aos seus lemes, e Ele mantém a dureza das rochas, e o homem que morre de alguma doença não morre por causa de uma força ingovernável na natureza, mas porque Deus continua dando energia aos agentes destrutivos. As leis da natureza são apenas uma letra sem poder. Deus faz todas as coisas. Ele mesmo disse: "Eu formo a luz e crio as trevas". Nenhuma semente germina debaixo do solo, nem um broto explode em beleza, nem uma espiga de milho amadurece para a colheita, sem Deus. Ele está no orvalho e no raio do sol, na luz e no calor, que nutre e aperfeiçoa a planta. Feliz é aquele que, em todas as coisas, contempla a Divindade presente. Vejo leis da natureza, e sei que Deus age de acordo com elas, mas vejo melhor o Deus que está por trás da lei. Lei, que força tem? É Deus agindo pela lei, Ele faz tudo. Essa verdade coloca as questões sob outra luz, pois, se o Senhor traz a provação sobre nós, não abrimos nossa boca, mas nos rendemos à Sua vontade. Seus modos de agir devem estar certos, e, se nos causam tristeza, ainda assim percebemos que Ele não está nos afligindo voluntariamente ou nos entristecendo sem propósito. Quando percebemos a Sua mão, beijamos o cajado. Em vez de dizer: "Mestre, não te importa que pereçamos?", clamamos resignados: "É o Senhor; faça o que bem lhe aprouver".

Às vezes, o nosso lamento assume outra forma. Vemos os problemas que vêm sobre nós como resultado dos severos decretos do destino e estremecemos, porque parece à nossa incredulidade que Deus fez pouco de nós e organizou as situações referindo-se levemente à fraqueza, tristeza e enfermidade de Seu povo. Irmãos, a maioria aqui presente acredita na predestinação, e estamos convencidos de que o Senhor age conforme o conselho de Sua vontade. Cremos que todas as coisas, grandes e pequenas, são firmadas no propósito eterno, e certamente acontecerão como são ordenadas. Tal doutrina se torna o esconderijo de uma tentação. Contemplamos as pesadas rodas da predestinação em suas terríveis revoluções, e tememos que elas nos esmagarão transformando-nos em pó. Nos presságios de nossos problemas, tememos que possamos estar emaranhados na terrível engrenagem, e que, como ela não parará por causa de nosso clamor, nos despedaçará. Como o profeta, apenas com pavor muito maior, clamamos: "Quanto às rodas!". Mas devemos refletir que não existe destino cego, a predestinação é uma coisa muito diferente. Destino é um homem cego que corre apressadamente porque deve. A predestinação está cheia de olhos e prossegue em uma linha, porque é o melhor caminho que poderia ser tomado. Destino é um tirano que declara que tal coisa deve acontecer porque ele o quer. Predestinação é um pai determinando todas as coisas para o bem de sua família. Deus tem o Seu propósito, Seu caminho, e os Seus propósitos são tanto para Sua própria glória quanto para o bem do Seu povo. Quem dentre nós gostaria que o Senhor se afastasse dos Seus santos e graciosos propósitos? Ele ordenou o melhor; faríamos nós com que Ele mudasse? Determinou todas as coisas com sabedoria; faríamos com que as determinasse de outra forma? O que acontece conosco acontece porque, no julgamento da infinita sabedoria e bondade, em geral é o melhor que deveria nos acontecer. Gostaríamos que o Senhor providenciasse de outra forma? Você tentará o Santo de Israel? Pedirá que Ele faça outra coisa além do que é sábio e justo, bom e santo, e para Sua própria glória? Em vez de clamar contra o destino, que o aceitemos alegremente porque o Senhor está nele. Não diga: "Não te importa que pereçamos?", mas creia que, em vez de perecer, sua completa salvação será impulsionada por todas as ocorrências da providência divina.

Pode ser que estejamos com uma inclinação diferente no coração e, hoje, estejamos nos preocupando, porque parece que a aflição é enviada aos homens independentemente de seu caráter e que os piedosos sofrem ainda mais do que os perversos. Se você ler a pergunta dos apóstolos com a ênfase: "Não te importa que [*nós*] pereçamos?", perceberá o que quero dizer. Eles fizeram tanto quanto disseram: "Somos Teus apóstolos, amamos-te, gastamos nossas vidas por ti, não te importa que [*nós*] pereçamos? Entendemos que o barco que transporta uma carga de publicanos e pecadores possa afundar, mas não te importa que [*nós*] pereçamos?". Às vezes, quando enfrentamos problemas, perguntamo-nos por que somos tão afligidos, pois sentimos que o Senhor nos guardou de pecado conhecido e nos conduziu no caminho da santidade. E, portanto, não vimos nenhuma causa especial para o Seu castigo. Nosso clamor tem sido: "Faze-me saber por que contendes comigo". E se alguém tem sido cruel o suficiente, como os amigos de Jó, para dizer que estamos sofrendo por causa de um pecado em especial, sustentamos a nossa integridade e declaramos que não somos perversos no sentido em que nos acusaram.

Agora, vamos olhar para isso por um minuto e descobriremos que Deus, afinal, envia a aflição de acordo com o caráter, mas não altera a regra que a carne e o sangue prescreveriam. Não está escrito: "Eu repreendo e disciplino a quantos odeio"; longe disso. Ele permite que os ímpios brotem como a relva e floresçam como um loureiro verde. Como bois, eles estão bem alimentados para que estejam preparados para o abate. Eles são bem tratados, mas seu fim está próximo. Todavia, está escrito: "Eu repreendo e disciplino *a quantos amo*". Os favoritos do Céu são herdeiros do cajado. Não está dito: "Todo ramo que não der fruto será podado". Não, eles serão completamente cortados no devido tempo e lançados no fogo. Porém está escrito: "todo *o que dá fruto* [Ele] limpa, para que produza mais fruto ainda". E, portanto, quando a aflição vem sobre o nosso ente querido que vive uma vida muito exemplar ou quando uma morte dolorosa acontece com um homem excepcionalmente gracioso, não devemos julgar o Senhor indelicadamente, como se Ele fosse injusto, mas ver a Sua mão amorosa em tudo e o bendizer por Ele lidar com os nossos queridos como sabemos que Ele lida com os filhos, pois que filho há que o Pai não corrija? Ele castiga todos os filhos a quem recebe. O ouro é colocado no forno porque é ouro. Teria sido inútil colocar pedras e lixo lá. O milho é debulhado porque é milho. Se fossem ervas daninhas, não teriam sido tocadas pelo malho. O grande Senhor das joias celestiais pensa que vale a pena usar um aparador mais elaborado e afiado nas pedras mais valiosas. Um diamante de altíssima qualidade certamente suporta mais cortes do que um inferior, porque o Rei deseja que ele possa ter muitas facetas que possam, por toda a eternidade, com maior esplendor, refletir a luz da glória do Seu nome.

Talvez, queridos irmãos, pensemos que Jesus não se importa conosco porque Ele não realizou um milagre para a nosso livramento e não se interpôs de forma notável para nos ajudar. Você está neste momento passando por uma dor tão forte que clamaria com prazer: "Ó, se Ele abrisse o céu e descesse para meu livramento!". Mas Ele não abriu os céus. Você leu em biografias de homens santos os detalhes de providências muito extraordinárias, mas nenhuma providência extraordinária veio em seu socorro. Você está ficando cada vez mais pobre, ou está se tornando cada vez mais aflitido no corpo e tinha esperado que Deus usasse algum método extraordinário com você, mas Ele não fez nada parecido a isso. Meus queridos irmãos e irmãs, vocês sabem que às vezes Deus efetua uma maravilha maior quando sustenta Seu povo em meio aos problemas do que faria se Ele os tirasse deles? Para o Senhor, deixar a sarça ficar queimando e mesmo assim não ser consumida é algo mais grandioso do que apagar a chama e, assim, salvar a sarça. Deus está sendo glorificado em seus problemas, e se você se der conta disso, estará pronto a dizer: "Senhor, empilhemos as cargas se for para a Tua glória. Dá-me apenas força igual ao meu dia, e depois empilhe os fardos. Não serei esmagado debaixo deles, mas ilustrarei o Teu poder. Minha fraqueza glorificará o Teu poder".

Possivelmente, a dura suspeita de que Jesus não se importa com você toma outra forma. "Não peço ao Senhor para realizar um milagre, mas peço-lhe que alegre meu coração. Preciso que Ele aplique as promessas à minha alma. Preciso que o Seu Espírito me visite, como sei que Ele faz com algumas pessoas boas, para que minha dor seja esquecida no deleite da presença do Senhor. Preciso sentir essa certeza completa da presença do Salvador de que a atual provação, por assim dizer, será engolida em um peso muito maior de alegria. Mas, infelizmente, o Senhor esconde Seu rosto de mim, e isso torna a minha provação ainda mais pesada". Amado, você não pode crer em um Deus silencioso? Você sempre precisa de sinais de Deus? Você deve ser acariciado como uma criança mimada? O seu Deus é de caráter tal que você precisa desconfiar dele se o Seu rosto estiver coberto? Você só confia nele à medida que o vê? Além disso, você está perdendo o que tem enquanto anseia pelo que não tem. Você diz: "Preciso de promessas", e eu lhe pergunto:

*O que mais Ele pode dizer-lhe além do que já disse,*
*A você que recorreu a Jesus por refúgio?*

Você diz que precisa de um sinal que perdure. Que sinais maiores você precisa além do que Ele já lhe deu em sua experiência anterior, ou que Ele lhe apresentou nas feridas do Salvador moribundo? Os memoriais permanentes que Jesus concedeu por meio da cruz devem ser suficientes e mais do que suficientes.

Ainda assim, diz alguém: "Se Ele não vier a mim e dissipar a escuridão com alguma luz de Sua presença, gostaria que Ele diminuísse a dor que suporto. Se Ele não a remover completamente, mesmo assim, Ele não me deixará perecer completamente em meio a essa mesma dor". Ah! "Perecer", esse é o ponto, e oro para que você perceba a diferença "que Ele nos prove, podemos entender, mas que Ele nos deixe perecer, não podemos compreender". Não, meus queridos irmãos e irmãs, vocês não são convidados a entender isso, pois vocês ainda não pereceram. Por pior que o seu caso seja, poderia ser ainda pior. Você caiu muito, mas poderia ter caído mais, você poderia estar nos calabouços do inferno. Que misericórdia é o fato de você nunca poder descer mais baixo do que o túmulo. Você jamais fará sua cama no inferno. Agradeça a Deus por isso. Quando você chegar ao mais baixo, Deus se interporá. A maré muda quando você atinge o ponto máximo de vazante, e a parte mais escura da noite é aquela que prenuncia o nascer do sol. Tenha muita coragem, você ainda não pereceu, e deixe isso ser um milagre para você —

*Senhor, ainda estou vivo,*
*Não em tormento, não no inferno!*

Por que um homem vivo deve se queixar? Ele não deveria ter a contínua esperança e convicção de que em seu final Deus aparecerá para ele?

Já mencionamos várias formas em que a tentação de acusar o Senhor tolamente se apresenta à alma.

## 2. Agora, em segundo, A INDIFERENÇA DE DEUS EM RELAÇÃO A SEU POVO EM QUALQUER MOMENTO É APENAS APARENTE, NÃO É REAL.

Meditem um pouco. Considerem o caráter do Deus Triúno de quem estamos falando. O Pai — Ele pode ser mau? "Sua misericórdia dura para sempre". Seu nome, Sua essência, é amor. Diz-se que Ele "tem prazer na misericórdia", e sabemos que Ele é o Deus imutável, e, portanto, não somos consumidos. Vocês, filhos de Deus, podem, ó herdeiros do Céu, crer que Ele lhes é indiferente? Vocês, sendo maus, cuidam de seus filhos, quanto mais o seu Pai que está no Céu tem piedade dos Seus? Vocês podem parar e apenas observar seus filhos serem torturados pela dor e não desejar aliviá-los? Mães, vocês às vezes não sentem que tomariam alegremente as dores de seus filhos se pudessem poupá-los? E vocês, pobres criaturas combalidas, têm compaixão, enquanto seu Pai celestial não a tem? Ó, não o julguem. Não o questionem — "Não te importa que pereçamos?".

Pensem na segunda Pessoa da Santíssima Trindade em Unidade, Jesus, o Filho de Deus, seu irmão bem como o querido Filho de Deus. Ele pode esquecer Seu povo? Ele não tomou sobre si mesmo a natureza de vocês? Não foi tentado em todos os pontos da mesma maneira que vocês? Não gravou os seus nomes nas palmas das Suas mãos e escreveu os queridos memoriais de Seu Amor no Seu lado, no lugar mais próximo do Seu coração? Vocês podem olhar na face do Crucificado e crer que Ele lhes é indiferente? Ó, houve um tempo no amor entre vocês e Cristo quando a mão esquerda dele estava sob a cabeça de vocês, e a Sua mão direita os abraçou, quando vocês não pensavam tão duramente sobre Ele. Quando Ele os beijou com os beijos de Seus lábios, e vocês consideraram o Amor do Senhor melhor do que o vinho; vocês não poderiam ter dito algo tão bárbaro sobre o seu Bem-Amado. Não, é inconcebível que Jesus seja indiferente às aflições de Seu povo.

E o Espírito, o querido e sempre bendito Espírito Santo, que habita em nós, poderia ser impiedoso? Ele condescende em habitar em nós e a assumir o papel peculiar do Consolador, e isso é condescendência incomparável. Você acredita que Ele é o Consolador e que ainda assim não se compadece? Um Consolador sem compaixão seria certamente um ser estranho. Ele seria um escarnecedor das aflições humanas. Mas Ele é cheio de tenra piedade. Pense no amor do Espírito e jamais, sequer por um momento, suspeite que Ele não se importa se você perecerá ou não. O Deus Triúno é amor. "Como um pai se compadece de seus filhos, assim o SENHOR se compadece dos que o temem". Ele não pode ficar indiferente à condição dos Seus.

Considerem em seguida, amados, os antigos feitos do amor divino, dos quais as Escrituras falam expressamente, e vocês verão que o Senhor não pode negligenciar o seu bem-estar. Vocês não sabem que o eterno Jeová os amou antes de a Terra existir? Vocês se esqueceram de que as montanhas, com os seus cumes brancos são bebês recém-nascidos comparados ao Seu amor por vocês? Ele os escolheu. Ele poderia ignorá-los, mas os escolheu para serem dele. "De longe se me deixou ver o SENHOR", diz o profeta, "dizendo: Sim, com amor eterno eu te amei; por isso, com benignidade te atraí". E Ele os tem amado por miríades de eras para agora ser indiferente aos seus gemidos? Seria isso possível? Se Ele quisesse lançá-lo fora o teria feito há muito tempo. Se Ele precisasse de motivos para rejeitá-lo, teria razões por toda a eternidade, pois sabe o que você é. Nenhum pecado em você o tem surpreendido. Ele previu a dureza de seu coração e a imprevisibilidade de sua disposição, e se agora Ele pudesse rejeitá-lo, jamais o teria escolhido, Ele nunca o teria tomado para si mesmo. Ó, então, que o amor eterno o proíba de sonhar que Ele possa ser negligente quanto a você perecer ou não.

Em seguida, oro para que pensem no que Ele fez por vocês. Colocarei isso de forma breve. Vocês acham que Cristo veio do Céu à Terra para salvá-los, e agora é indiferente em relação a vocês? Acham que Ele viveu aqui 33 anos de trabalho e cansaço para a sua redenção, e agora os lançará fora? E creem que Ele foi até a cruz por vocês, tendo suportado o horrível jardim do Getsêmani e Seu suor de sangue por vocês, e, no entanto, não se preocupa com vocês? Acham que Ele suportou toda a ira de Deus por sua causa, e agora pensa que sua salvação é tão insignificante que Ele não se importa se vocês perecem ou não? Creem que Ele dormiu no túmulo e ressuscitou por vocês, e entrou no Santo dos Santos por vocês, e suplicou diante de Deus por vocês, e é, afinal, um hipócrita, e não tem nenhum amor verdadeiro por vocês? Homem, se o que Cristo fez não o convence, o que o convencerá? As muitas águas não poderiam apagar esse amor, nem os rios, afogá-lo. Você não confiará nele para o presente e para o futuro depois do que Ele fez por você?

Considere, mais uma vez, o que Ele realizou pessoalmente em você e o que você conheceu e sentiu dentro de si. Anos atrás você era o Seu inimigo, e Ele o salvou e o tornou Seu amigo. Você se lembra de que, na agonia de sua alma, você clamou a Ele como se do poço mais fundo, e Cristo veio para resgatá-lo? Ele o deixará agora? Lembre-se de como o nosso poeta faz uma súplica de sua história passada e a insta com Deus? Faça o mesmo —

*Certa vez um pecador próximo ao desespero*
*Buscou seu propiciatório pela oração;*
*A misericórdia o ouviu e o libertou —*
*Senhor, essa misericórdia me alcançou!*
*Muitos dias se passaram desde então,*
*Muitas mudanças eu vi;*
*Entretanto tenho sido sustentado até agora —*
*Quem poderia me sustentar senão Ele?*
*Tem me ajudado em todas as necessidades,*
*Isto me encoraja a suplicar,*
*Depois de tanta bondade*
*Ele me deixará afundar?*

É isso mesmo. Se Deus não tivesse feito tanto por nós, poderíamos questionar Suas intenções em relação a nós; mas, depois da bondade e da misericórdia que Ele manifestou, certamente Ele irá até o fim e aperfeiçoará a obra que começou. Ele se dedicou muito à Sua obra para renunciá-la agora.

Lembrem-se também, amados, e isso é um doce refrigério para o espírito, lembrem-se do relacionamento que existe entre vocês e seu

Deus. A paternidade e a filiação são repletas de conforto. O Senhor pode ser um Pai rude? O Senhor lançará fora os próprios filhos? "Acaso, pode uma mulher esquecer-se do filho que ainda mama, de sorte que não se compadeça do filho do seu ventre? Sim, elas podem esquecer, no entanto, ainda que esta viesse a se esquecer dele, eu, todavia, não me esquecerei de ti". Lembre-se também de que entre você e Cristo, ó crente, existe um relacionamento de marido e esposa. "Eu sou o vosso esposo, diz o Senhor". E o profeta nos diz que o Senhor, o Deus de Israel, diz: "Ele odeia o repúdio". "Onde está a carta de divórcio de vossa mãe?", diz Ele, como se desafiasse qualquer um a provar que Ele jamais havia repudiado Sua amada. "Desposar-te-ei comigo para sempre" é a linguagem do nosso Deus imutável. O Senhor não lançou fora o Seu povo a quem Ele conheceu antes. Por que, então, desconfiar dele? Ó, pelo relacionamento afetivo que existe entre o nosso coração e Deus, por que deveríamos suspeitar que Ele é indiferente a nós?

Lembrem-se, também, das promessas divinas. Ele será um mentiroso e nos deixará perecer? Lembrem-se de seu juramento! Seria profano pensar que Ele pode renunciar ao seu juramento! Lembrem-se da solene aliança de sangue da reconciliação, de que maneira Deus pode tratar o sangue de Jesus com indiferença ou renunciar à aliança que foi assegurada e ratificada pela morte de Seu próprio Filho? Deixar um crente perecer! Ser indiferente se os Seus redimidos são salvos ou não! Impossível! Não pode ser. Longe disso! Pensamento horrível! Que a tempestade ruja como for, e que Cristo durma como quiser, Ele deve ter sentimento por Seu povo; Sua indiferença é apenas imaginária.

3. Em terceiro e de forma breve, HÁ EM NOSSO SENHOR UM CUIDADO VERDADEIRO POR SEU POVO EM MEIO À SUA APARENTE INDIFERENÇA. Foi certamente assim

no mar da Galileia. Observe na narrativa que, embora Cristo estivesse dormindo, Ele estava no barco; Ele não havia deixado Seus discípulos. E seja como for que Deus trate o Seu povo, Ele ainda está com eles. "Não temas", diz Ele, "porque eu sou contigo". Se não houver mais nada, a presença do Senhor deve ser suficiente para nos animar. Nosso Pai celestial conhece a nossa necessidade. Ser banido da presença de Deus seria o inferno. Mas, não importa como nosso barco é arremessado pela tempestade, não podemos nos desesperar enquanto o Senhor é nosso companheiro.

Lembrem-se, novamente, de que, embora Cristo estivesse dormindo, Ele foi arremessado tanto quanto os discípulos foram e com o mesmo perigo. Eles podem muito bem dizer: "Não te importa que [*nós*] pereçamos?", colocando-o com eles mesmos, pois eles teriam afundado juntos, tanto o Mestre quanto eles. Se somos perseguidos, Jesus é perseguido. Se sofremos, a cabeça sofre com os membros. Nossa causa é a Sua causa. Isto deveria nos encorajar. Quando César disse ao capitão assustado: "Não temas, carregas César e todas as suas fortunas", ele nos forneceu um tipo terreno da grande verdade celestial: o barco da salvação leva em si Cristo e Sua honra, bem como Seu povo.

Lembrem-se também de que nosso Senhor estava beneficiando o Seu povo quando Ele estava adormecido, pois estava estabelecendo um bom exemplo para eles, um exemplo de descanso sagrado em tempos difíceis. Jesus dormiu não apenas por causa de Sua fadiga como homem, mas porque sentiu-se seguro nas mãos de Seu Pai. Quando o Mestre colocou Seus pés a bordo daquele barco, Ele sabia que haveria uma tempestade. O balanço do barco não o surpreendeu, e ainda assim foi dormir porque sabia que tudo estava certo. Ninguém poderia ter dormido com tal presciência, somente aquele cujo coração estava cheio de confiança em Deus. O Senhor quer Seu povo tranquilo e não aflito, "pois assim dá ele aos seus amados o sono" [N.E.: Salmo 127:2 ARC.]. Nunca lemos nada sobre o nosso Senhor dormir senão nessa ocasião, nessa majestosa ocasião, quando Ele estava adormecido num barco agitado pela tempestade, com Sua cabeça em um travesseiro, porque o Seu coração estava no colo de Deus. Ele descansou e disse a todos os Seus servos: "Descansem em tempos difíceis e deixem tudo nas mãos daquele que cuida de vocês". O Seu sono foi a prática de um sermão: "Não se turbe o vosso coração".

Além disso, Ele os estava testando e revelando-lhes quem eles eram. Talvez muitos deles estivessem no mesmo estado que Pedro e pensaram que poderiam suportar qualquer coisa, mas nunca desconfiariam do Senhor. Ele permitiu que a tempestade soprasse até que eles atingissem um estado de espírito e dúvida, para que pudessem ver o coração maligno da incredulidade que ainda espreitava no interior de cada um. Por meio dessa provação, Ele os fortalecia. Eles deveriam ser pescadores de homens durante toda a vida, e os pescadores devem enfrentar tempestades. Essa foi uma das tempestades de seu aprendizado, quando o seu capitão estava com eles, de modo que, quando eles próprios viessem a ser capitães, nada estranho pudesse lhes acontecer se uma tempestade os atingisse. Se tivessem desfrutado apenas de tempo bom enquanto Cristo estava com eles, furacões os teriam assustado quando o Senhor tivesse partido, mas agora eles dirão um para o outro em tempo de perseguição e provação: "Ele não nos mostrou isso antes, naquele mesmo dia em que Ele nos levou a Genesaré? Jesus estava no barco conosco, e mesmo assim estávamos em uma tempestade".

O melhor de tudo, Cristo estava cuidando deles, porque estava fazendo do perigo uma oportunidade para demonstrar quem Ele era. Jesus queria lhes mostrar Sua onipotência, mas como poderia fazê-lo se não houvesse dificuldades para o Seu poder divino confrontar? Ele lhes havia mostrado como poderia derrotar demônios e superar a doença. Mas agora deseja que eles vejam como os ventos e ondas estão subordinados à Sua vontade, e então Ele solta as tempestades furiosas. É pouca coisa um homem desafiar um leão acorrentado, porém liberte a fera e, então, somente um herói a enfrentará. O furacão está solto, as ondas estão furiosas; eles devoram o barco. Agora você verá o quão grande é o Mestre enquanto Ele está na proa e brada: "Acalma-te, emudece" e tudo é silenciado sob a Sua ordem. Sem a tempestade, eles não poderiam ter visto a glória do pacificador, portanto, a provação era absolutamente necessária para que pudessem conhecer totalmente a Divindade de Cristo.

4. Chegamos agora ao nosso último pensamento, que é este: NO TEMPO DEVIDO, TODOS OS QUE CONFIAM VERÃO QUE DEUS REALMENTE CUIDA DELES. Quando Jesus foi despertado, Ele não ficou com raiva. Poderia ter se afastado dos Seus discípulos se desejasse. Estava em Seu poder atravessar as ondas e deixá-los em aflição. E depois das coisas duras que dissemos e pensamos de Deus, Jesus poderia nos deixar perecer se quisesse, mas não fará tal coisa. Jesus não rejeitou as orações indignas de Seus fracos seguidores. No entanto, o Mestre poderia ter se ofendido e dito: "É isso o que vocês pensam de mim? Essa é a maneira pela qual vocês falam de mim?". Mas não foi assim que Ele os censurou. Ele os testou gentilmente, com profundo amor por eles, sem ira. Ele aceitou suas orações e acordou — e que despertar foi esse! Quão poderosas foram as Suas obras! Não houve nenhum traço de tempestade logo depois de ter sido despertado; o mais estrondoso dos ventos conflitantes dormiu como um bebê no peito de sua mãe; as ondas eram como mármore. Aflito, você ainda desfrutará da calma. Pobre filho de Deus, provado e tentado, você verá dias em que se perguntará onde os seus problemas estão. Dirá a si mesmo: "Eles se foram completamente; nada mais tenho com que me perturbar. Cristo afastou minhas dores". Talvez você vá desfrutar de uma calma longa e ininterrupta, não uma calma comum, mas uma calma tão profunda que dirá a si mesmo: "Valeu a pena ter passado por uma tempestade para desfrutar dessa paz". Entrará em Canaã depois de atravessar o deserto. Os anjos o visitarão quando os demônios tiverem terminado

sua tentação. Você deixará o campo de batalha para a terra da Desposada, onde ouvirá os coros celestiais cantarem, e os anjos lhe trarão especiarias dos jardins do bendito. Apenas tenha coragem! Permaneça em sua posição, confie em seu Senhor, pense bem dele e descanse nele, pois, como o Senhor vive, nenhum barco que tenha Cristo a bordo sofrerá naufrágio. Aquele que tem fé é protegido da destruição. Espere no Senhor, mesmo se a visão retardar, e a luz do sol e a navegação suave serão sua recompensa.

Finalizarei o assunto quando tiver sugerido sua aplicação de duas maneiras.

A primeira é esta: penso que isso seja muito aplicável à Igreja atual. Há grandes problemas em algumas mentes a respeito da Igreja, pois tudo está indo mal, tudo está em comoção. Os sinais dos tempos estão escuros. Para mim, o pior problema é que Jesus parece estar adormecido. Não há nada acontecendo, nenhum grande avivamento da religião, e pouco poder no ministério. Contudo, sou consolado pela reflexão de que Jesus dorme, mas Ele nunca exagera em Seu dormir. Quando adormecemos, não sabemos como acordar, mas Jesus Cristo sabe — Ele dorme, mas não excessivamente. Glória seja ao Seu nome, Ele dorme, mas não está morto. E enquanto Ele estiver vivo, nossa alegria está viva. Enquanto existir o Cristo vivo, haverá sempre uma igreja viva. Pode haver ambos: o Cristo adormecido e a Igreja adormecida, mas nem Cristo nem a Sua Igreja podem perecer. Se nosso Senhor estiver dormindo, Ele está adormecido próximo ao leme — Ele só precisa alcançar o leme com Sua mão e mudar a direção do barco de uma só vez. Ele está dormindo, mas só dorme até lhe clamarmos mais alto. Quando estivermos em situação tal que não podemos nos ajudar e sentirmos nossa total dependência dele, Ele revelará o Seu poder. Talvez nos próximos 20 anos, a situação religiosa na Inglaterra piore ainda mais e muito mais. Muito possivelmente pelos próximos 10 anos a infidelidade aumentará e a superstição também, e a Igreja do Senhor entrará em estado de desespero e clamará: "Ó Deus, a vela está quase apagada. A luz está quase desvanecendo!". Subirá um clamor de tal forma alto e amargo que Cristo ouvirá, virá e avivará gloriosamente a Sua obra. Pode ser que Ele permita que a batalha contra nós continue por muitos dias, e nossa pouca força será transformada em total fraqueza, e quase nos desesperaremos com a luta. Em seguida, Ele nos enviará o Seu trombeteiro. Seu Espírito virá, e a voz alta e clara será ouvida: "Tenham coragem. Porque, quando vocês são fracos, então são fortes!".

De repente, em nossa impotência total, nos apressaremos sobre o inimigo mais uma vez, e como o bolo de cevada de Gideão, que feriu as tendas de Midiã e as fez tombarem, assim o povo do Senhor fará grandes façanhas, porque o Senhor despertou de Seu sono como um homem poderoso. Uma repentina e gloriosa vitória fará o Céu e a Terra repercutirem com o Seu louvor. Não desanimem nem se turbem. A tempestade ainda não está em seu pior momento. O barco ainda não está cheio pelas ondas. A água não chegou até à altura de seus baluartes, ele ainda flutua. Quando mal puder escapar de afundar, e quase afundar, o Capitão ficará na frente do barco e acalmará os mares. Quando as ondas estrondosas quase o subjugarem, Ele lhes dirá: "Acalma-te, emudece!". A longa calma milenar pode estar próxima — não sabemos o quão próxima possa estar, mas continuemos a esperar.

A outra aplicação é ao pecador. Pode ser que haja alguém aqui que esteja em situação de desespero e sinta seus pecados como ondas vorazes prontas a devorá-lo, sem saber como escapar. Porém tem orado, e alegro-me por isso. Caro amigo, nunca desista de orar! A pobre alma tem clamado: "Senhor, ajuda-me!". É a oração certa. Irmão, continue com isso. Mas parece-lhe que Jesus está adormecido e você diz: "Ele não se importa com um pobre pecador? Ele me deixará ir para o inferno e não dará importância a isso?". O que você diz, amigo? Você deixaria um pecador que ora ir para o inferno se pudesse salvá-lo? "Ó, não!", você afirma, "Se ele clamasse a mim, eu o ajudaria". Você acha que é mais bondoso do que Cristo? Eu lhe digo que —

*Seu coração é feito de ternura,*
*Seu coração se derrete com Seu amor!*

Creia em no amor do Senhor. Entregue-se à Sua graça e, quando crer nele, você será salvo. Não tenha pensamentos incrédulos a respeito de Cristo. Toque a orla de Suas vestes e você será curado! Confie sua alma culpada a Ele e você ficará bem agora e para sempre. Que Deus lhe dê Sua bênção, em nome de Jesus. Amém.

---

Este sermão foi pregado no Metropolitan Tabernacle, em Newington, na manhã de 13 de julho de 1873.

# 5

# O MINISTRO DE CRISTO EM DECÁPOLIS

*E entraram a rogar-lhe que se retirasse da terra deles. Ao entrar Jesus no barco, suplicava-lhe o que fora endemoninhado que o deixasse estar com ele. Jesus, porém, não lho permitiu, mas ordenou-lhe: Vai para tua casa, para os teus. Anuncia-lhes tudo o que o Senhor te fez e como teve compaixão de ti* (Marcos 5:17-19).

Esse é um título impressionante para um homem que *fora endemoninhado* "aquele que tinha sido possuído pelo diabo". E permaneceria com ele enquanto vivesse e seria um sermão constante onde quer que ele fosse. Este homem seria convidado a contar a história do que costumava ser e a forma como a transformação aconteceu. Essa era uma grande história para qualquer um contar! Não nos seria possível descrever sua vida enquanto esteve possuído — as cenas da meia-noite entre os túmulos, a automutilação com pedras, os uivos, o ato de amedrontar todos os que passavam perto dele, estar acorrentado, o estalar das algemas, o quebrar dos grilhões e muitos outros detalhes que só ele poderia dar quando contasse a história aos seus amigos. Com que ternura ele contaria como Jesus veio por aquele caminho e como o espírito maligno o forçou a confrontá-lo! Ele diria: "Essa foi a melhor coisa que poderia ter acontecido comigo: ser trazido ao Mestre por aquela legião desesperada de demônios que se acamparam dentro da minha natureza e fizeram de minha alma alojamento". Ele contaria como, num instante, toda a legião se foi com a ordem de Cristo.

Há pessoas que poderiam contar uma história muito semelhante à desse homem —de escravidão a Satanás e de libertação pelo poder de Cristo. Se você puder contar tal história, não a guarde para si mesmo. Se Jesus fez grandes coisas por você, esteja sempre pronto a falar sobre elas até que todos os homens saibam o que Cristo pode fazer. Creio que grandes pecadores salvos são chamados especialmente a proclamar as boas-novas, o evangelho da graça de Deus. Se você foi resoluto contra a verdade, seja resoluto a favor dela. Se você não era morno quando servia a Satanás, não seja morno agora que você passou a servir a Cristo. Há alguns de nós aqui que podem carregar o nome de "o homem que nasceu cego", ou "o leproso que foi curado", ou "a mulher que era pecadora", e espero que todos nós possamos estar dispostos a levar qualquer nome ou título que glorifique a Cristo. Não penso que este homem tenha perseguido Marcos, difamando-o por ter escrito a seu respeito: "o que fora endemoninhado". Ó, não! Ele reconheceu que estava possuído pelo diabo e glorificou a Deus por ter sido liberto pelo Senhor Jesus.

**1.** Farei algumas observações sobre a passagem que escolhi como texto — e a primeira observação é essa: VEJA COMO OS DESEJOS DOS HOMENS DIFEREM. Encontramos no versículo 17 que "entraram a rogar-lhe [Jesus] que se retirasse da terra deles".

No versículo 18: "suplicava-lhe o que fora endemoninhado que o deixasse estar com ele". O povo queria que Cristo se afastasse deles — o homem a quem curou queria ir aonde Ele fosse. A qual classe você pertence, meu querido amigo?

Espero que você não pertença à primeira, o grupo *dos muitos que rogaram a Jesus que se retirasse da terra deles*. Por que queriam que Ele se retirasse?

Creio que foi, primeiramente, porque adoravam viver sossegados e à vontade. O que acontecera fora uma grande calamidade — os porcos haviam se precipitado ao mar. Eles não queriam mais tais calamidades e, evidentemente, a Pessoa que tinha vindo a eles possuía um extraordinário poder. Ele não tinha curado o endemoninhado? Bem, eles não o queriam — não queriam nada extraordinário. Eram homens sociáveis que queriam seguir no mesmo curso de suas vidas, então lhe pediram para que, por gentileza, se retirasse. Ainda existem pessoas desse tipo. Elas dizem: "Não precisamos de avivamento aqui — somos muito respeitáveis. Não queremos nenhuma pregação comovente por aqui — estamos bastante confortáveis. Não interrompa a nossa paz". Tais homens, quando pensam que Deus está agindo em algum lugar, sentem-se um tanto propensos a ir na direção oposta. Eles querem ficar tranquilos. Seu lema é: "Qualquer coisa por uma vida sossegada". "Deixe-nos em paz, vamos continuar com nosso antigo modo de vida" é o clamor desses tolos, como foi o clamor dos israelitas quando disseram a Moisés: "Deixa-nos para que sirvamos os egípcios".

Possivelmente, essas pessoas queriam que o Salvador se retirasse porque estavam de olho nos negócios. Cuidar dos porcos era um péssimo negócio. Como judeus, não tinham nada a ver com aquilo. Eles podem ter dito que não os comiam, apenas cuidavam deles para outras pessoas comerem — mas agora haviam perdido toda a manada. Pergunto-me o quanto todos aqueles porcos representavam aos seus donos. Ao começarem a calcular sua perda, decidiram que o Salvador devia se retirar de suas terras antes que perdessem ainda mais. Não me surpreendo que, quando os homens vendem bebidas alcoólicas, por exemplo, ou quando fazem qualquer comércio que não possam lucrar, sem prejudicar seus semelhantes, eles não querem que Cristo adentre seus caminhos. Talvez alguns de vocês não gostariam que Ele os visse pagar aquelas pobres mulheres para fazer camisas [N.E.: na época havia um comércio clandestino de produção de camisas feitas por mulheres para guardas e soldados, com pagamentos irrisórios.]. Receio que se Jesus Cristo fosse visitar a loja de alguns, o marido diria a sua esposa: "Vá buscar o livro-caixa onde registro os salários e esconda-o — não gostaria que Ele o visse".

Ó, queridos amigos, se houver alguma razão para que vocês não queiram que Cristo entre em seu caminho, oro para que o Espírito Santo possa convencê-los de que vocês precisam que Ele o faça. Aquele que tem a maior objeção a Cristo é o homem que mais precisa de Cristo. Você pode ter certeza disso: se não deseja se converter, se não deseja nascer de novo, você é a pessoa, além de qualquer outra, que mais precisa se converter e nascer de novo. Não é uma decisão mais imprudente quando, por causa dos porcos, estamos dispostos a nos afastar de Cristo? "Que aproveita ao homem ganhar o mundo inteiro e perder a sua alma?" Ele ganhará um cantinho no jornal dizendo que morreu valendo tantos milhares — e isso não será verdade, pois ele mesmo nunca valeu um centavo. Quem daria um centavo por ele agora que está morto? Custará muito dinheiro livrar-se desse homem, mas ele mesmo não poderá levar dinheiro consigo. Ele não vale nada — usou o seu dinheiro para fins egoístas e jamais o utilizou para a glória de Deus. Ó, a pobreza de um rico ímpio!

Não me admira que essas pessoas se dedicaram a si mesmas e ao mundo, oraram para que Cristo "se retirasse das terras deles". Ele não poderia, mesmo que você não se importe em ouvi-lo, parar em algum lugar na costa? Não — quando os homens se agitam contra a religião, não medem esforços na tentativa de afastá-la de seu meio. Muitos pobres homens perderam suas casas onde tinham algumas reuniões de oração porque o proprietário não apenas não queria aceitar o próprio Cristo, mas, como o cão na manjedoura [N.E.: Fábula grega de autoria de Esopo (620–564 a.C.).], não permitiria outros terem Aquele que desejavam. Algum de vocês encontra-se nessa condição?

Espero ter alguns aqui que sejam de outro tipo — como *esse pobre homem que suplicou para que pudesse estar com Ele*. Por que ele queria estar com Jesus? Creio que queria ser o Seu auxiliar para demonstrar sua gratidão. Se ele pudesse servir a Cristo, desatar os laços de Suas sandálias e lavar Seus pés ou preparar Suas refeições, ele se sentiria o homem mais feliz da Terra. Adoraria fazer algo por Aquele que expulsara uma legião de demônios que o possuía.

Em seguida, desejou não apenas ser um auxiliar para mostrar sua gratidão, mas um discípulo que pudesse aprender mais dele. O que ele sabia de Cristo era tão precioso — tinha experimentado em sua vida o Seu poder gracioso de tal forma que queria aprender constantemente algo de cada palavra daqueles amados lábios e de todas as ações daquelas benditas mãos. Ele suplicou para que pudesse estar com Jesus como um discípulo que desejava ser ensinado pelo Mestre.

O homem também queria estar com Ele como amigo, pois agora que Cristo devia partir, exilado de Decápolis, ele parecia sentir que não havia qualquer razão pela qual deveria permanecer lá. "Senhor, se tiveres que deixar estes gesarenos, permite-me deixar os gerasenos também! Tu irás, ó Pastor? Então, deixa-me ir contigo. Atravessarás o mar e irás não sei aonde? Irei contigo para a prisão e para a morte". Sentiu-se tão ligado a Cristo que suplicou para que estivesse com Ele.

Creio que havia esse motivo, também — um medo por trás de sua oração. Talvez uma dessas legiões de demônios pudesse voltar, e, se ele estivesse com Cristo, o Senhor Jesus expulsaria o diabo novamente. Não deveria me surpreender, mas ele sentiu um tremor a respeito de si, como se não pudesse suportar estar fora da vista do grande Médico que o havia curado de um mal tão grave. Gostaria de dizer a todos aqui que nunca estamos seguros a menos que estejamos com Cristo.

Se vocês forem tentados a ir onde Cristo não puder estar junto, não vão. Já ouviram a história do diabo fugindo com um jovem que estava no teatro? Diz-se que John Newton foi atrás de Satanás e disse: "Esse jovem é membro da minha igreja". "Bem", respondeu o diabo, "não me importo de onde ele é membro. Encontrei-o nas minhas instalações e tenho direito sobre ele", e o pregador não pôde dar qualquer resposta àquilo. Se vocês forem às instalações do diabo e ele os ridicularizar, não posso dizer nada contra. Não busquem lugar algum onde não possam levar Cristo junto; sejam como esse homem, que anseia ir onde quer que Cristo vá.

2. Bem, em segundo lugar, VEJA COMO OS COMPORTAMENTOS DE CRISTO DIFEREM e quão extraordinários eles são. Aqui está uma oração maligna: "Retira-te de nossas terras". Ele a concede. Aqui está uma oração piedosa: "Senhor, deixa-me estar contigo". "No entanto, Jesus não o permitiu". É este o Seu modo: responder a oração de seus inimigos e recusar a petição de Seus amigos? Sim, às vezes é.

No primeiro caso, *quando eles suplicaram para Ele partir,* Ele partiu. Ó, queridos amigos, se Cristo alguma vez vier se aproximar e vocês forem tocados em sua consciência e sentirem-na vibrar com esse toque espiritual, não supliquem para que Ele se retire, pois, se Ele se for — se Ele o deixar e nunca retornar — seu destino está selado! Sua única esperança está em Sua presença, e, se vocês suplicam contra sua única esperança, são suicidas — culpados de matar sua própria alma.

Jesus se afastou dessas pessoas, porque era inútil ficar. Se elas queriam que Ele fosse, que bem Ele poderia lhes fazer? Se Ele falasse, não o escutariam. Se aquelas pessoas ouvissem a Sua mensagem, não lhe dariam atenção. Quando a mente dos homens está contra Cristo, o que mais deve ser feito a não ser deixá-los?

Ele poderia investir melhor o Seu tempo em outro lugar. Se você não quiser o meu Senhor, outra pessoa o quererá. Se você ficar sentado com seu orgulho e disser: "Não preciso do Salvador", há uma pobre alma no auditório ansiando por Ele e clamando: "Ó, que eu possa encontrá-lo para ser o meu Salvador!". Cristo sabia que se os gerasenos o recusassem, as pessoas do outro lado do lago o receberiam em Seu retorno.

Por ir embora, Ele ainda os salvou de um pecado ainda maior. Se Ele não tivesse ido, eles poderiam ter tentado jogá-lo no lago. Quando os homens começam a suplicar para que Cristo se retire de suas terras, eles são ruins o suficiente para fazerem qualquer coisa. Poderia ter havido violência contra a Sua bendita pessoa, então Ele se afastou. Não é horrível que se o ministério do evangelho não o salvar, ele ajude a condená-lo? Somos como um sabor para Deus, sempre doce — mas para alguns homens, somos um sabor de morte para a morte — enquanto a outros somos um sabor para a vida. Ó meus ouvintes, se vocês não vierem a Cristo, o lugar que vocês ocupam tem seu uso mal-empregado! Poderia haver outra pessoa sentada aqui para quem o evangelho seria muito precioso — e nossas oportunidades de pregar não são tantas. Não gostamos de desperdiçar nossa força em terreno pedregoso, em pedaços de pedra que repelem a semente. Rocha, rocha, rocha, você nunca quebrará? Será que devemos continuar a semear em seu solo embora nenhuma colheita seja produzida? Que Deus o transforme, rocha, e o transforme em solo bom para que a verdade ainda possa crescer sobre você! A oração má, então, foi respondida.

*A boa oração não foi respondida.* Por que isso? O principal motivo foi porque o homem poderia ser útil em casa. Poderia glorificar melhor a Deus ficando entre os gesarenos e entre sua própria família, contando-lhes o que Deus tinha feito por ele, do que poderia fazer com qualquer atenção que pudesse dar a Jesus. É notável que Cristo não tenha tomado ninguém para ser Seu servo ou auxiliar pessoal durante Seu ministério terreno. Ele não veio para ser ministrado, mas para ministrar. Ele não desejou que esse homem ficasse com Ele para proporcionar-lhe o conforto, mas ordenou que voltasse para sua família e fizesse o poder de Jesus Cristo conhecido, procurando conquistá-los para Deus.

Talvez, também, sua oração não tenha sido respondida para que seu medo não fosse encorajado. Se ele teve medo — e sinto-me moralmente certo de que ele teve — de que os demônios retornassem, então, certamente, desejava estar com Cristo. Mas o Mestre tirou aquele medo do homem e praticamente lhe disse: "Você não precisa estar perto de mim; Eu o curei para que nunca mais volte a ficar doente". Um paciente poderia dizer ao seu médico: "Estive tão doente, e, através da sua habilidade, minha saúde foi restaurada; gostaria de permanecer próximo, pois se houver qualquer reincidência da minha doença, eu voltaria até você imediatamente". Se o médico respondesse: "Você pode ir para a Suíça, ou para a Austrália, se quiser", seria a melhor prova de que o médico não se preocuparia quanto à doença — e isso deveria por um ponto final em suas dúvidas.

Deste modo, você vê como as maneiras de tratar de Cristo diferem em homens diferentes. Por acaso não conheço alguns que, continuando em pecado, ainda prosperam nos negócios, acumulando riqueza e tendo tudo o que o coração deseja? Será que não conheço outros que se arrependeram e se voltaram para Deus — e a partir daquele dia tiveram mais problemas do que antes — e seu caminho tem sido estranhamente difícil? Sim, eu os tenho visto também e não invejo os caminhos fáceis dos perversos, tampouco senti que havia algo muito surpreendente sobre o árduo caminho dos justos, pois, afinal, o assunto mais importante não é o caminho — é o seu final — e se eu pudesse viajar tranquilamente para o inferno, não faria essa escolha. E se o caminho para a vida eterna é difícil, o aceito com toda a sua dificuldade. Ao pé do Desfiladeiro da Dificuldade [N.E.: *O peregrino*, Publicações Pão Diário, 2018.], Bunyan faz seu peregrino cantar —

*Eis o alto monte que desejo subir,*
*A dificuldade não me molestará;*
*Pois percebo que o caminho da vida está ali.*

3. Meu terceiro ponto é este — VEJA COMO É BOM ESTAR COM JESUS. Esse homem suplicou ao Senhor para estar com Ele.

Se você foi salvo recentemente, espero que tenha o anseio em seu coração por estar sempre com Cristo. Vou lhe dizer o formato que esse anseio provavelmente tem. Você estava tão feliz, tão alegre, e foi uma reunião tão abençoada, que disse a si mesmo: "Que pena que acabou; gostaria que essa reunião tivesse continuado a noite toda, e no dia seguinte, e nunca terminasse". Sim, você pensou como Pedro quando ele quis construir os três tabernáculos no monte sagrado e permanecer lá o resto de seus dias. Mas você não pode fazer isso — não adianta desejar isso. Você deve ir para casa para aquele marido bêbado ou para aquela mulher rabugenta — para aquele pai ímpio ou aquela mãe cruel. Você não pode ficar sempre naquela reunião.

Talvez você tenha outra ideia do que seja estar com Cristo. Você fica tão feliz quando pode estar sozinho, e ler sua Bíblia, e meditar, e orar, que diz: "Senhor, gostaria que sempre fosse assim. Gostaria de estar sempre no andar de cima nesta sala, explorando as Escrituras e tendo comunhão com Deus". Sim, sim, sim, mas você não pode. Há as meias das crianças a serem consertadas, há botões para pregar nas camisas do marido, e há todos os tipos de coisinhas a serem feitas, e você não pode negligenciar nenhuma delas. Quaisquer que sejam os deveres domésticos, faça-os. Você gostaria de não precisar ir à cidade amanhã; não seria adorável ter uma reunião de oração a noite toda e depois uma busca nas Escrituras o dia inteiro? Sem dúvida, mas o Senhor não ordenou assim. Você tem que trabalhar, então se vista para o dia a dia e não se considere menos feliz porque tem que mostrar sua religião no viver diário.

"Ah, tudo bem", diz alguém, e ouço isso muitas vezes "Penso que sempre estaria com Cristo se eu pudesse parar de trabalhar e me entregar ao serviço do Senhor". Você pensa, especialmente, que seria assim se fosse um ministro. Bem, não tenho nada a dizer contra o ministério do evangelho. Se o Senhor o chama para exercê-lo, obedeça ao chamado e dê graças que Ele o tenha como fiel, colocando-o no ministério. Mas, se você supõe que estará mais perto de Cristo simplesmente por ter entrando no ministério, você está muito enganado. Ouso dizer que trouxeram a mim esta manhã tantos problemas de outras pessoas, depois de eu ter pregado, quanto a maioria dos homens levaria um mês para acumular. Temos que suportar os problemas e dúvidas de todos e as necessidades de conforto e conselho de todos. Você se verá envolvido em muito trabalho mesmo no serviço do Senhor — e é muito fácil perder o Mestre no serviço do Mestre. Precisamos de muita graça para que essa tentação insidiosa não nos vença até mesmo em nosso ministério. Você pode caminhar com Cristo e vender mantimentos. Pode caminhar com Cristo e ser um limpador de chaminés. Não hesito em dizer que, pela graça de Deus, você pode andar com Cristo tendo essa ou aquela profissão, contanto que seja legítima. Poderia ser um erro se você renunciasse ao seu trabalho sob a noção de que estaria mais com Cristo caso se tornasse um missionário local ou uma mulher-Bíblia, ou um distribuidor de folhetos, ou um capitão no Exército da Salvação, ou qualquer outra forma de serviço santo que você possa desejar. Continue com o seu trabalho. Se você pode tingir sapatos bem, faça isso. Se você prega mal os seus sermões, não pregue.

"Ah", diz alguém, "Sei o quanto gostaria de estar com Cristo". Sim, sim, eu sei. Você gostaria de estar no Céu. Ó, sim, e é um desejo louvável ansiar estar com Cristo, pois é muito melhor do que estar aqui! Mas lembre-se de que pode ser um desejo egoísta e pecaminoso se for levado longe demais. Um homem santo de Deus foi questionado certa vez por um servo de Cristo: "Irmão fulano, você não quer ir para casa?". Ele disse: "Responderei com outra pergunta. Se você tivesse um homem trabalhando para você, e na quarta-feira ele dissesse: 'Gostaria que fosse sábado', você o manteria?". O outro pensou que o empregador precisaria de muita paciência para fazê-lo. Por quê? Você ficará feliz de vê-lo sair antes de o sábado chegar, pois ele não será bom para o trabalho. Tenho o direito de desejar ir ao Céu se eu posso fazer o bem para você aqui? Não é mais do que o Céu estar fora do Céu do que dentro dele se você puder fazer mais por Deus aqui fora do que dentro? Deseje ir quando o Senhor quiser. Mas, do contrário, permanecer neste nosso corpo carnal é mais para o bem da igreja e do mundo, e mais para a glória de Deus — renuncie ao seu desejo e não se irrite com seu Mestre quando, depois de ter orado para estar com Ele, seja escrito sobre você como foi sobre aquele homem — "Jesus, porém, não lho permitiu".

Ainda assim, é algo muito agradável estar com Jesus.

## 4. Mas agora, em quarto lugar, VEJA QUE PODE HAVER ALGO MELHOR DO QUE ISSO. No sentido que mencionei, há algo ainda melhor do que estar com Cristo.

O que é melhor do que estar com Cristo? Bem, trabalhar para Ele! Jesus disse a este homem: "Vai para tua casa, para os teus. Anuncia-lhes tudo o que o Senhor te fez e como teve compaixão de ti".

Isso é *mais honroso*. É muito agradável sentar-se aos pés de Jesus, mas, se o posto mais respeitável no campo de batalha é o lugar do perigo, se a coisa mais honrosa no Estado é ter o serviço real designado a você, então o mais honroso para um cristão não é sentar-se e cantar, divertir-se, mas se levantar e arriscar a reputação, a vida e tudo por causa de Jesus Cristo. Caro amigo, aspire servir ao nosso Senhor — é mais honroso até mesmo do que estar com Ele.

Também é *melhor para as pessoas*. Cristo está se afastando dos gesarenos. Eles pediram para que Ele se fosse e Ele está indo. Mas parece dizer a esse homem: "Estou indo porque eles me pediram. Minha partida parece um julgamento sobre eles porque me rejeitaram, mas, mesmo assim, não vou embora completamente. Ficarei com você. Colocarei meu Espírito sobre sua vida e assim continuarei com você. Eles o ouvirão, embora não ouvirão a Mim". Cristo, por assim dizer, renuncia ao pastorado daquele distrito, mas Ele coloca outro em Seu lugar, não tão bom quanto Ele próprio, mas alguém que eles vão preferir. Não tão poderoso e útil como Ele, mas um mais bem adaptado a eles. Quando Cristo fosse embora, aquele homem estaria lá e as pessoas viriam até ele para ouvir sobre os porcos e como se lançaram ao mar. E se eles não se aproximassem, ele os buscaria para dizer-lhes tudo sobre isso. E assim haveria um ministro permanente deixado lá para cumprir o ministério sagrado, agora que o grande Bispo tinha ido embora. Gosto desse pensamento. Cristo foi ao Céu, pois Ele é necessário lá, e então Ele o deixou aqui, querido irmão, para continuar Seu trabalho. Você não é igual a Ele em nenhum aspecto, mas ainda assim lembre-se do que Ele disse aos Seus discípulos: "Aquele que crê em mim fará também as obras que eu faço e outras maiores fará, porque eu vou para junto do Pai". É por isso que Cristo não permite que você esteja com Ele no momento. Você deve permanecer para o bem das pessoas entre as quais vive assim como "aquele que tinha sido possuído pelo diabo" teve que permanecer por causa dos gesarenos a quem ele poderia testemunhar a respeito de Cristo.

Sua permanência, também, era *melhor para sua família*, e você não pensa que, muitas vezes, um homem de Deus é mantido fora do Céu por causa de sua família? Você ainda não deve ir, pai — esses meninos ainda precisam do seu exemplo e de sua influência. Mãe cristã, você não deve ir ainda — sei que seus filhos são crescidos e a estão entristecendo muito, mas ainda assim, se há algum controle sobre eles, é sua pobre velha mãe e você deve permanecer até que os tenha entregado a Deus em oração. E você ainda assim o fará. Tenha bom ânimo. Creio que há muitos aqui que poderiam estar no Céu, mas Deus tem alguns que Ele pretende trazer por intermédio desses cristãos, e assim precisam ficar aqui um pouco mais. Embora enfermos no corpo, esgotados, e muitas vezes prostrados de dor — talvez com uma doença terminal e desejoso de ir —, você não deve ir até que seu trabalho termine.

"Jesus, porém, não lho permitiu". Esse homem, antes possuído, deveria ir para casa e contar a sua esposa e seus filhos que grandes coisas o Senhor tinha feito por ele. Muitos pregadores eminentes retrataram a cena da ida dele para casa, então vou tentar fazer o mesmo. Você só pode imaginar o que seria se fosse seu caso e você tivesse ficado trancado num manicômio, ou estivesse tão mal quase a ponto de sê-lo. Quão felizes seus amigos ficariam por você ser tirado de lá e, então, ficariam ainda mais felizes em vê-lo voltar perfeitamente bem! Posso imaginar como a esposa do homem olhava pela janela quando ouviu sua voz. Ele voltou em estado de loucura? Como as crianças ficarão repletas de terror ao som da voz de seu pai até que estivessem seguras de que havia uma transformação verdadeira nele! Ah, pobre pecador, você veio aqui esta noite! Possivelmente se esquece de que seus filhos muitas vezes têm que se esconder debaixo da cama quando o pai chega a casa. Sei que existem tais pessoas e podem até vir à igreja. Que o Senhor tenha misericórdia do bêbado, e vire seus copos para baixo, e faça dele um novo homem! Então, quando ele for para casa para falar da dádiva da graça, e do amor sacrificial, e da mudança maravilhosa que Deus realizou nele, será uma benção para sua família e para todos ao seu redor. Pode ser, querido amigo, que você tenha que ficar aqui até que tenha desfeito alguns dos males de sua vida pregressa. Você deve trazer a Deus alguns dos que você tentou, desviou e ajudou a arruinar.

Vejam, queridos amigos, há de fato algo melhor do que estar com Cristo — que é trabalhar para Ele.

**5.** Mas, finalmente, CONSIDERE QUE HÁ AINDA UM CASO QUE É O MELHOR DE TODOS. Devemos sempre ter três graus de comparação. Qual é a melhor condição de todas? Estar com Cristo é bom. Ser enviado por Ele em uma missão sagrada é melhor. Mas aqui está algo que é melhor do que tudo, a saber, trabalhar para Ele e estar com Ele ao mesmo tempo. Quero que todos os cristãos aspirem a essa posição. É possível sentar-se com Maria aos pés do Mestre e ainda correr por todos os lados como Marta e preparar o jantar? É, e então Marta nunca será impedida por tanto serviço se ela o fizer — e jamais culpará sua irmã Maria. "Mas, senhor, não podemos sentar e nos movimentarmos ao mesmo tempo". Não, não quanto aos seus corpos, mas podem quanto a suas almas. Você pode estar sentado aos pés de Jesus ou reclinado em Seu peito e ainda estar lutando as batalhas do Senhor e fazendo o Seu trabalho.

Para fazer isso, *cultive a vida interior tanto quanto a exterior*. Esforce-se não apenas para fazer muito por Cristo, mas para ser muito com Cristo e viver inteiramente nele. Não vá, por exemplo, no Dia do Senhor, a uma aula e ensine aos outros três vezes, como fazem alguns que conheço. Mas venha uma vez, ouça a mensagem do Mestre e alimente sua alma — e quando você tiver tido um banquete espiritual pela manhã, ofereça o restante do dia ao serviço sagrado. Deixe as duas coisas correrem juntas. Estar sempre comendo e jamais trabalhando trará abundância excessiva e indigestão espiritual. Estar sempre trabalhando e nunca comendo — bem, tenho receio de que não aguente essa provação tão bem quanto o cavalheiro que comeu ontem sua primeira refeição após quarenta dias de jejum. Não tente imitá-lo. Não é algo certo e sábio a fazer, antes é muito perigoso. Obtenha alimento espiritual e também faça o trabalho espiritual.

Deixe-me dizer-lhe novamente: *entristeça-se muito se houver a menor nuvem entre você e Cristo*. Não espere até que ela seja tão densa quanto um nevoeiro de outono. Entristeça-se caso seja apenas como uma nuvem pequena e felpuda. A observação de George Müller foi muito sábia: "Nunca saia de seu quarto pela manhã até que tudo esteja bem entre você e Deus". Mantenha-se em comunhão perpétua com Jesus e assim poderá ficar com Ele e ainda o servir ao mesmo tempo.

E considere isto: *antes de começar o serviço de Cristo, sempre busque Sua presença e ajuda.* Não inicie qualquer obra para o Senhor sem ter visto primeiramente a face do Rei em Sua beleza. E no trabalho, frequentemente traga à memória o que você está fazendo, a Ele para quem você está fazendo, e através de quem você está fazendo. E quando o trabalho estiver concluído, não jogue o chapéu para cima e diga: "Fui muito bem!". Outro lhe dirá finalmente: "Muito bem!" se você merecer. Não tire as palavras da boca dele. Autopromoção não é recomendável. Salomão disse: "Seja outro o que te louve, e não a tua boca; o estrangeiro, e não os teus lábios". Quando fizermos tudo, ainda seremos servos inúteis — fizemos apenas o que é nosso dever fazer. Então, se você for tão humilde quanto é ativo, tão humilde quanto é enérgico, pode manter-se com Cristo e, ainda assim, cuidar de Suas incumbências até os confins da Terra. Eu considero essa a experiência mais feliz do que qualquer um de nós pode alcançar deste lado das portas de pérola. Que o Senhor o abençoe e o leve para lá, por amor de Cristo! Amém.

---

Este sermão foi pregado no Metropolitan Tabernacle, em Newington, na noite de 27 de abril de 1890.

# 6

# O CORPO DOCENTE PERPLEXO, O GRANDE MÉDICO BEM-SUCEDIDO

*Aconteceu que certa mulher, que, havia doze anos, vinha sofrendo de uma hemorragia e muito padecera à mão de vários médicos, tendo despendido tudo quanto possuía, sem, contudo, nada aproveitar, antes, pelo contrário, indo a pior, tendo ouvido a fama de Jesus, vindo por trás dele, por entre a multidão, tocou-lhe a veste. Porque, dizia: Se eu apenas lhe tocar as vestes, ficarei curada* (Marcos 5:25-28).

Rapidamente, considere o caso dessa pobre mulher. Ela estava sofrendo de uma doença de duração extremamente longa que não apenas esgotou sua força e ameaçou levá-la rapidamente ao túmulo, mas tornou-a impura, de acordo com a lei cerimonial judaica, e, portanto, impedida de conviver com outras pessoas. Assim, ela estava condenada a ser uma mulher pobre, sofredora, desanimada e desolada. Os médicos daqueles dias eram audaciosos o suficiente para tentar curas impossíveis, mas suas habilidades não eram, em absoluto, compatíveis com a coragem que demonstravam. Eles atormentavam seus pacientes, mas raramente os aliviavam de alguma coisa exceto de seu dinheiro. Até mesmo há algumas centenas de anos, muitas das coisas que eram administradas aos pacientes como medicamentos, e consideradas drogas de excelente eficácia, eram tão indescritivelmente repugnantes, que eu nem gostaria de repetir os seus nomes; e os processos de cirurgia, usuais entre os praticantes, teriam sido extremamente satisfatórios se tivessem a intenção de matar, mas eram tão absurdos quanto desumanos se propostos como ações para curar. A ciência da medicina, na verdade, não existia, e, na época de nosso Senhor, cirurgia e remédios eram apenas uma massa de charlatanismo e pretensões ousadas, sem qualquer habilidade ou conhecimento para embasar suas alegações. No entanto, essa pobre mulher, em seu ansioso desejo de ser restaurada à sociedade e à saúde, foi primeiro a um, depois a outro, e ainda a outro — embora todos eles lhe causassem sofrimento por medicamentos amargos ou por procedimentos severos. Assim, ao final de 12 anos, ela se viu sem dinheiro e pior de saúde. Neste momento, com seu estado físico sendo o pensamento mais gritante em sua mente, ela ouviu que havia um profeta que curava doenças. Tendo ouvido uma ou duas das histórias das curas realizadas por Ele, e tendo talvez visto alguns dos que estavam felizes o suficiente por serem os objetos de Seus milagres, ela disse a si mesma: "Esse homem é indubitavelmente enviado de Deus; Ele professa ser o Messias, o Filho de Davi, o Filho de Deus; creio que Ele é mesmo e, se Ele é o tal, então é tão cheio de força sagrada que, se eu puder apenas me aproximar o suficiente para tocar a orla de Suas vestes, serei curada". Dia feliz foi para ela quando concebeu essa ideia! Ainda mais feliz quando a colocou em prática — quando tremendo, estendeu a mão, tocou a orla das vestes do Salvador e foi imediatamente restaurada!

Não precisarei dizer mais sobre a própria narrativa. Ela elogia o Salvador a você — mostra-lhe o Seu grande poder no mundo físico, e assim prova a Sua divindade, e o atrai por Sua misericórdia e compaixão. Mas essa mulher tem muitos paralelos no mundo *espiritual*. Multidões como ela estão doentes com um desânimo assolador, uma tendência incessante ao desespero e tentam todos os miseráveis consolos que abundam neste mundo. E depois de desperdiçar seus recursos e suas forças, elas agora são trazidas à absoluta destituição espiritual — sentem que não podem fazer nada, estão prontas a perecer. Espero que nesta manhã, se nunca antes, ouçam sobre Jesus, que é capaz de curar os casos mais desesperadores, e que resolvam apresentar-se a Ele, por meio de uma fé sincera, mesmo que fraca, a fim de serem colocadas em contato com Seu poder curador e assim possam *hoje* ser libertas de todo o mal pelo toque do grande Restaurador! Que Deus conceda isso, por amor do Redentor, pelo poder do Espírito Santo, e que Ele receba todo o louvor!

Pretendo, nesta manhã, antes de tudo, *expor os médicos em quem as pobres almas adoecidas pelo pecado frequentemente confiam*; quando eu o tiver feito, mostrarei *por que todos esses médicos, sem exceção, falham*; em terceiro, descreverei *a situação do paciente após o fracasso desses confiáveis médicos*; e, por último, revelarei como *uma cura pode ser realizada até mesmo neles*.

1. Deixe-me EXPOR OS MÉDICOS QUE A TANTOS ILUDEM COM SUAS VÃS PRETENSÕES.

Entre o rebanho de enganadores, destaco primeiro um dos mais vis: um velho e consagrado médico que tem tido uma ampla prática entre as almas adoecidas pelo pecado; ele é um velho e perverso envenenador, mas, por tudo isso, muitíssimo popular, chamado Dr. Saduceu. Ele geralmente adota o princípio homeopático, a saber, curar semelhante pelo semelhante; ele fornece um tipo de pecado como a cura para outro. Por exemplo, assim que vê uma melancolia com incredulidade, ele prescreve licenciosidade. Ele diz: "Você está ficando entediado; você deve se animar; precisa se misturar com a sociedade; um jovem como você não deveria ficar perturbado com esses pensamentos sérios; aqueles que o alarmam são meros fanáticos; fique calmo. Recomendaria que você frequentasse o teatro ou o salão de música; isso afastará as enfadonhas preocupações". O tal Dr. sente o pulso do paciente e diz que está muito baixo e que ele deve realmente tomar um pouco de estimulante e experimentar o que o entretenimento pode lhe trazer. Infelizmente, essa receita antiga, mas condenatória, é frequentemente prescrita e imposta sobre almas despertas como se fosse a própria sabedoria, ao passo que é uma peça de artesanato satânico e de mentiras! Nunca realizou uma cura e jamais poderá; tal receita impede que o homem escape do afogamento mergulhando-o mais fundo sob as ondas; ela lhe diz para apagar a chama que queima em seu coração acrescentando combustível a ele; ela pretende curar o leproso empurrando-o para os esconderijos profundos do necrotério onde a doença não tem controle. Tornando o mau em algo pior, o amante do prazer espera recuperar-se dos escrúpulos da consciência. Como exemplo notável da prática do Dr. Saduceu em sua forma mais suave, eu citaria o caso de George Fox, o célebre fundador dos Quakers. Quando se sentiu confuso sobre a sua salvação, ele recorreu a vários amigos e ministros para obter conselhos. Um disse que achava que fumar tabaco seria bom demais para ele; outro lhe recomendou que se casasse o mais rápido possível; outro pensou que, se ele se juntasse aos voluntários, isso certamente tiraria seus pensamentos de sua melancolia. "Infelizmente", disse ele, "percebi que eram tão vazios como um tambor oco". Tais médicos não ministram nenhum remédio para a mente enferma. Conta-se a história sobre Carlini, o ator italiano, que, estando sujeito a forte depressão de espírito, consultou um médico francês que lhe recomendou assistir ao teatro italiano. O médico disse: "Se Carlini não dissipar sua queixa sombria, seu caso deve ser de fato desesperador". O médico não ficou pouco surpreso quando seu paciente respondeu: "Infelizmente, senhor, eu *sou* Carlini! E enquanto eu divirto toda a Paris com alegria e faço a plateia quase a morrer de tanto rir, eu mesmo estou morrendo de melancolia". Quão vazias e insuficientes são as diversões do mundo! Mesmo no riso, seu coração não se alegra; consoladores miseráveis são todos aqueles que afogariam a seriedade no vinho e na diversão. Quando o coração está abatido, é inútil oferecer a música e a dança, ou encher a tigela de ponche; quando as flechas de Deus atingem rapidamente a alma de um homem, as vãs canções do mundo são inadequadas ao momento, são estridentes ao ouvido e aumentam a miséria que supostamente removeriam. Quando *Deus* desperta um pecador, ele não pode ser tão facilmente enganado como quando estava em seus sonhos; o Espírito Santo o fez sentir a amargura do pecado e o feriu com a vara da convicção, e agora seus ossos quebrados exigem um médico real e verdadeiro; e ele não pode suportar o fingido enganador que lhe diz que não há ressurreição, nem anjo, nem espírito! É tarde demais para dizer a tal homem: "Comamos e bebamos, que amanhã morreremos"; ele teme o pensamento de morrer e treme caso a morte lhe sobrevenha sem avisos!

Uma companhia muito mais respeitável de médicos foi estabelecida desde tempos imemoriais na região do monte Sinai, perto da morada de certa Agar, conhecida como a escrava. O negócio agora é controlado pelo Dr. Legalidade e seu aluno, Sr. Civilidade. Você se lembrará de que, no tempo de John Bunyan, eles estavam bem ativos. O Sr. Sábio-Segundo-o-Mundo era seu patrono e sugeriu ao peregrino procurar o Dr. Legalidade, dizendo-lhe que esse antigo médico tinha muita habilidade em livrar os homens de seus fardos e que, se o próprio cavalheiro não estivesse em casa, seu jovem aprendiz, o Sr. Civilidade, o faria quase tão bem. Essa organização fazia negócios nos dias de nosso Salvador, sob o título de Escriba e Fariseu; era o mesmo sistema de engodo, mas com diferentes nomes, e essa mesma impostura sempre ocorrerá até o juízo final. A teoria que embasa essa prática é a seguinte: "Tenha cuidado com a dieta e o regime; seja muito atento a certas leis e regulamentos, e então seu problema com sangue, ou o que quer que seja, será curado". Vá por toda a Inglaterra e o grande médico para as almas dos homens, o mais popular e vivo no momento é esse tal Dr. Legalidade. A única e grande prescrição é esta: "Faça isso e faça aquilo; abstenha-se disso e desista daquilo; guarde os mandamentos e ore em determinadas horas, e essas coisas o salvarão". Trajando diferentes modelos, mas sempre a mesma em essência, esta grande mentira da salvação pelas obras da Lei ainda aprisiona os homens sob sua arbitrariedade e os ilude para sua destruição. Pode haver alguns agora presentes que estão infelizes o suficiente para não conhecer a verdade de Deus que Paulo nos fala tão claramente: "Visto que ninguém será justificado diante dele por obras da lei, em razão de que pela lei vem o pleno conhecimento do pecado". Eu mesmo fui tratado por muitos dias por este tal Dr. Legalidade e engoli muitos purgantes sob suas ordens. Tentei guardar a Lei de Deus e pensei que meu arrependimento e lágrimas seriam a expiação pelo passado; mas quem pode guardar a Lei? Do que o homem quebrou, o que ele pôde manter inteiro? Cada um de nós já pecou, e, portanto, é inútil a esperança da salvação por nossa própria bondade! Pois basta um *único* pecado para que a Lei pronuncie uma maldição sobre o homem! Como este pode, então, já tendo pecado 10 mil vezes, esperar, por meio de alguma obediência *futura*, escapar da densa e pesada maldição que paira sobre sua cabeça, prestes a irromper em tempestade eterna? No entanto, esse é o grande engano da humanidade! O Sinai é ainda a rota para o Céu escolhida para os filhos aleijados de um pai que considerou a tarefa demasiada para si. Alguns de vocês imaginam que se fizerem o seu melhor, se forem gentis com todos, se forem generosos com os pobres, se não deverem a nenhum homem, se vocês se comportarem respeitavelmente, isso será suficiente para salvá-los. Mas não será! Aquele que não crê em Jesus Cristo também será *condenado* tanto em sua moralidade como em sua devassidão! Aquele que não se lança sobre a misericórdia de Deus, como revelada no Salvador crucificado, tem fechado contra si mesmo o único portal para o Céu e jamais será capaz de entrar na vida eterna!

Há outro médico que desprezo muito, mas sou obrigado a mencioná-lo visto que ele tem aprisionado a muitos: um tal de Dr. Ritual. Ele é o mais vil dos charlatães, um grande impostor, um explícito enganador; suas drogas são lixo sem valor, e seus métodos de ação são mais artifícios de um palhaço, ou movimentos de um mestre de dança, do que ensinamentos sóbrios do pensamento e julgamento. Este Dr. Ritual patenteou uma loção para produzir *regeneração em criancinhas* mediante a aplicação de algumas gotas em suas testas; ele coloca suas mãos na cabeça de meninos e meninas e, pelo que ele chama de influência oculta, confirma-os na graça divina! Ele professa ser capaz de tornar um pedaço de pão e uma taça de vinho em elementos realmente divinos e, em si mesmos, um canal de graça para a alma dos homens! As substâncias são materiais — um camundongo pode mordiscar uma delas, uma garrafa conterá a outra; você pode tocá-las, prová-las, cheirá-las, e, no entanto, *os tolos* as veneram como divinas e imaginam que recursos materiais podem ser alimento para a alma! Certamente esse Dr. Ritual floresce ainda mais por causa do monstruoso absurdo de seus ensinamentos! Suas pílulas são enormes, mas os homens têm gargantas largas e podem engolir qualquer coisa. Por quê? Pense por um minuto e depois indague-se por uma hora — os homens devem ser *santificados* por olhar fixamente para genuflexões, chapelaria e velas. Diz-se que o Oriente é uma parte dos céus mais graciosa do que o Ocidente, e os credos repetidos com a cabeça voltada àquela direção possuem uma eficácia peculiar! Parece que na ação espiritual — certas *cores* são distintamente poderosas — as orações ditas ou cantadas quando se veste *branco* são muito mais superiores do que quando se traja *preto*; e, de acordo com a época do ano e a fase da Lua, violeta, escarlate e azul são mais aceitáveis a Deus! Não tenho paciência para essas coisas. Isso nem é bom o suficiente para se rir — mas, enquanto os tolos abundarem, os trapaceiros florescerão, e esse Dr. Ritual levará os homens a gastar seus substanciais recursos e se divertirá em pensar que seres racionais possam ser ingenuamente seus tolos! Creio que não exista nenhum desses aqui. Espero que nenhum de vocês esteja tão enganado. O que há em encruzilhadas, reverências e proclamação repetida das mesmas palavras? O que é uma adoração a menos que a razão e o coração façam parte dela? O que pode haver em um recurso material para lhe fornecer santidade? Não é tão absurdo quanto o fetichismo aborígeno em acreditar que tijolos e argamassa, ardósias e tábuas possam construir um lugar sagrado — isso mesmo; qualquer lugar possa ser mais sagrado do que outro, que qualquer porção de terra possa ser mais santa do que um terreno comum? Ou que qualquer *homem*, visto que certas palavras foram ditas a partir de sua cabeça ímpia e sem graça, possa ser dispensador da graça divina de Deus e perdoadora de pecados?! Não somos tão tolos, mas, mesmo assim, esse charlatão domina a muitos e usufrui de elevada reputação.

Aqui posso nomear um tal de Dr. Ascético, que ficou muito desapontado pela permanência do Dr. Ritual. Seus negócios, no entanto, não florescem tanto agora como antigamente, pois seus métodos são um pouco rigorosos para a época. Sob seu tratamento, os homens são ensinados que a dor e a virtude são muito semelhantes, que a fome é um meio de graça, a sujeira é devoção e a que a crina de cavalo ao lado da pele é um irritante santificador. Poucas pessoas gostam desse heroico tratamento, mas certas irmandades divertem-se com o tratamento sob uma forma modificada. As doses mais heroicas de absinto e fel estão fora de moda, mas, ainda assim, os homens gostam do amargo em quantidades *moderadas*. Na antiguidade, esse Dr. Ascético floresceu! Então os homens usavam camisas penitenciais confeccionadas com pelo, açoitavam seus pobres ombros, participavam de loucas peregrinações e, de outras formas, afligiam-se a si mesmo acreditando que grandes abnegações eram medicamentos patenteados pelos quais a libertação de doenças espirituais poderia ser obtida. Esse sistema de cura da alma teve tantas vítimas quanto eremitas em cavernas, e os seguidores de Simeão Estilita [N.E.: (390–459 d.C.) Um asceta siríaco que ganhou notoriedade por passar 37 anos numa pequena plataforma no topo de um pilar.] posicionaram-se sobre colunas com outros imbecis, o que o tempo nos impede de mencionar. Mesmo nos dias atuais, lemos sobre as freiras de St. Ann que por sempre dormirem em seus caixões na posição vertical, tornaram-se incapazes de dormir em qualquer outra posição. Os faquires na Índia apenas levam ao aperfeiçoamento os regulamentos que alguns neste solo cristão impõem ao nosso respeito; mas tudo isso é a simples invenção humana, e aquele que segue isso descobrirá que se atormenta em vão.

Agora devo mencionar um médico que atua entre os Dissidentes, bem como em outros lugares, e estou convencido de que alguns de vocês são seus pacientes. O nome dele é Dr. Ortodoxia. Seu tratamento consiste nisto: você deve crer em certas doutrinas de forma mais firme e parcial, e *então* você será salvo. Não tenho alguns desses neste lugar, esta manhã, cuja grande dificuldade em relação à salvação é que eles não conseguem compreender o mistério da predestinação? Se você lhes falar sobre o precioso sangue de Jesus e sobre a eficaz salvação da alma mediante a simples confiança no Senhor, eles respondem: "Mas não consigo entender bem a doutrina da eleição!". E então (E, na sequência,) eles mencionam alguma passagem das Escrituras sobre esse assunto sendo seu entendimento que, se pudessem entender os mistérios, eles seriam salvos; se pudessem manter a fé ortodoxa em todas as questões, seriam libertos de seus pecados. Mas não é assim. Conheço dezenas de pessoas que foram mantidas em horrível escravidão pensando exclusivamente em uma parte da ortodoxia, excluindo o restante; elas se tornaram mais miseráveis, mais desviadas, mais desesperadas do que antes, porque, tendo ouvido sobre a doutrina da eleição e predestinação propostas, elas devem insistir em falar nisso para sempre. É uma doutrina bendita, e eu creio nela e a mantenho com firmeza — que Deus tem um povo escolhido —, mas por tudo isso, *antes* que os homens venham a Cristo, eles muitas vezes tornam essa doutrina uma pedra de tropeço e uma rocha de ofensa! Mesmo se você fosse infalível e cresse em todas as verdades de Deus como são ensinadas nas Escrituras da maneira mais correta, *sua crença não o salvaria!* A verdadeira religião é algo mais do que *opiniões* corretas. Um homem também pode descer ao inferno sendo ortodoxo ou heterodoxo; existe um caminho correto para a destruição, bem como um incorreto — quero dizer, um caminho pelo qual um homem pode levar a verdade de Deus em sua mão direita, bem como outra estrada em que o peregrino esconde uma mentira em sua esquerda.

Mais um médico que vou mencionar é o Dr. Preparação. Ele assegura e ensina que o caminho para ser salvo é *preparar-se* para Cristo, e, se você se preparar e se tornar adequado para Jesus Cristo, então você obterá paz. Os modos de preparação são muito semelhantes a estes: "Você deve se ferir profundamente; você deve duvidar do poder de Deus para salvá-lo e desonrar Jesus por meio de seus medos; você deve suportar os terrores de consciência e ser objeto de inquietação". Não é isso que a Bíblia diz, mas, mesmo assim, isso é o que muitos ensinam atualmente e acredita-se tanto nisso que os homens não confiarão em Jesus Cristo porque não sentiram isso nem experimentaram aquilo! Todas as semanas encontro pessoas que me dizem: "Você convida a ir a Cristo aqueles que sentem suas necessidades; eu não sinto nenhuma necessidade como deveria, e, portanto, não posso ir". Não consigo entender por que essas pessoas não abrem seus ouvidos, pois digo que em tempos remotos Jesus Cristo *não* veio a este mundo para salvar somente os pecadores *conscientes*, mas para salvar os pecadores de sua insensatez! O que Jesus Cristo propõe aos pecadores, como *pecadores*, é que creiam nele e Ele não limita essa ordenança àqueles que se arrependem! Os homens não devem vir apenas com corações quebrantados, mas, se eles não conseguirem reconhecer sua necessidade, devem vir a Jesus para serem ajudados a senti-la, pois isso o Senhor lhes concederá: O crescente raio de Seu Espírito. Meu Senhor e Mestre não precisa nada de vocês, ó pecadores perdidos e falidos! Ele lhes pede que simplesmente confiem nele, não sendo nada em si mesmos e tendo tudo nele. Acredito que aqueles que pensam não sentir suas necessidades, frequentemente sentem mais suas necessidades do que outros; se alguém disser: "Tenho um senso de necessidade", então ele afirma ter algo bom; mas aqueles que confessam que não têm bons sentimentos ou emoções, que são pobres falidos, arruinados, de modo que seu último centavo se foi, para eles é enviado o evangelho! Confiem em Jesus, creiam que Ele pode fazer o que vocês não podem e, na ausência de qualquer bem em si mesmos, creiam que todo o bem que vocês precisam está entesourado nele! Lancem-se, vazios, nus, doentes de alma como estão, sobre a obra perfeita de Jesus, e vocês serão salvos!

Assim, acabamos de passar por essa lista de médicos com os quais creio que muitos de vocês já estão familiarizados há tempos.

2. QUAL A RAZÃO DO FRACASSO DELES? Por que nenhuma das prescrições desses senhores cultos e populares jamais conseguiram realizar uma única cura? Não é, antes de tudo, porque nenhum deles entende a doença?

Se a doença da natureza humana fosse apenas uma questão de iniquidade *exterior*, ou apenas superficial mediante erros intelectuais — cerimônias, talvez poderiam ter algum efeito, e exortações legais poderiam ser de alguma utilidade. Mas, já que o mais íntimo do *coração* humano é depravado, e o pecado da nossa natureza está no *cerne* da nossa humanidade — e é herdado a partir do nosso nascimento —, então que utilidade tem água benta, ou sacramentos, ou boas obras, ou qualquer coisa *exterior* que não pode mudar a natureza e transformar a propensão da mente? A vontade é obstinada; as afeições são depravadas; o entendimento é obscurecido; os desejos estão poluídos; a consciência está embrutecida, e os médicos legais só podem limpar o *exterior* do copo e do prato — eles não tocam esses males interiores. Tais doutores realmente não sabem que o homem está morto em pecado; eles tratam o paciente como se ele tivesse se ferido superficialmente e pudesse ser salvo e restaurado, sendo assim feito inteiro novamente. Eles não conhecem a poluição profunda oriunda do pecado e imaginam que o homem se sujou um pouco, e apenas um pouco; então uma esponja de reforma e uma pouco de água quente de arrependimento logo removerão todas as manchas desagradáveis. Mas não é assim; a fonte do nosso ser está contaminada! A *base* de nossa natureza está *apodrecida*, portanto, até irmos a Cristo, não encontraremos o médico que chega ao ponto e toca a doença em sua fonte.

Além disso, *esses médicos geralmente prescrevem remédios que são absurdos aos seus pacientes*. Eles dizem ao homem: "Você tem que sentir bastante". "*Sentir!*", ele responde: "Por que meu coração é como o granito? Se eu pudesse *sentir*, eu poderia fazer todo o restante, mas, da mesma forma que não posso tornar-me um anjo, não posso me fazer sentir! Você me pede para fazer o que está além do meu alcance". Então, eles ordenam que ele trabalhe, gritando: "Você deve avançar, trabalhar de forma séria e agonizante!". "Mas", diz ele, "eu realmente tento; tento há anos, mas meus esforços não são aceitáveis por Deus, e eu posso continuar tentando até perecer! Quero saber imediatamente de uma maneira segura de salvação! Anseio por paz, luz e liberdade imediatamente". Esses médicos prescrevem caminhar para aqueles que quebraram as pernas e a visão como remédio para aqueles cujos olhos se escureceram! Eles pedem para que os homens façam o que não podem, e eles nunca enfatizam o que Jesus fez por eles. O evangelho pede ao pecador que abandone suas tentativas e confie apenas em Jesus — não tendo nada e não sendo nada em si mesmo — recebendo Cristo para ser seu tudo em tudo. E quando ele acrescenta que mesmo *isso é o dom* do Espírito de Deus, então coloca diante de si um método disponível para os mais fracos, os mais culpados e os mais angustiados.

*Muitos dos medicamentos prescritos por esses falsos médicos não chegam nem perto do caso.* Como já lhes mostrei, as cerimônias exteriores não podem, em hipótese alguma, afetar a natureza interior, bem como o simples desempenho em boas obras, ou excelentes orações, não podem apresentar algum efeito em acalmar a alma. A consciência clama: "Ofendi a Deus! Como posso me reconciliar com Ele? Meus pecados passados clamam por vingança! Deus não é justo se não me punir! Ó, onde encontrarei paz para a minha alma?". Onde, senão no seio do Mediador? Somente no Calvário é encontrado o remédio para uma consciência ferida! A partir das cinco feridas do nosso bendito Senhor, ainda saem fontes de cura; aquele que olha para Ele encontrará paz, conforto e salvação plena! Mas o *fazer* e o *sentir*, e o desempenho *disso* e *daquilo*, e 10 mil coisas além disso, são tudo uma zombaria, uma ilusão e uma cilada! A doença da humanidade caída é totalmente incurável, exceto pelas mãos do Onipotente. É tão fácil criarmos um mundo como criar um novo coração — e um homem também pode esperar acabar com o frio e a neve, como esperar erradicar o pecado de sua natureza por seu próprio poder! Ele também pode dizer a esta Terra redonda: "Eu a livrei da maldição do trabalho"; como dizer a si mesmo: "Liberar-me-ei da escravidão do pecado". Apenas Jeová pode salvar! É Sua prerrogativa, e aqueles que me dizem ter um dedo de participação nisso — que eles e seus enganadores, os sacerdotes, podem ajudar um pouco na salvação; que suas lágrimas, seus gemidos, seus clamores, seus arrependimentos e sua humilhação podem fazer ao menos *alguma coisa* — isto digo eu: agem em oposição a Deus! Roubam-no de Sua mais elevada prerrogativa! Impugnam Sua Palavra! Roubam-lhe de Sua glória e provocam-lhe o ciúme! Deus ainda é o soberano e será tratado como tal; ai do homem que contende com Ele!

Irmãos e irmãs, permitam-me dizer claramente esta única palavra e então encerrar esse ponto. Tenham certeza de que onde quer que na salvação vocês virem um vestígio do poder ou mérito *da criatura*, vocês veem uma obra que está *estragada* e *contaminada*. Se houver na fonte uma gota de qualquer coisa que não seja o sangue de Jesus, isso não trará purificação! Se houver na veste, um único fio de qualquer coisa, exceto o que Cristo realizou por nós enquanto esteve aqui, toda a veste estará contaminada e não servirá de veste de casamento! Para uma alma carente, a obra deve ser a de Cristo de cima para baixo — tudo dele e de toda a graça divina; se houver *qualquer coisa* de mérito humano, ou qualquer coisa que vier do homem, a obra estará comprometida na roda [do oleiro], e Deus não a aceitará. Essas são algumas das razões pelas quais esses médicos fracassam em trazer saúde e cura.

3. Descreverei a SITUAÇÃO DO PACIENTE QUE EXPERIMENTOU ESSES enganadores, e agora, finalmente, encontra-se na angústia.

Durante cinco anos eu estive nessa situação, procurando por todos os meios que conhecia para obter paz com Deus. No final desse período, minha condição era muito parecida com a dessa pobre mulher. Mas havia quatro configurações de prejuízo no caso dela. Primeiro, a mulher tinha *perdido todo o seu tempo*. Doze anos! Quem sabe o valor de um dia? Quem pode calcular o custo de um ano? Doze anos, todos desperdiçados! E que pena que essas pobres pessoas que buscam ser salvas pelas obras da lei estejam perdendo todo esse precioso tempo! Que pena, queridos amigos, que vocês que ainda não são salvos estejam ficando grisalhos e tantos anos estejam desperdiçando! Eles deveriam ser empregados para o Senhor! Espero que eles possam ser — pelo menos o que resta deles. Pense e se humilhe; você ficou todo esse tempo do lado de fora da porta do banquete; todo esse tempo sem se limpar, quando a fonte está cheia; todo esse tempo sem ser curado, quando a mão restauradora pode salvá-lo em um minuto; todo esse tempo sua alma em risco, em perigo, enquanto o portão da cidade de refúgio estava aberto. É uma grave perda de tempo que essas desilusões trazem sobre os homens e ainda não podemos retirá--las deles, pois, se provarmos a loucura de uma, elas levam a outra; e se provarmos a loucura de todas, ainda assim elas voltarão para eles como um cachorro ao seu vômito. Eles aceitarão *qualquer coisa* antes de ir a Cristo, pois o próprio Cristo disse: "Não quereis vir a mim para terdes vida". Para qualquer outro lugar, os homens irão alegremente, mas não a Ele. O segundo prejuízo desse caso era que *ela não estava melhor*. Se a mulher tivesse se sentido um pouco melhor, ela teria certo ânimo; teria sido satisfatório ter a dor atenuada, em alguma medida ter a doença estagnada. E, portanto, no *seu* caso, você não é melhor do que era quando entrou pela primeira vez nesta casa há cinco anos; reformou-se, talvez, o que é bom — desistiu de coisas más que antes eram muito importantes para você — está bem. Mas ainda assim não está nem um pouquinho mais feliz! Você não poderia morrer hoje com mais conforto do que se tivesse morrido cinco anos atrás; você não tem mais esperança da imortalidade agora do que tinha antes; não, às vezes você imaginou a escuridão *ficar mais densa*, e a perspectiva de esperança tornou-se cada vez menos evidente. Uma coisa triste, não é? Que, depois de *fazer* tanto, isso resultasse em tão pouco? Você colocou seu dinheiro em uma bolsa cheia de buracos; gastou-o naquilo que não é pão e seu trabalho naquilo que não satisfaz.

O terceiro mal no caso dessa mulher era *que ela estava pior* e, além disso, ela tinha sofrido muito com os médicos. Ela teve uma perda. Os médicos haviam causado bolhas aqui e perfurações acolá, e dado esse veneno amargo, e aquela droga nauseante, e não foram hábeis em nada além de causar dores desnecessárias. Então, durante o processo de sua salvação, você esteve desviando o olhar de Cristo para outra pessoa, foi inutilmente perturbado e torturado; o desespero pairava em torno de seu caminho; o desânimo pendurou sua mortalha sobre sua vida, e você tem muito mais tristeza ainda a suportar a menos que desista de tudo que vem de si mesmo e se lance sobre Cristo. Eu me arriscaria se eu fosse você, pois não pode perder com isso — não poderá ficar pior do está! É melhor, mesmo que Jesus estivesse zangado, correr para Seus braços do que permanecer afastado dele. Jesus Cristo, o escolhido Salvador dos homens, é capaz de salvar por completo, mas, enquanto você procura outros, não é possível que seja salvo! Eles o fortalecerão com justiça própria, que endurecerá seu coração, ou então o derrubarão colocando diante de você obrigações impossíveis de atender, as quais aumentarão seu desespero—

*Ninguém senão Jesus, ninguém senão Jesus*
*Pode fazer de pecadores desesperados boas pessoas!*

Entretanto, os pecadores desesperados se afligem com muitas dores quando correm para médicos terrenos a fim de receber alívio. Uma questão a mais... a mulher tinha agora *gastado tudo o que possuía*. Sua pobreza era uma nova doença da qual a única coisa boa era que agora ela não tinha mais o que gastar com os médicos! Isso a levou a Cristo. Assim sendo, é muito abençoador, embora doloroso, quando alguém gasta tudo e percebe que não tem mais nada, nem sequer um átomo de mérito, ou mesmo esperança de obtê-lo. É bom quando este clama: "Sempre pensei que talvez houvesse um escape para mim, mas agora não tenho mais esperança; quanto ao poder, estou tão destituído dele quanto estou de mérito. Sinto que deveria orar, mas não consigo; gostaria, mas não consigo me arrepender; quero crer, mas não posso crer mais do que posso voar — tudo deve vir de Deus". Naquele momento, *virá* de Deus, pois a adversidade do homem é sempre a oportunidade de Deus! Quando você está vazio, quando o seu estoque se foi, até o último trapo e migalha, e você é deixado como um pecador indefeso, desesperançado, indigno e merecedor do inferno, e pode realmente sentir que, a menos que Deus estenda Sua mão para salvá-lo, você está perdido como estão os perdidos no inferno — é *então* que Jesus Cristo se revela, e a alma clama: "Meu Senhor, o glorioso Filho de Deus, não há esperança senão em ti! Podes me salvar! Lanço-me sobre ti, quer eu afunde ou consiga nadar, pois estou convencido de que nada mais pode me resgatar. E, mesmo que só me reste perecer por confiar em ti, arriscar-me-ei a confiar. Se eu for lançado no inferno, como sinto que mereço ser, ainda assim crerei que podes me salvar". Ah, então você *não pode* perecer, nem qualquer pessoa o arrancará de Suas mãos! Se Deus lhe der poder para crer em Cristo e confiar sua vida a Ele, você está tão seguramente salvo como Deus está no Céu, e Cristo lá bem à Sua destra intercedendo!

4. Bem, para aqueles que gastaram tudo o que tinham com os falsos médicos, tenho UMA PALAVRA PARA DEMONSTRAR COMO UMA CURA PODE OCORRER.

Essa mulher disse a si mesma: "O caminho da cura para mim é chegar perto de Jesus; posso ver que os médicos são inúteis; não posso me ajudar, nem o mundo inteiro pode me ajudar. Devo insistir em me aproximar dele; se não conseguir colocar meus braços ao redor dele, um pouco dele será suficiente; se eu não puder pressioná-lo para segurá-lo com minhas mãos, mas, puder tocá-lo com meus dedos, será suficiente; sei que, se não puder tocá-lo, mas puder apenas me aproximar da orla de Suas vestes e tocá-las, será o suficiente". É uma doce verdade de Deus que o mínimo de Cristo salvará. O melhor dos homens, o todo do homem, não pode beneficiá-lo um grama, mas a menor gota de Cristo, o menor toque de Cristo salvará! Se sua fé é algo tão ruim e vacilante que dificilmente possa ser chamado de fé, entretanto, se ligá-la a Cristo, você terá a virtude que flui do Senhor. Lembre-se, não foi o *dedo* da mulher que a salvou — foi *Cristo*, a quem ela tocou. Verdade, a cura veio pelo ato de *fé*, mas o ato de fé *não* é a cura — a cura recai toda na Pessoa de Cristo para que você não esteja olhando para a sua fé, mas para *Jesus, o Senhor*! Sua fé tem um alvo apropriado? Você descansa em Jesus, o Filho de Deus, a propiciação determinada por Deus? Se assim for, sua fé o levará ao Céu — ela é boa o suficiente! Se a fé mais forte que um homem puder ter não estiver em Cristo, esta o condenará! Se a fé mais fraca de um homem ou mulher tiver seu fim na Pessoa preciosa e na obra suficiente de Jesus, ela certamente salvará. O fato é, pecador, se você for salvo, você deve, a partir desse momento, não ter mais nada a ver com você mesmo, com sua bondade ou sua maldade. "Não posso sentir", diz o pecador — esse é *o seu eu* novamente. Fora com esse sentimento! Você deve ser salvo pelo que *Cristo* sentiu, não pelo que *você* sente! "Não posso", você diz. O que me importa o que você não pode fazer? Sua salvação não está no que *você* pode fazer, mas no que *Jesus* pode fazer, e Ele pode fazer tudo! Você confiará nele agora? Deixe-me ajudar sua fé com duas ou três palavras enquanto o Espírito Santo as abençoa. Cristo é Deus — Ele não tem poder para salvá-lo? Cristo, o Filho de Deus que sangrou, curvou Sua cabeça à morte amaldiçoada da cruz, suportando a ira de Seu Pai, para que aqueles que nele confiam não precisem experimentá-la. O Cristo ensanguentado não pode perdoar pecados? Cristo é o amado de Seu Pai, confie nele! Deus não lhe concederá misericórdia quando invocar o amor de Jesus? Jesus vive hoje — não é em um Cristo morto que você é convocado a confiar; Ele vive, e esta é a Sua ocupação —, Ele está intercedendo diante do trono de Deus, e o Seu pedido é este: "Pai, perdoa-os por amor de mim".

Considerando o fato de que Ele morreu para salvar, Ele não pode, agora que vive, salvar por completo? Em seu último momento de vida, Ele disse ao ladrão: "Hoje estarás comigo no paraíso". Ele não pode dizer o mesmo agora, já que Ele usa a coroa da glória? Sim, você pode ter vindo aqui esta manhã sem um bom pensamento, nunca tendo falado uma palavra santa em sua vida, mas Ele pode salvá-lo imediatamente como salvou o ladrão! Sim, e, embora quando aquele relógio deu as 12 badaladas, você fosse um desgraçado miserável, ainda assim, agora mesmo você pode ser uma alma salva! Sim, e, antes que o relógio dê sua próxima tiquetaqueada, outra pessoa pode ser chamada por divina graça! Cristo não age de acordo com o tempo; Ele não está limitado por minutos; se você puder voltar seu olhar para a Sua cruz e dizer: "Senhor, lembra-te de mim", Ele pode lhe dar esta resposta: "Estarás comigo, em pouco tempo, no paraíso". Com Deus encarnado, com o Deus-homem que sangrou na cruz, com o Filho de Deus que ascendeu ao Céu, vestido de majestade, reinando em esplendor — com Aquele cuja promessa hoje lhe proclamamos, não pode haver dificuldade nem debate! A promessa é assim: "Quem nele crê não é julgado". "Crê no Senhor Jesus e serás salvo". "Quem crer e for batizado será salvo; quem, porém, não crer será condenado". Você crerá nele? É para vir a Ele, confiar nele, reclinar-se sobre Ele, depender dele, torná-lo a sua única base de dependência. Você fará isso? Deus o capacitou agora para fazê-lo? Se assim for, vá em paz — sua fé o salvou, seus pecados estão perdoados! Vá e viva para o louvor de Cristo, que o comprou com Seu sangue! Vá, jovem, e sirva com sinceridade Àquele lhe serviu tão bem. Vá agora e, até a última hora da vida, seja servo de Jesus, Aquele que tanto tem sido seu amigo! Que o Senhor nos abençoe por amor de Seu nome. Amém.

---

Este sermão foi pregado no Metropolitan Tabernacle, em Newington, na manhã de 23 de agosto de 1868.

# 7

# QUE CRISTO CRESÇA E EU DIMINUA

*Senhor, não sou digno de que entres em minha casa;*
*mas apenas manda com uma palavra,*
*e o meu rapaz será curado* (Mateus 8:8).

Esse centurião era um homem digno do ponto de vista humano, mas ele próprio autodenominou-se indigno quando se voltou para o nosso Senhor. Ele era um homem tão excelente que os anciãos entre os judeus, que eram sem dúvida parciais quanto aos soldados romanos, insistiram com Jesus que esse centurião era digno. Se ele estivesse lá pessoalmente, teria repudiado o pedido deles e, na realidade, o fez por meio do segundo grupo de amigos que enviou ao nosso Senhor. Um grupo de amigos dissera: "Ele é digno", o outro porém foi impelido a dizer, em nome do centurião: "Senhor, não sou digno". Os homens mais dignos do mundo não se julgam dignos; enquanto as pessoas mais indignas são geralmente aquelas que se vangloriam em sua própria dignidade e, possivelmente, de sua própria perfeição. Não deveríamos nos admirar se esse homem fosse orgulhoso, pois ele pertencia à raça conquistadora, e era representante de um poder tirânico. Se ele não fosse um grande oficial, mas apenas o capitão de uma centena de homens, isso não seria incomum, pois acontece de suboficiais serem mais altivos do que seus superiores. Se um homem é colocado em uma posição muito elevada e responsável, ele é frequentemente muito lúcido em relação às suas responsabilidades; mas um mero funcionário de escritório é geralmente maior do que o próprio imperador! No entanto, este centurião era um homem de trato gentil e disse de si mesmo: "Não sou digno". Ele poderia se orgulhar de sua popularidade entre os judeus. Poucos podem ser rodeados por uma atmosfera de estima sem começar a estimar-se exageradamente.

Esse centurião construiu uma sinagoga para os judeus. Isso é uma boa coisa a fazer, mas é muito possível construir uma sinagoga e se tornar um grande homem em sua própria opinião; e ficar várias fileiras de tijolos acima por causa do orgulho. No entanto, esse bom homem que tinha construído uma sinagoga, nem por isso, fez uso da grandeza de sua própria generosidade. Ele jamais a mencionou, mas disse: "Não sou digno de que entres em minha casa".

Ele estava acostumado a comandar. Diz a um subordinado: "Vai, e ele vai; e a outro: vem, e ele vem". Aqueles que são conhecidos por serem obedecidos estão aptos a se considerarem altamente valorizados; mas esse centurião não caíra nessa falha tão comum. Ele observou cuidadosamente a doença do seu jovem servo e estava certo de que ele poderia ser curado. O centurião era um senhor terno, bem como um vizinho generoso. Se queremos escolher um homem verdadeiramente digno, não precisamos ir além deste soldado romano, ou poderíamos nos dar mal, pois ele ainda declara: "Senhor, não sou digno".

Observe ainda que ele não disse: "Senhor, o quarto em que meu servo dorme não é digno de ti; e não é justo que devas subir até o sótão, onde o jovem se encontra doente". Ele declarou: "Não sou digno de que entres em *minha casa*"; nem mesmo na melhor sala de visitas, ou sala de estar. É minha casa e, sendo assim, é a morada de quem não se atreveu a buscar uma entrevista pessoal contigo, e eu julgo ser totalmente imprópria para recebê-lo. Ele estava receoso em incomodar o Senhor e sentiu que trazê-lo pelas ruas à sua porta era mais do que podia pensar por um momento, quando uma palavra seria suficiente para realizar o milagre que ele buscava.

Amados amigos, o meu assunto esta manhã é este: gostaria de chamar sua atenção para a feliz mistura dessa bela humildade com um extraordinário grau de fé. Em sua confissão de pecado, ele é implacável: "Senhor, não sou digno de que entres em minha casa". Mas, em sua confissão de fé, ele é igualmente claro. "Mas apenas manda com uma palavra, e o meu rapaz será curado". É um tipo de erro comum que uma estima humilde de nós mesmos deva estar conectada com uma grande desconfiança de Cristo. Eu o chamo de *erro* vulgar, por ser um erro tanto comum como sem fundamento. O fato é que altos pensamentos sobre si mesmo combinam com baixos pensamentos a respeito de Cristo; e bem podem, pois são farinha do mesmo saco. Mas pensamentos humildes sobre si mesmo devem ser sempre associados a altos pensamentos a respeito de Cristo; pois são *ambos* resultados do Espírito de Deus e eles ajudam uns aos outros. Nossa indignidade é uma lâmina comparada ao brilho da infinita graça de nosso Senhor. Mergulhamos fundo na humildade, mas voamos alto em segurança. À medida que diminuímos, Cristo cresce.

Para esclarecer este ponto, direi, primeiro, que *um senso de indignidade é muito desejável e recomendável*. Em segundo, *que um senso de indignidade pode ser usado muito mal*, e pode até dar ocasião a um grave pecado. E, em terceiro, devo acrescentar que *um senso de indignidade encontra um companheiro adequado em na forte fé em Cristo*. O texto nos fornece um exemplo disso. Que o Espírito Santo nos ajude em nossas meditações e as torne verdadeiramente proveitosas!

**1.** Primeiro, então, UMA PERCEPÇÃO DE INDIGNIDADE É MUITO DESEJÁVEL E RECOMENDÁVEL. Alguns de vocês estão destituídos disso. Ouso dizer que vocês pensam que isso é algo ruim e miserável. Vocês pensam que isso feriria sua virilidade, diminuiria sua autoestima e sua coragem. Queridos amigos, a virilidade que se alimenta do pecado é um fungo venenoso que cresce da podridão de um coração corrupto. Que ele possa ser tirado de nós! Qualquer condição de espírito que se baseie em falsidade é maligna; é uma bolha soprada por presunção ignorante. Que não desejemos mais autoestima, virilidade, ou coragem do que a coerência com a verdade das coisas.

Recomendo um senso de nossa indignidade porque *é uma percepção do que é verdadeiro*. Quando um homem se vê indigno diante do Senhor, seus pensamentos estão certos. Quando ele sente que não poderia ser salvo pelo mérito de suas próprias obras, visto que suas obras são defeituosas e profanas, então, ele julga de acordo com fatos. Seja qual for o efeito que um pensamento possa ter sobre nós, se nos faz felizes ou nos entristece, isso é uma questão secundária; o ponto principal com uma mente honesta deve ser sempre: é verdade? Se for um pensamento verdadeiro, eu deveria imediatamente cultivá-lo, custe o que custar. Caso a verdade crie devastação no âmago de minha alma e destrua todas as minhas justas esperanças e promissora imaginação, assim seja, pois para mim é melhor o efeito mais doloroso da verdade do que os resultados mais lisonjeiros da falsidade. É melhor o sofrimento pela verdade do que os beijos do engano. A seta que perfura o coração da vaidade é uma bênção! Se você tem um conceito muito humilde de si mesmo, alguns podem chamá-lo de mórbido, mas não conhecem a condição de espírito que você possui. A humildade é saudável; ela não é nenhuma doença. Quando pensamos cada vez pior de nós mesmos, estamos ficando cada vez mais perto da verdade. Por natureza somos depravados, degradados, culpados e dignos da ira de Deus. Se qualquer pensamento severo puder ser imaginado contra o homem pecador, é certamente verdade sobre ele. Que pior caráter pode ser imputado à natureza humana do que aquele que é descrito pela pena da inspiração no terceiro capítulo da epístola aos Romanos? Ó, que Deus nos faça humildes de espírito e nos encha com uma profunda percepção de nossa própria indignidade; por isso só estará nos revelando a verdade e nos libertando do caminho da falsidade.

Em seguida, observe que *um profundo senso de indignidade não é nenhuma prova de que um homem pecou de forma grosseira*. Pode ser visto de forma muito contrária; se o homem era terrivelmente perverso, sua consciência teria perdido sua sensibilidade; e ele não teria, com toda a probabilidade, sentido a sua indignidade tão intensamente. Aquele que tem pensamentos elevados sobre si mesmo não é necessariamente um homem de vida limpa e, por outro lado, aquele que tem pensamentos muito depreciativos sobre si mesmo não está, desse modo, atestando ser pior do que outros. Aquele que se sente indigno tem algo nele que Deus estima. Temos certeza disso, pois, quando o Senhor procura um lugar para habitar entre os homens, embora Ele possa escolher palácios, Ele se digna a dizer: "Habito no alto e santo lugar, mas habito também com o contrito e abatido de espírito, para vivificar o espírito dos abatidos e vivificar o coração dos contritos". Não julgue os homens por aquilo que eles pensam de si mesmos, ou se o fizer, tome isso como seu guia, pois aquele que se humilha será exaltado e aquele que se exalta será humilhado. Aquele que é grande é pequeno; deixe aquele que é pequeno para si mesmo ser ainda maior com você. Deus não ama aqueles que se vangloriam; Ele supriu os famintos com coisas boas, mas enviou os ricos embora de mãos vazias.

Recomendo o senso de indignidade, pois *ele tem a tendência de tornar um homem gentil com os outros*. Aquele que pensa de forma elevada sobre si mesmo, pode ser considerado um ninguém pelo outro. O orgulho não tem coração e lançará um servo doente para fora em vez de buscar um médico para ele. Se um homem for orgulhoso, ele dirá: "Sou um homem sujeito à autoridade e tenho soldados debaixo de minhas ordens. Não devo me preocupar por ter jovens doentes para cuidar". A compaixão, a ternura e a valorização dos outros são estranhos na casa dos orgulhosos; mas eles estabelecem morada com aqueles que se julgam indignos. Amados, é bom pensar pouco de si mesmos, pois então vocês terão mais pensamentos para dedicar às dores dos outros. Se você reconhecer a si mesmo como indigno, alegremente reconhecerá a reivindicação dos outros e sentirá que cuidar dos mais pobres e mais desconhecidos não o tornará inferior. Há algum traço de obra da graça divina em seu coração quando você ama o seu próximo, pois sente que não é melhor do que ele. Isso é infinitamente melhor do que ser tão grande que possa pisotear a multidão com sua dignidade imperial e imperiosa e olhar com desprezo para os muitos que não atingiram ainda esse grau eminente de honra que você supõe estar usufruindo. O grande homem, o homem altamente merecedor, a pessoa que é um personagem digno e adorador, desdenha de seus companheiros e os esmaga sem escrúpulos se eles estiverem em seu caminho e puderem impedir seu plano. Mas o homem conscientemente indigno, o homem que sente que deve tudo à misericórdia de Deus e ainda deve depender dessa misericórdia e dela apenas, será terno e gentil para com seus companheiros pecadores e falará confortavelmente a eles.

Recomendamos novamente este senso de indignidade porque *torna o homem humilde em relação ao Salvador.* De todas as coisas que são desprezíveis, um comportamento altivo em relação ao Senhor Jesus é o mais detestável; no entanto, não é de forma alguma incomum. Alguns parecem imaginar que Jesus é um servo à disposição deles. Eles falam sobre Sua salvação como se Ele *tivesse obrigação* de concedê-la e poderiam reivindicá-la para si e para toda a humanidade. Se falarmos sobre a escolha soberana de alguns para a vida eterna, eles começam a tagarelar sobre a injustiça e a parcialidade; como se qualquer homem culpado tivesse o direito a qualquer coisa do Senhor da glória exceto o direito terrível de ser punido por seus pecados! Creio que ouço o Mestre dizer: "Não posso fazer como eu quero com os que são meus?". Muitos daqueles que fingem ser os defensores da graça divina são os traidores dela e arrancam de sua mão o cetro de prata de sua soberania. Amados, é bom ir ao nosso Senhor em oração, não como os credores que cobram uma dívida, mas como criminosos condenados, implorando por absolvição. Não temos nenhuma reivindicação a fazer a Deus. Se Ele escolher nos salvar, deve ser por Sua própria espontânea graça. Que humildemente nos acheguemos, dizendo: "Senhor, não sou digno de que entres em minha casa. O fato de que tu morreste por mim continua a ser o maior de todos os milagres em minha opinião. Teres me escolhido, chamado, perdoado e resgatado é um mundo de maravilhas no qual minha alma se encontra em gratidão surpreendente! Por que eu? Como tu poderias olhar para um cão como eu!". O estado correto em que se encontra nosso coração, quando se trata de nosso Senhor Jesus, é o do ato penitente de lavar os pés com lágrimas, ou do leproso que caiu aos Seus pés e o adorou. Se formos ao Salvador dos pecadores, devemos ir *como* pecadores. Devemos nos achegar como humildes suplicantes e não como aqueles que orgulhosamente imaginam que têm uma reivindicação a fazer à graça de Deus.

Uma percepção de indignidade é extremamente útil porque *coloca um homem onde Deus pode abençoá-lo.* Você pergunta: "Ó, onde está isso?". O Senhor só agirá em conformidade com os Seus próprios atributos. Deus sempre será Deus e, como Ele será o único Deus na criação, então, Ele certamente será o único Deus na *nova* criação. A única posição aceitável diante de Deus é saber que somos indignos e não merecedores enquanto Ele é santo e glorioso. Devemos ouvi-lo dizer: "Eu sou Deus, e não há outro", ou então jamais deveríamos buscá-lo para sermos salvos. Se eu for alguém que apresenta seus direitos e reivindicações, Deus não pode me abençoar sem me conceder aquilo que Ele nunca concederá! Que ousadia eu *reivindicar* o que Ele chama de dom gratuito! Com que frequência eu fiz este lugar ressoar esta voz do Senhor: "Terei misericórdia de quem me aprouver ter misericórdia e compadecer-me-ei de quem me aprouver ter compaixão!". Dependa disso, e Deus será Deus! E se você não for salvo sem que Ele deixe o trono da Sua soberania, então você perecerá sem esperança! Ele será Rei e Senhor na obra da salvação; assim você deve recebê-la como o dom gratuito de Deus ou morrer sem ela! Se for proveniente da graça divina não pode ser por *direito*; as coisas são contraditórias! Indizivelmente é grande a sua misericórdia! Imensurável é a Sua misericórdia; mas Ele não terá pena daqueles cuja orgulhosa vontade própria levanta-se contra a Sua graça soberana! Ó pecador, se você quiser ser perdoado, deverá confessar que o Senhor é Rei! Seu toque no próprio Jesus deve ser como o de Tomé quando colocou o dedo nas chagas do Mestre e exclamou: "Senhor meu e Deus meu!". Você deve ter Jesus como o seu Senhor e Deus ou então Ele não será nada para você. Amado, nenhum homem se renderá a isso até que ele tenha uma convicção profunda de sua própria indignidade. Não somos dignos de sermos salvos; se fôssemos, seria por *dívida* e não pela graça. Não somos dignos de receber qualquer bem das mãos de um Deus afrontado; se fôssemos, deveríamos fazer nosso apelo à justiça, e a misericórdia não seria necessária! Venham, queridos ouvintes, vamos nos prostrar diante do Senhor e admitir que só Ele é Rei! Vamos confessar que não merecemos nada além da Sua ira—

*"Se súbita vingança capturar meu fôlego,*
*Devo declará-lo apenas na morte.*
*E se a minha alma fosse enviada para o inferno,*
*Sua justa lei o aprova com razão."*

É certamente assim, e, portanto, não fazemos nenhuma reivindicação, mas simplesmente clamamos: "Ó Deus, sê misericordioso comigo".

Esse estado de espírito, uma vez mais, *faz um homem apaixonar-se pela singela Palavra de Deus*. O centurião, visto que ele não era digno, não pediu de Cristo quaisquer palavras místicas ou cerimônias imponentes, ou mesmo uma visita a sua casa. Não, ele já se satisfaria que o Senhor dissesse a palavra! É próprio de nossa orgulhosa natureza humana suspirar por elegância e pompa; de bom grado iríamos para o Céu por alguma estrada real ou caminho cintilante; queremos ser salvos durante a música e aperfeiçoados por uma parafernália! Gostaríamos de ser perdoados, mas precisamos ter um sacerdote visível em paramentos completos; e devemos ter um altar decorado e uma exibição de velas à luz do dia! Ninharias são necessárias para esconder a humilhação de ser salvo por pura graça! Mas uma alma que sente a sua própria indignidade clama: "Senhor, salva-me da Tua própria maneira. Tua Palavra é suficiente para mim. Pronuncia a palavra de comando e isso me basta". Lemos: "Enviou-lhes a sua palavra, e os sarou" (Sl 107:20), e um senso de indignidade nos fará contentes para sermos salvos dessa maneira tão simples. Almas humildes amam o evangelho simples. Sei o que alguns são; leem um livro que contém o evangelho e, por ser muito simples, dizem: "Isso servirá para minha criada, ou para o trabalhador no meu campo". Mas, para eles mesmos, procuram algo mais difícil de entender e, consequentemente, mais lisonjeiro ao seu orgulho. Muitas pessoas gostam de um pregador que possa embaralhar o evangelho para elas; o discurso simples os ofende. Estamos saturados com esse tipo de pessoas nesta geração.

Certas pessoas, quando ouvem o que não conseguem compreender, dizem fervorosamente: "Que discurso maravilhoso! Tenho prazer em ouvir um homem de cultura que eleva o tom da pregação acima daquilo que as classes mais baixas podem entender". São tolos os que assim falam! Quanto mais simples a palavra, mais provável que ela seja a Palavra de Deus. Paulo não disse: "Tendo, pois, tal ministério, servimo-nos de muita ousadia no falar"? O evangelho não é enviado ao mundo para a elite, às poucas almas inclinadas a lerem os comentários. O evangelho é enviado ao mundo a "toda criatura" e, se ele é destinado a "toda criatura", deve ser tão simples que mesmo os analfabetos possam ser capazes de compreendê-lo, e pessoas com menos instrução, ou nenhuma, possam ser capazes de entendê-lo. Você, senhor culto, pode gostar de um evangelho rebuscado que apenas meia dúzia de senhores, como você mesmo, possam compreendê-lo, mas gosto da nossa singela salvação, as boas-novas para a multidão, a escrita que aquele trabalhador comum pode ler. Não é bom que sua candura e humanidade admitam que o evangelho seja simples o suficiente para os pobres e os analfabetos, uma vez que eles precisam de salvação tanto quanto o instruído? Eu pediria a Deus por um senso de indignidade que nos derrubasse a todos desses pináculos do templo da vaidade onde estamos em admiração mútua, mas em terrível perigo de queda. Ó, que a sabedoria celeste pudesse nos tornar dispostos a sermos salvos como pecadores comuns; desejosos de que Cristo não entrasse em nossa casa, mas desse a palavra de comando pela qual o milagre da graça seria realizado!

Agora, amados amigos, termino esse ponto, apenas assim: vocês conhecem sua própria indignidade? Não lhes pergunto se foram assolados com terrores, atormentados pelas dúvidas, ou afogados em desespero; talvez tenham sido ou talvez não. Mas vocês estão dispostos a concordar com isto: que não são dignos? Que uma sentença de condenação possa ser apropriadamente dada a vocês e, se são salvos, que seja somente pela graça espontânea?

2. Mas agora, em segundo lugar, tenho que lhes mostrar que ESSE SENSO DE INDIGNIDADE PODE SER USADO ERRONEAMENTE e, muitas vezes, é distorcido para fins desastrosos.

Lá está uma pessoa que exclama: "Ouço o evangelho, mas *não posso acreditar que ele seja destinado a mim*. Não posso pensar que eu seja alvo da proclamação da absolvição e aceitação graciosa". Amigo, por que não? "Bem, não sou digno". Ouça! Há na Terra algum homem que seja digno? Ouça as palavras de Jesus: "Ide por todo o mundo e pregai o evangelho a toda criatura. Quem crer e for batizado será salvo; quem, porém, não crer será condenado". Não somos enviados a todas as criaturas *dignas*, mas a "toda criatura", digna ou indigna! Você não é uma criatura? Bem, então, o evangelho também deve *lhe* ser pregado. E você acha que Deus tem a intenção de que essa boa-nova lhe seja anunciada como uma mera formalidade ou uma farsa horrível? Não tem relação alguma com *você*? Acredita realmente que, depois de crer e ser batizado de acordo com a ordem divina, Deus lhe dirá: "Nunca tive a intenção de lhe prometer isso"? É atroz pensar assim! É um pecado novo e grave imaginar que o Senhor voltaria atrás em Sua palavra! Você é indigno. Garantimos isso; mas isso torna Deus falso? Você é indigno, mais indigno do que imagina; mas isso prova que o Senhor seja falso? Será que Ele atormentaria os homens, enviando-lhes um evangelho que não se destinasse a eles? Será que Ele colocaria a redenção diante deles e lhes diria para crer em Jesus para a salvação se Ele jamais tivesse a intenção de salvá-los, mesmo que estivessem em conformidade com as condições que Ele estabeleceu? Venham, venham! Irei com vocês o quanto quiserem na confissão de sua própria indignidade, mas não posso tolerar que tornem Deus indigno por *vocês* serem indignos! Ele manterá a Sua palavra, não importando o quão falso *vocês* possam ser! Toda alma que crê em Cristo Jesus tem a vida eterna.

Já vi esse mesmo mal chegar na forma de *dúvida quanto à misericórdia de Deus*. Quando o pecado de um homem parece muito grande, ele está apto a dizer: "Deus não pode ter misericórdia de *mim*". Bem, senhor, você terá a permissão para ser o principal dos pecadores, se você se sentir assim; mas não pode ter permissão para negar a onipotência de Deus! Você é lamentavelmente indigno; mas é no indigno que a graça divina encontra sua esfera de atuação; e você não deve limitar o poder dessa graça que vem aos homens por meio de Cristo

Jesus. O Senhor se deleita na misericórdia, e você duvida? Atreve-se a dizer que Ele não pode ter misericórdia de quem Ele terá misericórdia? Bem, isso nega todo o conjunto das Escrituras através do qual Ele nos declara que "Por isso, vos declaro: todo pecado e blasfêmia serão perdoados aos homens". Ele testifica que: "O sangue de Jesus, seu Filho, nos purifica de todo o pecado". Você nega isso? Ele diz expressamente: "Ainda que os vossos pecados sejam como a escarlata, eles se tornarão brancos como a neve; ainda que sejam vermelhos como o carmesim, se tornarão como a lã". Você conhece essas promessas! Chamá-las-á de mentiras e assim fará de *Deus* um mentiroso? Sua indignidade não deve ter permissão para ser usada como um argumento para a negação do atributo glorioso da misericórdia de Deus. Não é Ele quem diz: "Deixe o perverso o seu caminho, o iníquo, os seus pensamentos; converta-se ao SENHOR, que se compadecerá dele, e volte-se para o nosso Deus, porque é rico em perdoar"? Quem é verdadeiro, você ou Deus? Acredite nisto: Ele não mente! Ó, que você não minta também; mas agora, mesmo agora, acredite que Sua benignidade dura para sempre e que onde abundou o pecado, a graça abundou muito mais.

Pobres criaturas chegaram ao ponto de *duvidar do poder do sangue de Jesus para purificá-los*. Se você falar assim, devo colocar minha mão em sua boca; você não deve dizer outra palavra desse tipo! Não é suficiente que você esteja salpicado com o pecado? Você agora difama seu Salvador? Pisoteará o sangue de Cristo? Negará o poder do Senhor em purificar? Como Ele é Deus, bem como homem, o sacrifício de nosso Senhor tem um infinito poder em si e não podemos suportar que você, culpado como é, acrescente a todos os seus crimes anteriores esta mais alta e mesquinha iniquidade de acusar o sangue de Cristo de falta de poder purificador! Você chamará Deus de mentiroso no que se refere a Seu próprio Filho? Ó, senhores, se vocês perecerem, não será porque o sangue tem muito pouca eficácia; será por não acreditarem no nome do Filho de Deus; e por não virem a Ele para que possam ter vida!

Conhecemos pessoas, sob profunda aflição, que *duvidam da promessa de Deus*. Uma grande e segura promessa, que obviamente lhes pertencia, elas a deixaram de lado, dizendo: "É bom demais para ser verdade. Não posso acreditar nisso, pois sou muito indigno". Mais uma vez, sigo o mesmo modo de resposta: *você* pode ser um mentiroso, mas não torne Deus mentiroso! *Você* pode ter feito muitas promessas que tenha descumprido, mas não acuse Deus de fazer o mesmo! Você prometeu que faria isso e aquilo, e se esqueceu de suas promessas, e lançou suas promessas no esquecimento; mas nem sonhe que Deus fará o mesmo! Ele não é homem para mentir! Ó homem, oro para que você, mesmo sentindo como se estivesse à beira do inferno, não duvide da fidelidade de Deus à Sua promessa! Não lance dúvidas sobre a Sua veracidade; isso seria um excesso de maldade! Sinto, às vezes, que, mesmo que eu estivesse perdido, ainda deveria crer que Deus é verdade. "Embora Ele me mate, ainda assim esperarei nele". Coloque a espada no meu pescoço nu e me deixe morrer a morte que mereço; mas ainda crerei que Deus é bom e verdadeiro! *Ó Jeová, tu manténs a Tua palavra!* Tal fé não é nem um pingo maior do que o Senhor merece de nós, pois Ele nunca nos enganou e nunca enganará. Querido coração, receba a promessa de Deus com o significado do que ela diz e creia. Suponha que alguém viesse a confiar em Cristo para a salvação e fosse crer que Deus, portanto, o salvaria e ele não fosse salvo; o que seria então? Não vou supor tal caso! Mas esperarei até que encontrem um exemplo real, e então considerarei como lhe responder. Bem, se uma alma que confiou na promessa de Deus e correu para Cristo em busca de refúgio pudesse ser enviada ao inferno, as legiões do abismo infernal a exibiriam como um troféu de sua vitória sobre Deus! Elas a carregariam em seus ombros e gritariam: "Aqui está uma prova de que Deus pode mentir! Aqui está uma prova de que o sangue de Cristo não foi capaz de salvar um crente! Aqui está um pecador que confiou no Senhor e, depois de tudo, perdeu-se apesar da aliança e juramento de Deus!".

Você acha que tal coisa possa acontecer? Não permita que uma ideia tão blasfema seja tolerada em sua mente por um momento sequer! Receba a promessa como vinda de Deus e, portanto, seguramente verdadeira. Simplesmente creia nela e seja feliz.

Alguns, por serem indignos, *negariam ao Senhor Jesus o prazer de salvá-los*. Quando Catão [N.E.: censor e reformador moral romano (234–149 a.C.).] cometeu suicídio, César ficou triste porque Catão deveria invejá-lo pela glória de salvar sua vida. Talvez, se Catão soubesse o que César teria dito, ele não tivesse sido tão rápido com sua espada. Amados, vocês negarão a Cristo o prazer de lhes perdoar? Vocês irão para o inferno para que possam contrariar o Salvador por não lhe permitir salvá-los? Vocês olharão o Pai eterno na face e expressarão um ódio tão maligno que se arriscarão a dizer: "Eu prefiro ser condenado para sempre a ser salvo pela graça de Deus"? Não posso acreditar nisso! Certamente você não é louco! Venha, venha, homem! Vou deixá-lo usar a linguagem mais obscura sobre si mesmo; você pode pintar-se quase como um demônio e um pouco melhor que o diabo se isso vai agradá-lo! Você varrerá o próprio inferno, em busca de epítetos, se quiser, para expor o seu próprio pecado e miséria! Mas rogo-lhe: Não toque em Deus! Não negue Sua misericórdia! Não duvide da Sua fidelidade! Não recuse o Seu amor, mas submeta-se à Sua graça salvadora! Lembre-se de como diligentemente os mensageiros sírios observavam se algo viria do Rei de Israel, e quando Acabe declarou: "Ele é meu irmão", e ainda acrescentou: "Vinde, trazei-mo". Esses homens disseram: "Teu irmão Ben-Hadade". Ó, que você se apresse em apoderar-se da palavra de graça, pois uma palavra pode ser suficiente para trazer-lhe consolo! Lembre-se de como os ninivitas, quando Jonas pregou para eles, arrependeram-se na única esperança de "Quem sabe?". Eles não tinham nenhuma palavra de promessa para sustentá-los em sua confiança, mas se aventuraram: "Quem sabe se voltará Deus, e se arrependerá, e se apartará do furor da sua ira, de sorte que não pereçamos?". Venha, querido coração, aproprie-se da menor esperança. Tenha um alçapão para os raios de sol, bem como para o granizo. Aproprie-se das doces palavras que Deus tem dito. Creia que são verdadeiras e arrisque tudo nelas. Você jamais crerá mais em Deus a menos que descubra quem Ele é.

Infelizmente, há alguns cujo senso de indignidade *se transforma em obstinada rebelião*. Não falarei deles com dureza, mas conheço alguns poucos que frequentam estes tribunais, dos quais devo dizer que eles são seus próprios carcereiros e torturadores. Como um daqueles que viveram antigamente, eles devem confessar: "A minha alma recusa-se consolar-se". Há outra passagem nos salmos que diz: "A sua alma aborreceu toda sorte de comida". Quem eram esses? Davi diz que eles eram tolos. Não digo muito isso, queridos amigos, de qualquer um de vocês; mas estou seriamente receoso de que seria verdade se eu o dissesse. Aquele que recusa toda a comida provavelmente morrerá de fome, e quem deve ser responsabilizado por isso? Se você recusar o Pão da vida, poderemos nos condoer se você morrer de fome? Retirar de você a única salvação do pesado desespero é tão suicida como se você esfaqueasse a si mesmo. Você fará isso? Gritará: "Eu me perderei. Sei que me perderei! É inútil pregar para mim! É inútil orar por mim!"? Meu caro amigo, você realmente desistirá de forma tão absurda, enquanto ainda está na terra da esperança? Aqui você se senta no calabouço, e eu estou diante de você com a absolvição; não a receberá? Está disponível para quem a pede; você não pedirá? Está disponível para o que recebe de bom grado; você não a receberá? Então solenemente lhe digo que, se você permanecer obstinado, em breve haverá uma corda em seu pescoço, e você colherá a devida recompensa pelo seu pecado e loucura. O quê? Você ainda clamará ser tão indigno? *Sabemos* que você o é; contudo uma absolvição lhe está garantida se aceitá-la! "Ó, mas sinto minha indignidade de forma tão terrível!".

Seria um homem enforcado apesar da clemência de nossa graciosa Rainha? Escolheria ele ser executado porque se sentiu indigno de ser perdoado? *Você* se perderá porque não se sente digno de ser salvo?

Homem vivente, se eu fosse você, não diria nada contra a graça que me salvaria, mas aceitaria com gratidão o perdão amoroso e a terna misericórdia do meu Senhor! Sinto que não é da minha conta pleitear por minha própria condenação! O diabo e eu tivemos muitos conflitos e, se houver algo a ser dito contra minha salvação, não tenho nenhuma dúvida de que ele se certificará em dizê-lo. Portanto, não entrarei nessa linha de negociação; não há espaço para mim; Satanás fará tudo o que pode ser feito nesse sentido. Acho que é muito mais benéfico pegar todas as migalhas de conforto que eu possa encontrar na forma de razões do porquê eu deveria ser salvo! Ao ler a Palavra de Deus, considero essas razões tão abundantes como amoras no outono! Deus o disse, e eu o creio: "Aquele que crê nele tem a vida eterna". Eu creio em Jesus e tenho a vida eterna! [Aqui veio um retumbante "Aleluia! Bendito seja o Senhor!"] Sim, podemos todos nos juntar em um só brado e bendizer a Deus por Seu amor gratuito que abundou para conosco; esse amor que vimos e conhecemos, provamos e tocamos. Bem, que todos nós possamos nos juntar em um longo aleluia e ressoar pelas ruas um "Bendito seja o nome do Senhor!". Mas o pobre povo no qual estou pensando senta-se e rói suas unhas, morde seus lábios e chora até seus olhos secarem, e nunca move um milímetro em direção a bênção que eles precisam acima de todas as coisas! Permita-me dar uma advertência. Lembre-se: um homem pode verdadeiramente cometer suicídio tanto por se recusar a comer como tomando veneno; e vocês podem destruir suas próprias almas, recusando a Cristo tão certa e culpadamente como se vocês se envolvessem em rebelião aberta contra o Senhor Deus e se amotinassem. Peço que pensem nisso.

**3.** Em terceiro, e estou contente em prosseguir com este assunto muito mais agradável, UMA PERCEPÇÃO DE INDIGNIDADE ENCONTRA UM COMPANHEIRO ADEQUADO EM UMA FÉ FIRMADA EM CRISTO.

Primeiro, lembre-se de que, *quando você não tem nenhuma fé em si mesmo, há mais espaço na alma para a fé em Jesus.* Se você tem confiança em si mesmo, esse pouco de "eu" está preenchido. Mas, se você não tem confiança em si mesmo, sua alma é um grande vácuo, e você pode ter mais de Cristo. Quanto maior o vazio, mais espaço para o que vem a ser plenitude! Se você não tiver nenhuma razão pela qual deva ser salvo a não ser pela graça espontânea de Deus em Cristo, então receba essa graça aqui e agora! Que Deus o ajude a fazê-lo e que nada possa impedi-lo! Creia mais em Cristo, porque você não pode crer em si mesmo de forma alguma.

Mais uma vez, aquele que tem pensamentos humildes de si mesmo *está em uma posição vantajosa quanto ao recebimento da verdade salvadora.* Aquele que tem uma visão verdadeira de si mesmo provavelmente também descobrirá a verdade no que diz respeito ao Senhor Jesus e às bênçãos da aliança que alcançamos nele. Tudo depende, você sabe, da medida com a qual calculamos. Seu quintal ser muito pequeno ou muito grande, será impreciso na mesma proporção da imperfeição do seu padrão de medida. Quando você tem a medida certa quanto à sua própria condição perdida, arruinada e destruída, você logo receberá a medida certa quanto à graça e habilidade do Filho de Deus que é capaz de salvar por completo os que vêm a Deus através dele! Jesus é um Salvador Todo-poderoso; não há nenhum crime horrível, nenhuma ofensa inominável; nenhum pecado abominável que Ele não possa perdoar. Não há criminalidade ou vileza de caráter que Ele não possa superar e remover. "Todo o poder é dado a Ele", e no reino da salvação Ele é o Rei dos reis e Senhor dos senhores; e nada pode resistir à Sua influência. Você crê nisso? Se assim for, confie nele agora e, no momento em que você o fizer, passará da morte para a vida!

Esse homem, mais uma vez, por ser tão humilde, *não tinha a presunção de questionar e duvidar.* A dúvida é, na maioria dos casos, filha do orgulho. Pense em um homem criticando a Deus! É possível que Jó tenha feito isso enquanto ele havia ouvido falar de Deus com seus ouvidos; mas, quando seus olhos o viram, ele abominou a si mesmo no pó e na cinza. Como ousamos criticar a forma de Deus salvar os culpados! É impertinência! É loucura! Não podemos ter nada disso.

Essa humilde consideração de si mesmo fez o centurião *abster-se de ditar a Jesus como a bênção deveria vir*. Um grande número de pessoas que encontramos está sempre mapeando rotas para o Espírito Santo. Elas estão dispostas a serem salvas se puderem ser salvas de um determinado modo. Crerão se virem sinais e maravilhas, mas não de outra forma. A paz delas deve vir na forma que escolheram e em nenhuma outra; sua mente está decidida sobre como ela deveria ser. O centurião poderia ter dito: "Senhor, entra na minha casa e então crerei. O sinal de Tua presença me trará certeza". Ele não pediu por sinais ou maravilhas, ou conforto. Muitos de vocês aqui estão esperando até que *tenham* algum sentimento singular, ou *contemplem* alguma visão estranha, ou passem por uma *experiência* especial. Vocês não conseguem crer na simples palavra de Cristo; são orgulhosos demais para serem salvos apenas por isso. Ó meus ouvintes, se o Senhor lhes mostrar a absoluta indignidade de vocês, ficarão dispostos a serem salvos da maneira mais simples! Vocês não pedirão nada, apenas uma coisa: "Senhor, salva-me ou perecerei". Se Cristo tivesse ido à casa do centurião, ele teria vivido uma incrível experiência. Seria estranho um soldado romano receber o Salvador do mundo! Mas ele não pediu por essa notável experiência e honra peculiar. Você lê biografias ou ouve os cristãos contarem como foram salvos, e você coloca seu dedo sobre certas questões memoráveis e diz: "Se algum dia eu sentir *isso* ou vir *aquilo*, vou crer em Cristo; mas de nenhum outro jeito". Assim, parece que o Senhor deve curvar-se a *sua* vontade e não fazer como Ele achar adequado. Verdadeiramente, o vento sopra onde quer e nenhuma de nossas arbitrariedades terá peso com o Espírito livre ou com o Salvador soberano.

Se Cristo tivesse ido à casa do centurião, teria havido grande alegria nela; mas ele não pediu por essa alegria. Alguns não crerão no Senhor Jesus a não ser que sintam grande alegria. Mas, caro amigo, é certo decidir que, se você não sentir alegria, não crerá nele? Não, em vez disso, se você andar na escuridão e não vir nenhuma luz, confie no Senhor! Se tudo por dentro parece ser contrário ao fato de sua salvação, creia em Cristo e você está salvo; e, se todo o poder e paixão de sua natureza disser que você está perdido, você *não* está perdido se simplesmente estiver seguro na Palavra pura do Senhor Jesus Cristo.

Esse homem estava tão abatido que *ficou contente com apenas uma palavra*. "Mas apenas manda com uma palavra, e o meu rapaz será curado". Esse é o ponto a se chegar. Você está contente em crer na palavra pura de Deus e ser salvo apenas pela Sua palavra? Você creria de imediato se eu realizasse um milagre, não creria? Em que você creria? Você creria em mim! E como não quero que você creia em mim, mas em Cristo, não realizarei nenhum milagre! Ó, mas, se você pudesse sentir alguma emoção muito singular, você creria. Em que você creria? Bem, na emoção singular, é isso! Você não creria na Palavra de Deus. Aquele que não pode crer na Palavra de Deus sem maravilhas realmente estabelece sua crença nas maravilhas e não na Palavra de Deus! Aceite a pura palavra de Deus, que é esta: "Crê no Senhor Jesus Cristo e serás salvo". Embora você nem suspire e nem cante, nem tenha sonhos e nem dúvida, nem tenha grande conforto e nem convicção contundente, creia em Jesus! Pecador e indigno como você é, diga: "Esta é toda a minha salvação e todo o meu desejo. Eu aceito o Senhor Jesus como meu tudo em todos!".

E, afinal de contas, *tal fé é a maior da fé*, pois o Senhor Jesus disse: "nem mesmo em Israel achei fé como esta". Um homem se levanta e lhe diz a razão da sua confiança, e você aprende que em tal tempo ele ouviu uma voz, ou em tal noite ele teve um sonho, ou durante alguns meses ele teve uma experiência terrível de medo do inferno, ou em outro período, ele sentiu tanta alegria que ficou totalmente extasiado. Não pense menos do crente que diz: "Minha experiência é só isso:

*'Sou um pobre pecador, e nada mais,
Contudo, Jesus Cristo é meu tudo em tudo.'"*

A experiência desse último homem tem a menor das impurezas. Está escrito no Livro infalível que, se eu confiar no Senhor Jesus, Ele realizará o Seu ofício de Salvador sobre mim. Confiei nele, e Ele me salvou! Alguém pergunta: "Isso é todo o testemunho que você tem?". O que mais preciso? Posso ser capaz de mencionar alguns incidentes que participaram da minha conversão, mas *eles* não são a minha esperança! Não coloco nenhuma confiança no que pensei, ou vi, ou senti! Se alguém pudesse provar que eu nunca vi, e nunca senti, e nunca ouvi qualquer coisa do tipo, eu não devo me preocupar com isso, pois uma coisa eu sei: ouvi este texto: "Olhai para mim e sede salvos, vós, todos os limites da terra", e olhei e fui salvo! Mais importante, se eu naquele dia não olhasse e não fosse, naquele dia, salvo, não me empenharia nada em contestar a questão, pois estou olhando *agora* e, portanto, estou salvo! Esse é o conforto; não temos que confiar em uma fé passada, mas ainda continuar a crer! Olhando para Jesus sempre! Vindo a Ele sempre, que é a posição verdadeira para a paz. Se eu descansar em Cristo todos os dias, o fruto dessa crença será visto todos os dias. Não devo apenas crer em Jesus, mas me firmar nessa fé. Que Deus o ajude a fazê-lo! Contemple um profundo sentimento de indignidade, uma alta apreciação do poder de Cristo para purificá-lo do pecado e torná-lo santo como Deus é santo! Progrida nessas duas coisas. Elas não serão como as pernas do coxo, que não são iguais, mas serão muito semelhantes em seus efeitos felizes sobre a sua vida. Que Cristo cresça, e eu diminua!

"Portanto, enquanto afundo, minhas alegrias ressurgirão
Imensuravelmente altas."

---

Este sermão foi pregado no Metropolitan Tabernacle, em Newington, na manhã de 31 de agosto de 1890.

# 8

# IMPOTÊNCIA E ONIPOTÊNCIA

*Estava ali um homem enfermo havia trinta e oito anos. Jesus, vendo-o deitado e sabendo que estava assim há muito tempo, perguntou-lhe: Queres ser curado? Respondeu-lhe o enfermo: Senhor, não tenho ninguém que me ponha no tanque, quando a água é agitada; pois, enquanto eu vou, desce outro antes de mim. Então, lhe disse Jesus: Levanta-te, toma o teu leito e anda. Imediatamente, o homem se viu curado e, tomando o leito, pôs-se a andar* (João 5:5-9).

Esse homem estava deitado com muitos outros em volta do tanque, na esperança de que um anjo agitasse suas águas, e que ele fosse colocado em seu interior antes dos outros e, assim, fosse curado. Lá ele aguardou por muito tempo e em vão. Por que ele esperou? Porque Jesus não estava lá. Onde Jesus não estiver, haverá espera. Se for apenas um anjo e um tanque, você deverá esperar — alguém poderá obter uma bênção, e outros tantos não.

Mas, quando Jesus chegou, não houve espera. Ele caminhou entre a multidão de enfermos, observou esse homem, ordenou-lhe que pegasse seu leito e fosse para casa — e ele foi curado imediatamente.

Bem, enalteço esse homem por esperar. Admiro-o por sua paciência e perseverança. Mas suplico-lhe que não faça da situação dele a sua própria. Ele esperou, pois Jesus não estava lá. Você não pode esperar, você não deve esperar — como eu já lhe disse — pois Jesus está aqui. Havia necessidade de ele esperar. Como lhe disse, havia um anjo, um tanque e nada mais. Mas, onde Cristo está, não deveria haver qualquer espera. Toda alma que olhar para Cristo esta noite será salva, mesmo que olhe dos confins da Terra. Você deve olhar agora, pois lhe foi ordenado fazê-lo. "Eis, agora, o tempo sobremodo oportuno, eis, agora, o dia da salvação". "Não endureçais o vosso coração como foi na provocação". Aí nesse banco, ou nos corredores mais distantes, se pela fé você direcionar o olhar para Jesus, Aquele que está vivo e assentado no trono do Altíssimo, obterá cura imediata. É muito bom esperar no tanque de Betesda, mas esperar no tanque das ordenanças, como ouvi alguns dizerem, não está de acordo com as Escrituras. Não li nada sobre esperar lá. Mas leio isto: "Crê no Senhor Jesus Cristo e serás salvo".

No entanto, para o auxílio de alguns que esperaram até se cansarem, que perseveraram no uso dos meios até que ficarem desanimados e decepcionados, vejamos a situação desse homem enfermo em Betesda.

## 1. Primeiro, observamos que O SALVADOR CONHECIA A SITUAÇÃO.

Só menciono isso para dizer que o Salvador conhece a sua situação. *Jesus o viu deitado lá*. Havia um grande número de pessoas nas quais o Salvador poderia reparar, mas Ele fixou seu olhar sobre esse homem, acamado há 38 anos devido a uma enfermidade. Do mesmo modo,

Jesus sabe tudo sobre a sua situação. Ele o vê deitado exatamente onde você está nesta noite — impotente, sem esperança, sem luz, sem fé. Jesus o vê! Quero que você creia que isso é verdade. Ele o encontra no meio desta multidão, independentemente de onde você esteja sentado, e os olhos do Senhor o perscrutam da cabeça aos pés, e também o seu coração. Assim como Ele vê o seu exterior, Ele lê tudo o que está em seu interior.

Quanto ao homem no tanque, *Jesus sabia que estava há muito tempo naquela condição*. Assim também, Ele sabe por quantos anos você está esperando. Você se lembra de ser levado à casa de Deus por sua mãe. Lembra-se de ouvir sermões que pareciam assustá-lo quando menino? Depois ia para casa, para o seu quartinho, e clamava a Deus por misericórdia, contudo, logo se esquecia daquela impressão de temor. Elas eram como a névoa da manhã que desaparece ao nascer do sol. Você veio para Londres, cresceu e tornou-se homem, mas descuidou-se com as coisas divinas — assim, viu-se livre de todas aquelas impressões da infância. Ainda assim, ia ouvir a Palavra pregada e, muitas vezes, você tinha uma pontinha de esperança de que obteria uma bênção. Você ouvia a Palavra, mas a fé não se mesclava com o que ouvia, assim perdia a bênção. Ainda assim, sempre nutria o desejo de que ela lhe seria concedida. Você jamais conseguiria menosprezar as pessoas piedosas ou as coisas de Cristo, afinal não poderia obtê-las por si só (pelo menos, achava que não). No entanto, sempre teve um persistente desejo de ser considerado parte do povo de Deus. Bem, o Senhor Jesus sabe tudo sobre isso, os muitos anos em que você está esperando apenas como ouvinte e não como praticante da Palavra — impressionado às vezes, mas violentando seus melhores sentimentos e voltando ao viver descuidado. Meu Senhor conhece tudo a seu respeito. Não posso distingui-lo nesta congregação, mas lembre-se de que, enquanto eu estiver pregando esta noite, milagres acontecerão — processos que mudarão a própria natureza do homem estão ocorrendo dentro desta casa, porque Cristo está sendo pregado,

Seu evangelho está sendo apresentado, e isso não acontece por meio de vãs fervorosas orações. Deus o abençoará. Ele abençoará alguém esta noite. Quem será esse alguém, ou quantas centenas de "alguéns" haverá aqui, não posso adivinhar — mas Ele abençoará Sua própria Palavra — e por que não deveria abençoá-lo? Ele vê apenas quem você é, onde você está e o que você é.

Além disso, *nosso Senhor conhecia todas as desilusões daquele pobre homem*. Muitas vezes, quando ele se esforçava para ser o primeiro a chegar à beira da água e pensava que seria capaz de dar o afortunado mergulho, alguém entrava antes dele e suas esperanças se dissipavam. Outro saía curado da água e, em seguida, com um profundo suspiro, ele se confinava ao seu leito, pois poderia ser uma longa espera até que o anjo agitasse aquela água novamente. Mas, mesmo que esse fosse o caso, sentia que poderia se decepcionar novamente. Esse homem, lembrou-se das muitas vezes em que tinha perdido toda a esperança e permaneceu lá quase em desespero. Bem, acho que ouço alguém aqui esta noite dizer: "Meu irmão encontrou o Senhor. Meu amigo que veio aqui comigo encontrou o Senhor. Vivi para ver minha mãe morrer segura e convicta da esperança da glória. Tenho amigos que foram a Cristo, mas ainda vivo sem Ele. Quando há cultos especiais, espero ser particularmente abençoado. Estive em reuniões de oração, li minha Bíblia em segredo e às vezes esperava — era uma pequena esperança — 'Talvez, em um dia desses, eu possa ser curado'". Sim, caro amigo, o meu Senhor sabe tudo sobre isso, e Ele se compadece de toda tristeza que o consome nesta noite, e ouve seus desejos inexprimíveis. O Senhor conhece o seu desejo de ser curado.

**2.** Agora, em segundo, O SALVADOR DESPERTOU OS DESEJOS DO HOMEM. Ele lhe perguntou: "Queres ser curado?". Lá estava o homem deitado. Não vou explicar o ato de se deitar ao lado do tanque, mas apenas aplicá-lo a vocês que estão aqui em condição semelhante.

*Cuidado para não esquecer do porquê você está aqui.* Cuidado em vir à casa de Deus e não saber por que veio. Comentei que, anos atrás, vocês iam aos lugares de culto na esperança de encontrar a salvação. Bem, vocês têm vindo sem encontrá-la — e neste momento procuram por ela? Não desenvolveram o hábito de se sentar e ouvir sermões, orações e assim por diante, sem sentir que vieram para algo especial para si mesmo? Vocês vêm e vão apenas para que possam frequentar um local de culto, e isso é tudo. O Salvador não deixaria o homem enfermo satisfazer-se com o fato de estar ao lado do tanque. Não, não. O Senhor lhe perguntou: "Por que você está aqui? Você não tem nenhum desejo? Você quer ser curado?". Meu caro ouvinte, gostaria que você fosse capaz de responder: "Sim" a essa pergunta. Você veio aqui esta noite para que seu pecado seja perdoado, para que sua alma seja renovada pela graça divina, a fim de que possa encontrar Cristo? Se assim for, quero mantê-lo nesse ponto e não permitir que entre e sente-se aqui, e venha, e venha, e venha, e venha, e seja como uma porta com suas dobradiças do lado de fora, que se abre e se fecha repetidamente sem que isso lhe traga melhoras ou a conduza a algum lugar. Ó, não adquira apenas hábitos religiosos! Hábitos ritualísticos serão para você meramente como o ritual o é. Você vem e vai, e está satisfeito. Mas isso jamais o transformará. É Cristo quem desperta seu desejo quando pergunta: "Queres ser curado?".

Também, *evite uma indiferença desesperada.* Lembro-me de dois irmãos e uma irmã que me ouviram pregar por um tempo considerável. Eles estavam em grande aflição de alma, mas, ao mesmo tempo, tinham a ideia de que não podiam crer em Cristo, e que deviam esperar — sei lá para quê — e realmente esperaram até envelhecerem. Não conheci pessoas melhores moralmente, ou melhores ouvintes no que diz respeito ao interesse no que ouviam, mas jamais pareciam avançar. Finalmente eles chegaram a esta condição, pareciam sentir o seguinte: se fosse para ser, seria — e se não fosse para ser, não seria, e assim tudo o que podiam fazer era apenas sentar-se, aquietar-se e esperar. Mas por que esperar sob a apreensão de se perder para sempre? Ora, não acredito que um homem condenado esteja feliz e seja paciente enquanto ouve, em sua cela, sobre seu enforcamento! Ele deve estar inquieto e apreensivo. Fiz o meu melhor para deixar esses amigos desconfortáveis, mas temo que meus esforços obtiveram pouquíssimos resultados. O Salvador perguntou a esse homem: "Queres ser curado? Você parece estar indiferente de tal modo que nem se importa se for curado ou não". Nenhuma condição é pior do que essa; é muito difícil lidar com ela. Que Deus o salve da indiferença taciturna em que se encontra; à deriva para destruição... à mercê de um destino desconhecido!

Peço para que *se lembrem de que cabe a vocês querer,* pois Cristo perguntou a esse homem: "Queres ser curado? Você não pode se curar, mas você pode querer e desejar ser curado". O Espírito Santo concedeu a muitos de vocês o querer e o fazer de acordo com a boa vontade de Deus. Você jamais será salvo contra a sua vontade. Deus não arrasta ninguém ao Céu pelas orelhas. Sua mente deve estar disposta, consentindo com a obra da soberana graça do Senhor. E, se ela estiver aí, quero que você a exercite esta noite como Cristo desejou que aquele homem a exercitasse — "Quer ser curado? Você tem algum desejo assim, qualquer desejo ou anseio pela cura?". Quero atiçar esse fogo e fazê-lo queimar. E, se houver apenas uma centelha de desejo, gostaria de soprar sobre ela e rogar ao Espírito Santo que a abane para torná-la uma grande chama. Paulo disse: "Pois o querer o bem está em mim; não, porém, o efetuá-lo". Creio que haja alguns aqui que têm a vontade de serem salvos. Graças a Deus por isso!

"Queres ser curado?" Creio que o Salvador faz essa pergunta por outra razão, que transformarei em uma exortação. *Renuncie a toda a prescrição de como você deve ser salvo.* A pergunta não é: "Queres ser colocado no tanque?", mas, "Queres ser curado?". Você chegou a este ponto: o de se dispor a ser salvo à maneira de Deus, por meio de Cristo? Alguém diz: "Quero ter um sonho". Prezada alma, não deseje sonhos, pois são apenas sonhos. Outro diz: "Quero ter uma visão". Meu caro amigo, não há nada no plano da salvação relacionado a ter visões. "Quero ouvir uma voz", diz alguém. Bem, ouça a minha voz, então, e que Deus, o Espírito Santo, faça-o ouvir a voz da Sua Palavra por meu intermédio! "Mas eu quero!". Ó, sim! Você quer, mas não sabe o que quer como muitas crianças tolas que têm suas manias, fantasias, caprichos e desejos. Ó, que todos estivessem dispostos a serem salvos pelo simples plano de crer e viver! Se esse é o modo de Deus, quem é você para que Ele devesse criar uma nova maneira só para você? Tempos atrás, quando expus o plano da salvação a uma amiga, ela virou-se para mim e disse: "Ó, senhor, ore por mim!". Ao que respondi: "Não vou orar por você". "Ó! Mas", disse ela, "como pode dizer isso?". Então, lhe disse: "Ponho Cristo crucificado diante de você e lhe peço para que creia nele. Se não crer nele, você estará perdida. E não orarei a Deus para elaborar um plano de salvação diferente para você. Pois merece ficar perdida se não crer em Cristo". Coloquei isso diante dela e, em seguida, ela disse: "Ó, entendo agora! Olho para Cristo e confio nele". Só então eu disse: "Agora vou orar por você. Agora podemos orar e cantar juntos se for necessário". Mas, queridos amigos, não defina a sua própria ideia de como deve ser convertido. Você pode encontrar duas pessoas que se converteram da mesma forma? Deus não converte pessoas como os homens fazem cercas de aço, encaixotam produtos, tudo da mesma forma. Não, não. Em cada caso há um homem criado, e todos os homens, todos os animais, todas as plantas são, de certa forma, um pouco diferentes de todos os outros de sua espécie, e você não deve olhar de maneira uniforme para a obra da regeneração. "Queres ser curado?". Venha! Você deseja ser perdoado de seus pecados? Você anseia por um novo coração e um espírito reto? Se assim for, abandone a disputa pelo *como* você deve obtê-los e faça o que Cristo lhe diz para fazer.

"Queres ser curado?" É como se o Salvador dissesse: *"Seja, agora, mais sincero do que nunca*. Sei que deseja ser curado. No entanto, você deve querer isto mais esta noite do que jamais desejou antes". Exercite o desejo que você tem — exercite-o! Se você é sincero em seu desejo de ser salvo, seja-o mais ainda esta noite. Você deseja encontrar Cristo? Bem, deseje-o mais esta noite do que nunca antes em sua vida. Você chegou a uma crise importante em sua existência. Você pode estar a ponto de morrer, quem sabe? Ultimamente, quantos foram subitamente abatidos. Se você deseja ser curado, gostaria que o fosse esta noite. Oro para que você sinta algo o impulsionando, algo que o faça interromper sua longa demora, algo que o faça sentir: "Não tenho mais tempo a perder. Não posso me dar ao luxo de me atrasar. Preciso ser salvo esta noite. Preciso ouvir o tique-taque distante do grande relógio de Deus que está no salão da Graça dizendo: *'Agora! Agora! Agora! Agora! Agora!'* e jamais emite qualquer outro som". Ó, que o Senhor faça isso acontecer por Seu próprio dom gratuito!

Assim, veja você, o Salvador despertou os desejos daquele homem nos arredores do tanque. Primeiro, o Senhor conhecia a situação dele; em seguida, Ele despertou seus desejos.

## 3. 
Em terceiro, o SALVADOR OUVIU A QUEIXA DO HOMEM. Eis o que ele disse: "Senhor, não tenho ninguém que me ponha no tanque quando a água é agitada; pois, enquanto eu vou, desce outro antes de mim".

Algumas dessas pessoas tinham amigos gentis que se revezavam em vigília dia e noite, e, no momento em que a água era agitada, eles pegavam seu paciente e o mergulhavam. Esse homem tinha perdido todos os seus amigos — 38 anos de doença desgastaram a todos — assim ele afirmou: "não tenho ninguém que me ponha no tanque; como posso entrar na água?". Portanto, devido às circunstâncias, há muitos que precisam de ajuda. Quando estive em Mentone, tive a alegria de conduzir vários amigos a Cristo. Quando tive que deixá-los e retornar a Londres, alguns me disseram: "O que faremos sem o senhor? Não teremos ninguém para nos guiar no caminho certo agora. Ninguém para nos instruir, ninguém para atender às nossas objeções, ninguém para sanar nossas dúvidas, ninguém com quem compartilhar as inquietações do nosso coração".

Sem dúvida, alguns de vocês falariam da mesma forma, e devo admitir que *a falta de um ajudante é grave*. É uma grande privação não ter ninguém para ajudá-lo nessas coisas. Às vezes, se um amigo se aproximar depois do sermão e disser uma palavra gentil, isso fará mais bem do que o próprio sermão. Muitos aflitos, que têm estado um longo tempo aprisionados, poderiam ter sido libertos bem antes se um amigo gentil tivesse apenas lembrado o irmão de uma promessa divina que, como uma chave, teria aberto a porta da prisão. Concordo com você que é de grande ajuda ter um amigo cristão sincero para erguê-lo durante uma dificuldade; para levá-lo até a beira da água para a qual você não consegue ir sozinho e colocá-lo no tanque. Certamente, é uma grande perda se não tiver um amigo assim... sinto muito por você não o ter. Você vive em um vilarejo onde não há ninguém para falar sobre assuntos espirituais ou você frequenta um ministério que não o alimenta. Você não tem ninguém para confortá-lo. Afinal, não há muitos que podem realmente ajudar pecadores a ir a Cristo. Alguns que tentam fazê-lo são muito sábios, e outros são demasiado duros de coração. É necessário um treinamento especial na escola da graça para alguém aprender a compadecer-se dos outros de modo a ser capaz de realmente ajudá-los. Posso supor que ninguém aqui está dizendo: "Não tenho mãe com quem conversar. Não tenho nenhum amigo cristão na família. Não tenho a quem possa recorrer para pedir ajuda e é por isso que permaneço onde estou".

Bem, um ajudante é muito valioso, mas quero dizer que *um ajudante pode não ser tão valioso quanto você pensa*. Conheço alguns que tiveram inúmeros ajudantes cristãos enquanto buscavam o Senhor, mas nenhum deles foi realmente capaz de ajudá-los. Se você confiar nos ajudantes terrenos e considerá-los essenciais, Deus não abençoará os esforços deles e não serão de nenhuma utilidade para você. Receio que muitos dos que buscam o Senhor têm que dizer, mesmo a bons e sinceros cristãos, o que Jó disse a seus amigos: "todos vós sois consoladores molestos". Afinal, como pode um homem ajudá-lo, de fato, com os assuntos de sua alma? Nenhum ser humano pode lhe fornecer fé ou lhe conceder perdão pelos pecados. Nenhum homem pode lhe propiciar vida espiritual ou até mesmo luz espiritual. Assim, embora você não tenha ninguém para ajudá-lo, lembre-se de que você pode valorizar demais os homens e pode, também, confiar demais nos ajudadores cristãos. Rogo-lhes que se lembrem disso. Temo que haja alguns que professam a fé os quais foram ajudados um pouco demais. Eles ouviram um sermão e ficaram realmente impactados, porém alguém foi tolo o suficiente para lhes afirmar: "Isso é conversão". Jamais isso foi conversão! O amigo ainda disse: "Vamos à frente e faça uma profissão de fé". Então eles vieram à frente e fizeram uma profissão do que nunca experimentaram. Então, outro amigo lhes disse: "Venham a tal reunião e juntem-se à igreja. Vamos lá". E eles foram levados, e levados, e levados, jamais tiveram qualquer vida interior verdadeira ou força espiritual enviada do alto. Eles são como crianças em andadores de bebês que são incapazes de caminhar sozinhas. Que Deus o livre de uma religião que dependa de outras pessoas! Há alguns que têm uma espécie de religião alpendre, repousando sobre outra pessoa, e, quando o suporte é retirado, o que acontece com esse apoio? A boa e velha senhora que lhe ajudou durante tantos anos morre — onde está sua religião, então? O ministro o mantinha vindo às reuniões; você era como um pião, e ele era como uma força que o conservava girando. Quando ele se for, onde você estará? Rogo-lhe: Não tenha uma religião desse tipo! Embora um ajudante seja muito útil, lembre-se de que, sob certas condições, mesmo um ajudante cristão pode ser um obstáculo.

Agora, meu caro ouvinte, este é o ponto ao qual cheguei — você tem que tratar com Jesus esta noite e, *para tratar com Jesus você não precisa de "nenhum homem"*. Você não tem que lidar com tanques e anjos. Você tem que tratar com o próprio Senhor Jesus. Suponha que não haja nenhum homem para ajudá-lo — você precisa de alguém quando Jesus está aqui? Um homem foi necessário para colocá-lo no tanque, mas ele não é necessário para apresentá-lo a Cristo. Você mesmo pode conversar com Cristo. Pode confessar a Ele seu pecado sem ajuda. Você não precisa de um sacerdote, e sim de um Mediador entre sua alma e Deus. Porém não é necessário um mediador entre a sua alma e Jesus. Você pode ir a Ele de onde e como você estiver. Vá a Jesus agora. Conte-lhe a sua situação. Suplique-lhe por misericórdia. O Senhor não precisa da minha ajuda. Ele não precisa da ajuda do Arcebispo de Canterbury. Ele não precisa da ajuda de ninguém — Jesus sozinho pode solucionar a sua situação. Somente coloque a sua situação nas mãos do Senhor, em seguida, se você não tiver ninguém para ser seu ajudante, não precisa se deitar e se preocupar com isso, pois Deus é capaz de salvar por completo aqueles que vêm a Ele através de Cristo.

Bem, tudo isso é uma conversa muito singela, mas precisamos de conversas singelas hoje em dia. Sinto como se não tivesse pregado no domingo, a menos que tenha tentado levar pessoas a Cristo. Há muitas doutrinas dignas e sublimes das quais eu gostaria de falar, e muitas experiências profundas e arrebatadoras que eu gostaria de descrever — entretanto, sinto que muitas vezes devo deixá-las e permanecer num patamar mais comum, abordando assuntos que são muito mais úteis para persuadir os homens, como Cristo — que eles desviem os olhos do homem, das ordenanças, de si mesmos e tratem com o próprio Jesus, distinta e diretamente, pois não há necessidade do homem e certamente não há necessidade de demora.

**4.** Este é o meu ponto para concluir: O SALVADOR SOLUCIONOU TODA A SITUAÇÃO DO HOMEM.

Aquele homem enfermo não tinha ninguém para ajudá-lo. Cristo pôde ajudá-lo sem o auxílio de qualquer homem. Ele não podia se mover, exceto com grande dor. Tinha que rastejar até a beira da água, mas agora ele não necessita rastejar até lá — não precisa se mover um milímetro. *O poder de curar aquele homem se encontra em Cristo que estava lá* — comissionado por Deus para salvar pecadores e para ajudar os indefesos. Por favor, lembre-se de que o poder que salva — todo ele — não está no homem salvo, mas no Cristo que salva. Despeço-me contradizendo aqueles que dizem que a salvação é uma evolução. Tudo que pode evoluir para fora do coração pecaminoso do homem é pecado — e nada mais. A salvação é o dom gratuito de Deus, por Jesus Cristo, e a operação dela é sobrenatural. É realizada pelo próprio Senhor e Ele tem poder para fazê-lo, por mais fraco que o pecador possa ser, ou melhor, por mais morto que esteja no pecado. Como filho de Deus, posso dizer hoje à noite, que—

*"Em uma vida que não vivi,*
*Em uma morte que não morri,*
*Aposto toda a minha eternidade."*

Você que seria salvo deve fazer o mesmo — deve olhar para fora de si mesmo e fitar Aquele a quem Deus exaltou para se tornar Príncipe e Salvador aos filhos dos homens. O Cristo atendeu à situação daquele homem, pois o Senhor era capaz de fazer por ele qualquer coisa que necessitasse. Meu caro ouvinte, Ele atende à sua causa também, pois Jesus pode fazer para você qualquer coisa que seja necessária. Entre esta Terra e a porta do Céu, jamais haverá qualquer necessidade que Ele não possa suprir, ou qualquer ajuda solicitada que Ele não esteja pronto a prover — pois Ele tem todo o poder no Céu e na Terra.

Em seguida, *o Senhor pode fazer mais por você do que você lhe pedir*. Aquele pobre homem jamais pediu algo a Cristo, a não ser com seu olhar e por estar deitado ao lado do tanque. Se você sentir esta noite como se não pudesse orar, se tiver necessidades que não consegue descrever, se houver algo necessário e você não souber exatamente o que, Cristo pode lhe conceder. Você saberá o que precisa assim que o receber, mas talvez agora, em Sua misericórdia, Ele não lhe permita conhecer todas as suas necessidades. Eis aqui a questão: Ele "é poderoso para fazer infinitamente mais do que tudo quanto pedimos ou pensamos". Que Ele possa fazer isso em você esta noite! Receba conforto advindo da cura do homem enfermo. Valorize a esperança e diga: "Por que Ele não me curaria?".

Bem, a maneira que Cristo agiu foi muito surpreendente. *Ele agiu através de uma ordem;* não é uma forma que você e eu teríamos escolhido — nem uma forma que alguns cristãos nominais aprovariam. O Senhor disse ao enfermo: "Levanta-te". Esse homem não podia se levantar. "Toma o teu leito". Ele não podia carregar o seu leito. Há 38 anos ele estava preso ao seu leito. "Toma o teu leito e anda". Anda? Ele não podia andar. Ouvi alguns opositores dizerem: "Aquele pregador diz às pessoas, 'Creiam'. Elas não podem crer. Ele as ordena, 'Arrependam-se'. Elas não podem se arrepender". Ah, bem, nosso Senhor é a nossa referência e Ele disse àquele homem, que não podia se levantar, que carregasse o seu leito e andasse: "Levanta-te, toma o teu leito e anda". Esse era o modo de Jesus exercer o Seu poder divino. E essa é a maneira como Cristo salva os homens hoje. Ele nos fornece fé suficiente para dizer: "Ossos secos, ouvi a palavra do Senhor!". Eles não podem ouvir. "Assim diz o Senhor, ossos secos, vivam!" Eles não podem viver, mas eles ouvem e vivem, e, enquanto agirmos pela fé, emitindo uma ordem que parece ser absurda e irracional, a obra de Cristo será realizada por essa palavra. Ele não disse no passado, na escuridão, "Haja luz"? Para o que o Senhor pronunciou essa palavra de poder? Para a escuridão e para o nada! "E houve luz.". Agora Ele fala ao pecador: "Creia e viva". E o pecador crê e vive. Deus deseja que os Seus mensageiros em fé deem Sua ordem para que o pecador saiba que ele não tem força para obedecer, que é moralmente perdido e arruinado, e digam-lhes em nome do Deus eterno: "Assim diz o Senhor: Levanta-te, toma o teu leito e anda". Cada um de vocês creia, arrependa-se, converta-se e seja batizado em nome do Senhor Jesus Cristo. Esta é a maneira como o poder de Cristo flui aos filhos dos homens. Ele disse ao homem com a mão ressequida: "Estende a tua mão", e ele o fez. E Ele diz aos mortos "Saí daí", e eles saem. Suas ordens são atendidas com exatidão — e onde as Suas ordens são fielmente anunciadas, o Seu poder se manifesta por meio delas — e homens são salvos.

Encerro com uma observação. *Em obediência, foi concedido poder.* O homem não parou e argumentou com Cristo dizendo: "Levantar-se? O que quer dizer com isso? O Senhor parece um amigo, mas vem aqui para zombar de mim? 'Levanta-te'? Estou deitado aqui há 38 anos, e me diz para levantar-me? Pensa que não houve um minuto sequer nesses 38 anos que eu não buscasse o prazer de me levantar se pudesse? No entanto, me diz: 'Levanta-te, e pega o teu leito. Coloca nas costas o tapete no qual te deitas'. Como posso fazer isso? São 38 anos em que não posso levantar sequer meio quilo e me ordena que eu coloque nas costas este tapete no qual me deito. Faz de mim alvo de gracejos? 'E anda'? Como assim? Andar? Ouçam-me, vocês doentes ao meu redor, Ele me diz para andar! Mal posso levantar sequer um dedo, mas Ele me ordena a andar!". Dessa forma, aquele homem poderia ter argumentado, e teria sido algo muito lógico — mas o Salvador teria se convencido de ter falado palavras vazias.

Em vez de falar assim, antes que Cristo lhe dissesse: "Levanta-te", ele quis levantar-se. E, como ele desejou levantar-se, aquele enfermo moveu-se para se levantar e levantou-se para seu próprio espanto. Ele levantou e, abaixando-se, enrolou seu leito, ao mesmo tempo cheio de admiração; cada parte de seu corpo regozijava-se enquanto o enrolava e o colocava em seu ombro com rapidez. Para sua surpresa, descobriu que as juntas dos seus pés e pernas podiam mover-se, e ele caminhou imediatamente com o leito em seu ombro, e o milagre foi completo. Pare, homem, pare! Venha aqui! Bem, você teve forças para fazer isso sozinho? "Não, não eu. Fiquei deitado aqui 38 anos. Não tive força até que a palavra 'Levanta-te' veio a mim". "Mas você fez isso?". "Ó, sim, você pode ver que fiz! Levantei-me. Peguei meu leito e fui embora". "Mas você estava sob algum tipo de coação que o fez mover suas pernas e as mãos, não é mesmo?". "Ó, não! Fiz isso livre, alegre e prazerosamente. Obrigaram-me a fazê-lo? Meu caro senhor, bato palmas de alegria de pensar que pude fazê-lo. Não quero voltar para aquele antigo leito e ficar lá novamente — não eu". "Então o que você fez?" "Bem, mal sei o que fiz. Confiei em Alguém e fiz o que Ele me disse, e um estranho e misterioso poder veio sobre mim — essa é toda a história". "Agora, explique-a. Diga a essas pessoas tudo". "Ó, não!", diz o homem. "Sei que foi assim, mas não posso explicar. Uma coisa eu sei: antes eu era aleijado, agora posso andar. Antes eu era incapaz, agora posso carregar meu leito. Antes eu estava deitado lá, agora posso ficar em pé".

Não posso explicar a salvação para você hoje à noite ou como ela ocorre, mas me lembro de que, quando estava sentado no banco como um pecador desesperado que jamais viveu, ouvi o pregador dizer: "Olhe para Cristo e viva". Ele parecia me dizer: "Olhe! Olhe! Olhe! Olhe!", e eu olhei — e vivi. Naquele momento, o fardo do meu pecado se foi. Não estava mais aleijado pela incredulidade. Fui para casa como um pecador salvo pela graça, para viver, louvar o Senhor, e—

*"Desde que, pela fé, eu vi a graça*
*Fluindo de Suas feridas provedoras,*
*O amor redentor tem sido o meu assunto,*
*E será até morrer."*

Empolga-me o fato de ter tantos aqui esta noite que obedecerão à ordem do evangelho: "Creia e viva. Crê no Senhor Jesus Cristo e seja salvo". Ó, faça isso! Faça-o agora, e a Deus seja a glória, e para você a paz e a felicidade eterna! Amém e amém.

---

Este sermão foi pregado no Metropolitan Tabernacle, em Newington, na noite de 16 de fevereiro de 1890.

# 9

# ERA JESUS,
# NÃO UM FANTASMA

*E os discípulos, ao verem-no andando sobre as águas, ficaram aterrados e exclamaram: é um fantasma! e, tomados de medo, gritaram* (Mateus 14:26).

Alguns dos nossos maiores consolos perdem-se por falta de percepção clara. Que consolo poderia ser maior para os discípulos sacolejados pela tempestade do que saber que o seu Mestre estava presente e vê-lo manifestamente revelado não só como Senhor do mar, mas também da terra? No entanto, por não o discernirem claramente, eles perderam o consolo incomparável; o que é pior, às vezes a escuridão de nossa percepção tornará até mesmo o consolo mais raro em fonte de medo! Jesus veio, e, em Sua vinda, o sol de alegria dos discípulos surgiu, mas eles não perceberam que era Jesus. Pensando que fosse um fantasma, alarmaram-se cheios de pavor e gritaram. Jesus era seu melhor amigo, mas eles estavam com muito medo, como se ele fosse o arqui-inimigo; Cristo caminhando sobre as ondas deveria ter acabado com todo medo, mas, em vez disso, o confundiram com um fantasma que aparece no meio da tempestade, pressentindo o mal mais sombrio! Eles estavam cheios de espanto por aquilo que deveria tê-los elevado com júbilo! Ó, o benefício do colírio celestial pelo qual os olhos são limpos! Que o Espírito Santo limpe nossos olhos com isso; ó, as excelências da fé que, como o telescópio, traz Cristo para perto de nós e nos permite vê-lo como Ele é! Ó, a doçura do caminhar próximo a Cristo e conhecê-lo com convicção de forma clara e confiante, pois isso nos daria o consolo que agora não temos e imediatamente removeria de nós a angústia que hoje desnecessariamente nos aflige.

O assunto sobre o qual eu gostaria de lhes falar será demonstrado, se eu, primeiramente, fornecer-lhe um esboço dele. O primeiro tópico será este: *É um erro muito comum transformar Cristo em um fantasma;* o segundo: *Estamos mais aptos a fazer isso quando Jesus está mais evidentemente revelado;* o terceiro: *Disso procedem nossas maiores tristezas;* e, por último: *Se pudéssemos ser curados desse mal, Jesus subiria muito na nossa estima, e muitos outros benditos resultados certamente o acompanhariam.*

## 1. É UM ERRO MUITO COMUM TRANSFORMAR CRISTO EM UM FANTASMA.

Há alguns que fazem de Cristo um fantasma! Quero dizer que eles assumem que Ele é seu Salvador, mas isso é apenas uma ilusão; eles sonharam assim; entusiasmaram-se até um alto grau de credulidade presunçosa; convenceram-se com consolo ilusório e fazem de seu sentimento *entusiasta*, ou *imaginação*, seu Cristo. Eles não são salvos, mas pensam que são; não conhecem a Jesus; não são espirituais; não são Suas ovelhas; não são Seus discípulos, no entanto, colocaram alguma coisa diante dos olhos de sua mente que consideram ser Cristo, e seu ideal de Cristo, que é apenas um fantasma, é Cristo para eles. Esse é um erro terrível! Que Deus nos livre disso e que nos conduza a conhecer o agir e a verdade do Senhor pelo ensino do Espírito Santo, pois conhecer Jesus é a vida eterna. Mas um erro igual e provavelmente mais comum é tornar Cristo um fantasma; mais ou menos todos nós já erramos em relação a isso. Deixem-me lhes mostrar isso para reprovação e instrução.

Primeiro, frequentemente fazemos isso *em relação ao pecado e como o purificamos!* Nosso pecado nos parece, quando estamos convencidos disso, muito real. É de fato real — nossas ofensas contra Deus não são imaginárias, temos realmente provocado Sua ira, e Ele está zangado conosco todos os dias. A mancha do pecado não está apenas na superfície; a lepra é bem profunda. O pecado é um mal horrível, e, quando conseguimos ver a realidade e a odiosidade dele, o nosso espírito se afunda em nosso interior, mas ó, que coisa gloriosa é quando podemos, com igual nitidez, ver a purificação do pecado que Cristo confere a todos os crentes pelo Seu precioso sangue! Ver o escarlate e chorar sobre ele é bom, mas ver o mesmo escarlate desaparecer no branco puro do sacrifício expiatório é melhor. Você já teve uma percepção tão clara do segundo como teve do primeiro? É uma grande bênção quando Deus faz o pecado ser experimentalmente pesado para você, para que o sinta; mas é uma bênção ainda maior quando o sangue expiatório é tão vividamente percebido, permitindo-o ver o suor de sangue do Getsêmani, e o derramamento da vida do Redentor no Calvário, e as agonias desconhecidas pelas quais a culpa foi totalmente expiada diante do trono eterno. Meus irmãos e irmãs, quando estamos sob aflição da alma — ou mesmo após a nossa primeira condenação —, quando o pecado retorna de forma pesada sobre o nosso espírito, nossos temores, terrores e pavores são bastante reais! Ninguém se atreve a nos dizer, então, que estamos em um estado de animação nervosa devido a uma ficção; nosso perigo, então, está bem diante de nós, tão claramente como as labaredas estão diante de alguma pobre pessoa presa em uma casa em chamas; temos certeza do perigo, nós o vemos, percebemos e sentimos no cerne de nossa natureza! Mas há salvação oferecida pelo Redentor! Ele carregou o nosso pecado sobre si; Ele sofreu o castigo por causa do nosso pecado; Ele tirou o pecado. Por crer nele, nosso pecado se foi! Temos o direito à paz; estamos totalmente garantidos diante de Deus e podemos perguntar: "Quem intentará acusação contra os eleitos de Deus?".

O que queremos é não pensar nisso como produto de um sonho, que pode ser ou não, mas entendê-lo como um *fato* tão certo quanto a nossa angústia e o pecado que a causou. Não devemos olhar para o Salvador através da tempestade e enxergá-lo como se Ele fosse um fogo-fátuo, uma coisa fantasmagórica, enquanto a tempestade que nos rodeia é real — mas enxergar um Salvador *real* para um pecado *real*, e regozijar-se no perdão *real*, um perdão que sepultou todos os nossos pecados; uma salvação real, uma salvação que firmou nossos pés sobre uma rocha fora do alcance do mal. Amados, se chegamos a esse ponto sobre o pecado, devemos ter menos gemidos, ou, se há muito gemidos, entretanto, deveríamos ter ainda mais júbilo. Lamentamos pelo pecado, arrependemo-nos dele e fazemos bem; espero que seja assim até chegarmos às portas do Céu; nosso lamento e arrependimento pelo pecado nunca será demais. Mas, ao mesmo tempo, não devemos lamentar tanto o pecado a ponto de esquecer que Jesus morreu e desse modo cancelou toda nossa culpa! Não, com cada nota de lamento, eleve a corda alegre de triunfo, pois a iniquidade se foi. Cristo acabou com a transgressão, deu um fim ao pecado, e aquele que nele crê não é condenado, e jamais poderá ser, por toda a eternidade!

As mesmas observações são aplicáveis *à questão de nossa aceitação por Deus, depois de nosso perdão*. Queridos irmãos e irmãs, se é que posso falar pelo restante de vocês, nossas deficiências no dever cristão são, com frequência, dolorosamente muito verdadeiras à nossa alma. Não podemos pregar um sermão, ou oferecer uma oração, ou dar esmolas, ou fazer qualquer serviço para o nosso Senhor, mas o que sentiremos, quando tudo estiver feito, é que somos servos inúteis! As falhas e as imperfeições do nosso serviço nos olham fixamente, e não há um dia sequer de nossa vida em que não sejamos obrigados a dizer que o que fazemos como cristãos é insuficiente. Na verdade, somos levados, por vezes, a questionar se somos cristãos ou não e, com razão, ficamos ansiosos quanto à veracidade da nossa profissão de fé. Quando nos achegamos à Mesa do Senhor e examinamos a nós mesmos, encontramos muitas causas de inquietação e muitos motivos para tremor de espírito. Olhando através de todo o curso de nossa vida cristã, a vergonha deve cobrir nossos rostos; temos boas razões para declarar: "Não a nós, mas ao teu nome dá glória". Não podemos nos considerar capazes de receber *qualquer* glória: a nossa vida tem sido tão inglória, tão indigna e merecedora do inferno. E há alguns cristãos a quem esse estado de coisas é muito, muito, muito, muito dolorosamente evidente; eles têm um espírito desanimado, muito dado à introspecção e às suas corrupções interiores, e as demonstrações exteriores delas causam inquietação e alertas contínuos.

Meus irmãos e irmãs, há tanto de bom sobre tudo isso que quem o condenará? Mas, ao mesmo tempo, o equilíbrio sagrado da alma deve ser mantido. Minhas imperfeições são reais? Igualmente real é a perfeita justiça de Jesus Cristo, na qual todos os crentes sempre estão firmados! As minhas orações são imperfeitas? Sim, mas igualmente perfeito e prevalente são as orações e intercessões do meu grande Advogado diante do trono! Estou contaminado com o pecado e, portanto, digno de ser rejeitado? Isso é verdade? Igualmente verdade é que em Cristo não há pecado! E Seus méritos eternos têm valor diante do bendito Pai e me substituem tão bem quanto Ele, meu representante e fiador, diante do trono! Sim. Sou indigno, mas sou aceito no Amado. "Estou poluído com o pecado. Sim", diz o crente, "é isso mesmo"; acrescenta-se, porém, a seguinte frase, "no entanto, sou formoso". Igualmente certo é que somos formosos, sim; aos olhos de Deus, somos "sem mácula, nem ruga, nem coisa semelhante".

Como Jeová nos vê em Cristo Jesus, Ele não contempla nenhuma iniquidade em nós! Cristo retirou nossas máculas e nos fez formosos em Sua Formosura. Ele vê tudo o que é belo em nós; Cristo nos concedeu Sua própria beleza. Por Ele, este dia de Deus é feito para nós sabedoria, justiça, santificação e redenção. Tudo o que precisamos está em Cristo; nossa posição está segura nele, e o amor do Pai para conosco vem a nós sem restrição a qualquer momento, apesar das nossas falhas e fracassos, por meio da perfeita aceitação do Amado! Agora, não encubra esse fato; não olhe para o Senhor, a sua justiça, como um fantasma; não clame como se você considerasse que a Sua obra fosse algo impalpável que consola os outros, mas não pode consolá-lo. A obra de Jesus é a maior de todos os fatos. Compreenda-a pela fé e confie nela como tal!

O princípio aplica-se em seguida *ao assunto da santificação*. Muito real e próxima de nossa alma, meus amados, está a carne. Ela nos faz gemer diariamente, sobrecarregando-nos. Nossa corrupção nos confronta — estes inimigos de nossa própria casa nos preocupam muito para nos deixar esquecê-los. As nossas tentações também são muito claras para nós — elas esperam por nós em todos os cantos. E o conflito interior que vem da nossa natureza decaída, e as tentações de Satanás e do mundo, isso também é muito claro. Não podemos duvidar de nossos conflitos mais do que o soldado ferido duvida da crueldade da batalha. Todas essas coisas estão sempre diante de nossos olhos para nossa tristeza, mas eu receio que aqui, também, Cristo Jesus é muitas vezes para nós como uma mera aparição e não como um participante real em nossos conflitos espirituais. Você não sabe, amado, que Jesus Cristo é movido por terna compaixão por você em todas as suas tentações? Você não entende que Ele preparou provisão para você em todos os seus conflitos para que você possa certamente vencer? Você não espera agora dizer: "Venci por meio do sangue do Cordeiro"? Será que você não gritará a nota antecipatória de triunfo: "Graças a Deus, que nos dá a vitória por intermédio de nosso Senhor

Jesus Cristo"? Você tem corrupção interior — isso é um fato, mas Cristo gerou em você a esperança da glória — isso é igualmente um fato. Há em você o que o destruiria, mas há também o que foi implantado em você que *não pode ser destruído* — isso é igualmente verdadeiro. Você é, no primeiro Adão, feito imagem do que é terreno — sobre isso você lamenta; mas, no segundo Adão, Cristo já começa a carregar a Imagem do celestial, e você a carregará integralmente em pouco tempo! Você não entende isso? Infelizmente, não lançamos mão dessas coisas, não conseguimos dizer, como o apóstolo João: "o que temos ouvido, o que temos visto com os nossos próprios olhos, o que contemplamos, e as nossas mãos apalparam, com respeito ao Verbo da vida". Acontece muito conosco de essa ser uma doutrina aceita porque ela nos foi ensinada, uma matéria a ser recebida porque algumas pessoas a vivenciaram, mas acontece muito pouco de ela ser objeto de uma *experiência* interior vivida. Para que entendamos, através de percepção abençoada, que é assim: que o Espírito Santo enviado do Pai está EM NÓS e CONOSCO, e que Cristo vencerá nosso pecado em nosso interior pelo poder da água purificadora que fluiu com o sangue do Seu lado e livra-nos do *poder* do pecado tanto quanto Ele já nos salvou da *culpa* pelo pecado — isso é, de fato, uma experiência celestial.

Não devemos nos esquecer de ilustrar esse estado de espírito através também da condição de muitos santos quando *sob provação*. Quantas vezes quando as tempestades vêm e nosso pobre barco está se enchendo, damo-nos conta de tudo menos do que deveríamos! Somos como os discípulos no mar da Galileia; o barco é real; ah, como as madeiras rangem! O mar é real; como as ondas vorazes se elevam para destruí-lo! Os ventos são reais; veja como as velas ficam em tiras, como o mastro se enverga como um arco! O desconforto deles é real; todos eles molhados, encharcados e com frio! O perigo é real; o barco deve certamente afundar com todos a bordo. Tudo é real, exceto o Mestre andando sobre as ondas! E, no entanto, amados, não havia nada tão real em toda aquela tempestade como o Mestre; tudo mais poderia ser uma questão de engano para eles, mas Jesus era real e verdadeiro; tudo mais mudou, e passou, e tornou-se calmo — mas o Senhor permaneceu o mesmo. Agora observe com que frequência estamos em uma condição semelhante. Nossas circunstâncias miseráveis: o armário de comida vazio, nossa fraqueza física, a perda daquele querido filho, ou pai, ou mãe; todas as angústias que nos aguardam, o temor da falência, ou da pobreza — tudo isso parece real. Mas esta palavra "Eu sou contigo" certamente aparece muitas vezes em tais circunstâncias para ser uma questão de convicção, e não uma questão de *percepção*. E a promessa de que "todas as coisas cooperam para o bem daqueles que amam a Deus, daqueles que são chamados segundo o seu propósito", não nos atrevemos a negá-la, mas não somos consolados por ela ao nível que deveríamos ser porque não nos apropriamos dela, não a compreendemos, não a *conhecemos*! Os consagrados rapazes no fogo sabiam que estavam no fogo, mas eles estavam a salvo porque também sabiam que o Filho do Homem estava lá com eles; e assim na fornalha você sabe que "toda disciplina, com efeito, no momento não parece ser motivo de alegria, mas de tristeza". Mas saiba igualmente que onde Jesus estiver, a *provação* é abençoada, e a *aflição* tem em si doçura desconhecida!

Ilustrarei isso somente em dois outros pontos. Meus queridos, na questão da *morte*, não sei se vocês todos conseguem pensar na morte sem tremor; receio que não haja muitos de nós que consigam. É muito fácil cantar quando estamos aqui aos domingos regozijando-nos com todos os nossos irmãos e irmãs—

*Permaneço às margens turbulentas do Jordão*
*E lanço um olhar desejoso.*

Receio, receio, receio que preferimos, afinal de contas, viver a morrer. Um missionário me contou a história de uma idosa negra na

Jamaica que costumava estar sempre cantando: "Anjo Gabriel, venha e leve a Tia Betsy ao lar da glória". Mas, quando um perverso bateu à porta na calada da noite e lhe disse que o anjo Gabriel estava vindo para buscar a Tia Betsy, a senhora idosa exclamou: "Ela mora ao lado!". Receio que possivelmente fazemos o mesmo; embora pensemos que desejamos que o fluxo das águas do Jordão se interrompa para que possamos passar à outra margem, permanecemos na margem tremendo! É assim. Temor deixar os arredores calorosos desta morada de barro; lançamos muitos "olhares saudosos e persistentes". Mas por que isso? É tudo porque nos damos conta do leito de morte, do suor da morte, das dores, dos olhos vidrados; frequentemente nos damos conta do que nunca se torna realidade, mas não percebemos o que com certeza são realidades, a saber, os cuidadores angelicais ao lado do leito, esperando para agir como uma escolta de nosso espírito através de lugares desconhecidos do mais puro alívio! Não percebemos a presença do Salvador recebendo os santos em Seu peito para que descansem lá até a trombeta do arcanjo soar. Realmente não compreendemos a ressurreição—

> *De camas de poeira e de barro silencioso,*
> *Para reinos de dias eternos.*

Se a compreendêssemos, então nossas canções sobre a morte seriam mais verdadeiras, e nossa prontidão para partir mais duradoura, pois o que é a morte? É uma picada de um alfinete na pior das hipóteses, muitas vezes nem isso — o fechar dos nossos olhos na Terra e o abrir deles no Céu! Tão rápida é a partida da alma do crente do corpo aqui à presença do Senhor lá, que a morte é quase nada — é tragada pela vitória! Ó, pela ação de Jesus, e a morte perderia todo seu aguilhão!

E mais uma vez, e esta é a última ilustração que darei sobre esse ponto, receio que no *serviço cristão* muitas vezes caímos no mesmo estilo de dúvida. Aqui está a aventura, e imediatamente, se formos sábios, percebemos as dificuldades; se somos algo mais do que sábios; exageramos essas dificuldades e concluímos que com os meios frágeis nunca seremos capazes de lidar com elas. Mas ah, por que é que tão raramente pensamos no Salvador vivo e presente, que é o Cabeça da Igreja? Calculem as forças da igreja se quiserem, mas não se esqueçam do item mais importante de todos: a onipotência do Senhor, seu Rei! Contem, se quiserem, todas as fraquezas de seus pastores e mestres, evangelistas e membros, mas, quando terminarem, não pensem que calcularam todos os seus recursos — vocês consideraram apenas os arredores! O corpo principal e a *força* da igreja encontram-se na plenitude da divindade que habita na pessoa de Jesus Cristo! O paganismo será real? O sacerdócio será real? O romanismo será real? Porventura a corrupção do coração humano e a alienação do ser humano serão reais? E não hei de igualmente perceber a onipotência de Cristo no reino do espírito, e o poder irresistível do Espírito Santo, que pode transportar os homens das trevas para a luz, e do poder de Satanás para Deus? Que Cristo não seja um fantasma para Sua Igreja! Em seus piores momentos, embora jogada de um lado para outro como um barco na tempestade, que Seu Senhor, que anda sobre as ondas, seja real para a Igreja, e ela fará e ousará justificadamente com valentia; e os resultados serão gloriosos!

**2.** Em segundo, o pior de tudo é que FAZEMOS COM QUE CRISTO SEJA MAIS FANTASMA QUANDO ELE É DE FATO MAIS CRISTO, mais realmente revelado como o Filho do Altíssimo.

Observem, meus queridos irmãos e irmãs, que, quando nosso Senhor Jesus Cristo andou pela areia da praia, nenhum dos Seus discípulos jamais disse: "É um fantasma". Nenhum deles disse: "É uma aparição". No entanto, eles não viram Cristo quando Ele andou pela costa, em *terra firme*; tudo que viram foi a Sua humanidade. Nada mais havia para ser visto de Cristo enquanto Ele andou por lá do que há para ser visto de qualquer outro — simplesmente um Homem, nenhuma divindade é revelada. Mas, quando Cristo andou sobre as ondas, houve mais de Cristo visível do que houve quando em terra; então, viram a Sua humanidade, mas também viram Sua divindade, Aquele que criou as ondas e que manteve Cristo sobre elas! Havia mais de Cristo para ser visto, e, ainda assim, viram pouquíssimo. Não é estranho que, onde Ele se revela mais, vemos menos? Onde Ele se revela mais claramente, nossos olhos incrédulos são mais incapazes de ver? No entanto, veja você; Cristo jamais é tão verdadeiramente Cristo em qualquer lugar como quando Ele age além do curso normal da Natureza. Ele é Cristo se coloca uma criancinha sobre o Seu joelho e a abençoa, porém mais de Cristo é visto quando Ele coloca Sua mão sobre a donzela e a ressuscita dos mortos, ou chama Lázaro para fora do túmulo. Ele é o Cristo quando fala uma palavra suave para um coração aflito, mas ó, que Cristo Ele é quando diz: "Ventos, se aquietem, e ondas, acalmem-se!". Em seguida, Sua glória é manifesta aos olhos fortalecidos da fé. Verdadeiramente Ele é mais Ele mesmo quando está mais acima de todos os outros — "porque, assim como os céus são mais altos do que a terra, assim são os meus caminhos mais altos do que os vossos caminhos, e os meus pensamentos, mais altos do que os vossos pensamentos". E, amados, nunca vimos Cristo, a menos que o tenhamos visto muito acima de todos os outros e agindo além dos limites da expectativa e da razão. O Cristo está parcialmente escondido quando Ele age como outro homem; o Cristo completo não aparece no curso ordinário de nossos afazeres; é no *extraordinário*, no incomum, no inesperado, que vemos a glória de Cristo e a vemos por completo. Então é por isso que mais nos recusamos a discernir e glorificá-lo quando Ele está mais manifesto. Permita-me explicar o que quero dizer. Cristo, andando sobre o mar, é o máximo do Cristo, e ainda assim Seus discípulos não o perceberam. Assim, no perdão de pecados muito graves, vê-se o máximo de Cristo; ainda assim, sempre que um homem cai em um grande pecado, isto é, um pecado vil na perspectiva dos outros, então ele diz: "Ah, agora não posso ser perdoado por isso". Bem, homem, Jesus é mais verdadeiramente Jesus quando Ele perdoa a iniquidade cruel! Acabar com suas pequenas transgressões — como você as considera; você acha que isso é tudo o que Ele veio fazer? Redimir apenas um pouco os que caíram e transgrediram? Ele é um pequeno Salvador para pequenos pecadores para ser pouco adorado? Ó, mas aqui Ele vem a ser Cristo em obras e em verdade, quando assassinatos sangrentos, adultérios obscuros, blasfêmias escarlates, e sujeira carmesim, são todos lavados pelo Seu sangue! Então o vemos como "um grande salvador", como Aquele que é "poderoso para salvar". Por que não o identificamos quando Ele perdoa abundantemente? Porque, meus irmãos e irmãs, o honramos como Ele deve ser honrado, se pensamos que apenas o sentimentalismo do pecado foi retirado por Ele? Se reconhecermos que a realidade, a impureza, a condenação do pecado é repudiada por Jesus e confiarmos nele quando nossos pecados parecerem mais negros, mais sujos, mais abomináveis, então realmente o honraremos e o veremos como o Cristo que Ele é!

Da mesma forma, novamente, *em grande aflição* da alma. Agrada a Deus, frequentemente, após a conversão permitir que as fontes das grandes profundezas de nossa corrupção sejam quebradas, e nunca nos sentimos antes como agora. Não esperávamos por isso e ficamos impressionados com a surpresa de nos vermos como tais corruptos, tais desonestos, tais coisas imundas; então, ao mesmo tempo, Satanás invadirá o coração com ferozes tentações e insinuações diabólicas, e infelizmente nosso espírito desconfiado imaginará que o próprio Jesus não pode nos ajudar em tal condição! Ó, homem, agora é a hora para a manifestação divina! Agora você *verá* o Cristo! Você supõe que o Senhor Jesus vem apenas para falar de paz àqueles que já têm paz, ou para dar paz aos que estão enfrentando uma perturbação insignificante de espírito? Homem, você acha que Jesus é supérfluo? Ou você imagina que Ele só é adequado para pequenas ocasiões? Envergonhe-se de tais insinuações, pois Ele reina nas alturas acima de terríveis tempestades. Governa sobre as maiores ondas e as inundações mais estrondosas, quando toda a nossa natureza está atormentada, quando nossas esperanças se acabam e nosso desespero é elevadíssimo; é em meio ao tumulto de tal tempestade que Ele diz: "Acalma-te, emudece", e estabelece uma calmaria. Creia no Cristo que pode salvá-lo quando as suas tentações mais ameaçarem engoli-lo! Não pense que Ele seja capaz de salvá-lo apenas quando você não estiver em situações extremas, mas creia que Ele será melhor visto quando suas maiores calamidades o acercarem!

Poderia selecionar muitos outros casos como ilustração, mas percorrerei mais um ou dois em uma breve revisão. Talvez estejamos enfrentando uma *provação severa e incomum* e precisemos de mais do que o sustento costumeiro, mas medrosamente dizemos: "Não posso esperar ser sustentado debaixo *desta* aflição". Ah, então, o seu Cristo é um fantasma! Se você o visse, saberia que não há nada difícil demais para Ele, que o sustento de uma alma — quando está no seu mais baixo ponto de escassez — é trabalho fácil para o consolador divino. E você se lançaria sobre Ele com fé e não agiria em relação a Ele como o faz agora. Sim, mas você precisa de grandes recursos para o presente momento de aflição; suas circunstâncias são tentadoras até o último grau; agora que você precisa de grandes recursos, não torne Cristo pobre e limitado em seu parecer; mas, em vez disso, diga como Abraão: "O Senhor proverá"! Abraão, em circunstância extrema, quando prestes a sacrificar seu filho por ordenança divina, descobre que Deus intervém, e o cordeiro é encontrado para o holocausto! Em sua pior pobreza, Cristo intervirá; Jesus provará ser, em si mesmo, o Senhor do Céu e da Terra, e você verá que nele habita toda a plenitude. Você só pode confiar em Jesus nos problemas pequenos e comuns? Sei que é doce recorrer a Ele em tais ocasiões, mas Ele é apenas um amigo comum e bom para protegê-lo de pequenas chuvas e caminhar com você quando um pequeno vendaval está soprando? Ele se recusará a estar com você em grandes tempestades, ou a atravessar em sua companhia o mar revolto? Ó, não diminua o Salvador tão miseravelmente! Não faça o papel do Redentor quando você mais precisa dele! Você tem a pobreza verdadeira, e uma cruz verdadeira, e dificuldades verdadeiras; bem, o Senhor será visto como fiel à Sua palavra, e Seu nome, Jeová-Jiré, através da escuridão de sua necessidade, deverá ser escrito como com letras de fogo!

Em tempos de *grande* perigo, mais uma vez, nós frequentemente murmuramos de maneira melancólica: "Agora, não seremos preservados; Cristo nos sustentou até agora, e cremos que Ele o faria também se as circunstâncias de hoje não fossem piores do que as dos tempos idos; mas *agora* estamos extremamente tentados, *agora* estamos violentamente acometidos, *agora* nossas tristezas multiplicam-se — Ele nos ajudará *agora*?". Você se atreve a perguntar *"Ele ajudará?"* quando sabe que Ele não pode mudar? Você ousa dizer *"Ele pode?"* Há alguma coisa muito difícil para o Senhor? Você vai transformar o seu Salvador em uma mera aparição? Ele é o verdadeiro Salvador — recline-se sobre Ele! Jesus lhe trará segurança — proteja-se com Seu escudo e afaste os dardos inflamados de você! Ele não o deixará, nem o abandonará! Grandes livramentos! Ah, imaginamos que isso jamais ocorrerá — "Jesus não agirá como antes", perversamente imaginamos; e, se isso acontecer, somos como Pedro, que não podia efetuar sua fuga da prisão; ele sabia que os santos haviam orado por ele, mas, quando foi liberto do cárcere e se viu nas ruas da cidade, não podia ver que aquilo era real! Ele "não sabendo que era real o que se fazia por meio do anjo; parecia-lhe, antes, uma visão". Muitas vezes, antes de Deus nos livrar, dissemos, "não pode ser" — nosso Cristo era apenas um fantasma! E, quando Ele nos *livra*, dizemos: "Não entendo isso; estou espantado". O fato é que não compreendemos tanto de Cristo para termos certeza de que Ele é real, presente, poderoso e gracioso! Ou, se compreendêssemos, receberíamos até mesmo os Seus maiores livramentos como prova natural de Sua bondade e grandeza — assim como a fé deve esperar! "Não é surpreendente que Deus ouviu minhas orações e foi tão gracioso comigo em misericórdia?", perguntou alguém. "Não", disse uma santa anciã cuja longa experiência lhe ensinara mais do Senhor, "isso não me surpreende; é apenas o Senhor — é a Sua maneira de agir com o Seu povo". Ó, sentir que essa grande misericórdia é Sua forma de agir! Isto é o que devemos esperar de Deus — que Ele traga grandes livramentos, que ande sobre as águas de nossas tristezas e diga-lhes para se calarem em sua fúria! É uma fé bendita que nos permite reconhecer Jesus sobre as águas e dizer: "Sei que é Jesus; ninguém além de Jesus poderia agir tão maravilhosamente; poderia não tê-lo conhecido caso o tivesse visto operando de forma ordinária, ou viajando como um viajante comum; mas aqui, em meio a temporadas extraordinárias, esperava Sua ajuda. Se eu nunca o tivesse visto antes, esperava vê-lo agora; e agora eu o vejo, e não estou surpreso, embora *esteja* maravilhado! Procurei por Ele e sabia que, quando a minha necessidade dele era a maior, Sua vinda seria certa". Quando a fé ilumina os olhos da esperança com a luz de expectativa, a alegria não está longe!

Apenas acrescentarei que, se apenas percebermos Cristo, nossos grandes sucessos — que certamente virão sobre os inimigos espirituais interiores e sobre as dificuldades exteriores — mais uma vez nos provará, de forma infalível, a Sua legitimidade. Mas as probabilidades são de que pensaremos que Ele não é capaz de nos conceder essas grandes conquistas, e continuaremos a labutar desesperadamente onde deveríamos nos regozijar no Senhor.

Em relação ao nosso futuro final, muitas vezes pensamos que será difícil *morrer*. Tememos diante do trono do julgamento; lemos sobre o Dia do Juízo e pensamos: "Como hei de suportar?", esquecendo que conheceremos nosso Redentor melhor na morte do que antes! E, na ressurreição e na glória que se seguirão, o veremos mais claramente revelado do que agora; e, portanto, deveríamos pensar mais nele, e nos firmarmos nele em todas as grandes preocupações da eternidade com uma fé grande, confiante e pura como a de uma criança.

**3.** Agora vamos ao terceiro ponto: NOSSAS MAIORES TRISTEZAS SURGEM POR TRATARMOS NOSSO SENHOR COMO SENDO IRREAL.

Sofremos tanto com os nossos problemas porque enfraquecemos, vaporizamos e afastamos nosso Senhor e o tornamos frequentemente um mito em vez de nos apegarmos a Ele com uma fé inteligente, prática, firme e concreta; pois, irmãos e irmãs, é uma causa triste de problemas termos um Redentor fantasma, um Salvador que não pode realmente perdoar pecados quando se trata de *grandes* pecados; um Salvador que nos dá apenas um pouco de esperança indefinida sobre nossa culpa, mas não a retira literalmente. Esta é a sementeira de todos os tipos de ervas daninhas malignas. Não me admiro que você esteja atormentado por dúvidas e medos, se você ainda não percebeu o Cristo! Ó, que todos vocês aprendam a cantar com Hart estas preciosas linhas—

*Há um homem, um verdadeiro Homem,*
*Com feridas ainda abertas,*
*Da qual ricos fluxos de sangue correram uma vez,*
*Nas mãos, nos pés e no lado.*
*(Não é nenhuma imaginação de nossos cérebros,*
*Nenhuma metáfora falamos;*
*O mesmo querido Homem no Céu agora reina,*
*Que sofreu em nosso favor).*
*Este Homem maravilhoso, do qual falamos,*
*É verdadeiramente o Deus Todo-Poderoso;*
*Ele comprou nossa alma da morte e do inferno,*
*O preço, o sangue de Seu próprio coração.*

Tenham cuidado, meus irmãos e irmãs, de descansar contentes com nada menos do que a fé em um Mediador verdadeiro, literal e vivo — pois nada, a não ser a realidade, será de alguma utilidade para você no assunto. Claro que você não encontrará consolo com um Salvador fantasma de pecados legítimos, uma aparição de um Redentor para a verdadeira escravidão. De que serve a aparição de pão e a semelhança de água para os peregrinos famintos no deserto? Se você tem um ajudador fantasma para inimigos reais, você está em situação pior. Se o seu Salvador não o sustenta verdadeiramente e de forma prática em momentos de necessidade, e não supre suas necessidades, e não o consola quando está sob depressão, então, em que aspectos você está melhor do que aqueles que não têm nenhum ajudador? Verdadeiramente Jesus é um amigo; Sua graça, amor e presença não são fictícios — de todos os fatos, esses são os mais reais. Se eu tiver que transportar uma carga verdadeira e tiver um fantasma para me ajudar, na verdade, continuo sem ajuda; precisamos de verdadeiro poder, força e energia em nosso ajudador, e a fé enxerga tudo isso em Jesus, seu Senhor. Contudo você verá facilmente como as tristezas se multiplicam onde Jesus é pouco valorizado.

Além disso, para alguns Cristo não é apenas um espírito imperceptível por assim dizer, mas Ele é realmente um espírito indiferente, insensível; para os Seus discípulos no mar, Jesus parecia tê-los deixado à própria sorte, e muitas vezes imaginamos que nosso gracioso Senhor está desatento a nós. De qualquer forma, esquecemo-nos de que Ele está ternamente consciente de nossa situação. Não lhe ocorreu que, quando você estava tão pobre semana passada, Jesus estava ciente disso e se compadeceu de sua aflição? Você se esqueceu, querido irmão, de que, quando você estava tremendo enquanto vinha ao púlpito, Jesus sabia de seu temor e o sustentava ao mesmo tempo que ouvia o seu testemunho. Raramente nos lembramos que —

*Em cada dor que rasga o coração*
*O Homem de dores tem participação.*

Ah, bom marido, você sabia que sua esposa se condoeu de você; percebeu bem as lágrimas quando ela viu seu sofrimento; ah, cara criança, você sabia que sua mãe se entristeceu por você. Mas, se você apenas conhecesse a Cristo, saberia disto também: que Ele nunca lhe concede uma dor desnecessária, tampouco o prova com desnecessariamente; há uma razão para tudo, e Ele tem compaixão de você em tudo.

Muitos pobres pecadores até mesmo imaginam Jesus como sendo um Espírito *zangado* e gritam com medo; imaginam que Jesus esteja irado e que os rejeitará com indignação. Ah, vocês realmente não conhecem meu Salvador se acham que Ele rejeitaria alguém que viesse a Ele! Quando esteve na Terra, que verdadeiro médico de almas Ele foi! Jesus se misturava com os publicanos e pecadores; Ele não falava sobre eles como pessoas que deviam ser cuidadas, mas na verdade o próprio Jesus foi em busca deles, permitindo que uma mulher pecadora lavasse Seus pés com lágrimas e os enxugasse com seus próprios cabelos. Era provável que Ele tocasse pecadores enfermos com Seus dedos enquanto os curava; Ele não era um Salvador amador; Ele não veio a este mundo para nos salvar dos pecados e problemas imaginários; não há nada que seja mais ignorado, mas que deveria ser mais bem notado sobre o nosso Senhor, do que o Seu senso comum; Ele é totalmente desprovido de farsa e pretensão. Ele está sempre na história do evangelho tão real quanto as cenas da vida ao redor dele; Ele nunca o choca como sendo teatral e pretensioso. Que todos nós possamos sentir que Ele é de fato o Salvador amoroso, o Salvador terno e o Salvador eficaz para nós; que você possa conhecê-lo, possa percebê-lo — e, então, suas tristezas acabarão ou serão aceitas com ação de graças.

4\. Por último, SE PUDÉSSEMOS APENAS SERMOS CURADOS DESSE MAL DESESPERADOR, NOSSO SENHOR JESUS CRISTO TERIA UM LUGAR MAIS ELEVADO EM NOSSA CONSIDERAÇÃO, E MUITOS BENEFÍCIOS VIRIAM COMO RESULTADO.

Primeiro, você percebeu que, após os discípulos saberem que era Cristo, e Ele entrar no barco onde estavam, eles disseram: "Verdadeiramente és o Filho de Deus!"? Se você aceitar Cristo, o conhecerá na Sua pessoa como jamais o conhecerá por tudo o que eu possa lhe dizer, ou que possa ler sobre Jesus! Você uma vez leu sobre um homem; você viu sua semelhança no jornal "Illustrated News"; você ouviu as pessoas falarem sobre ele. Finalmente, você estava em sua companhia, sentou-se com ele e então disse: "Agora conheço o homem. Não o conhecia antes". Ó, se você pode aceitar Cristo, de modo a aproximar-se dele pela fé, você sentirá que agora começa a conhecê-lo em verdade, e, o que é melhor, você o conhecerá então com *segurança*. Os discípulos disseram: "Verdadeiramente és o Filho de Deus". Você foi convencido de que Ele é Deus por aquilo que encontrou nas Escrituras; mas, quando vem para vê-lo, quando Jesus se tornou *real* para você, a doutrina de Sua divindade não precisa de argumentos para sustentá-la; a verdade de que Jesus Cristo é Senhor está então entrelaçada em seu próprio ser! Ele é o Filho de Deus para você, e ninguém mais. O que aqueles discípulos marinheiros fizeram quando viram que era realmente Jesus que pisava sobre as ondas? Foi acrescentado: "Eles o adoraram". Você nunca adorará um fantasma, uma imagem, uma aparição; saiba que Jesus é real e imediatamente prostre-se diante dele! "Bendito Deus, bendito Filho do homem, vindo do Céu por *mim*! Sangrando por *mim*, firme na glória, suplicando por *mim*! Eu tinha pensado em ti e ouvi falar de ti, mas agora eu te vejo! O que posso fazer senão adorar-te?" É o entendimento a respeito de Cristo que produz devoção; é a nebulosidade dos nossos pensamentos sobre Ele que é a raiz de nosso estado de incredulidade mental. Que Deus nos dê um firme entendimento de Cristo, e instintivamente o adoraremos.

Eles não só adoraram a Cristo, mas o serviram. Sua adoração era tal que tudo o que Ele lhes ordenou que fizessem eles fizeram; e o barco foi direcionado para onde Ele disse até que alcançassem o outro lado, onde Ele desejava ir. Aqueles que aceitam a Cristo certamente o obedecem. Não posso obedecer aquilo que flutua diante de mim como uma nuvem, mas, quando vejo o homem, o Deus, e sei que Ele é uma pessoa tão real quanto eu mesmo — na verdade, uma existência como meu irmão, então, o que Ele manda fazer, eu faço. Minha obediência torna-se genuína na proporção em que o Mestre que a ordena torna-se verdadeira para minha alma. Então, queridos amigos, é assim que nos tornamos humildes em espírito. Nenhum homem percebe quem Cristo é sem também perceber quem é ele mesmo e se curvar em auto-humilhação. "Eu te conhecia só de ouvir, mas agora os meus olhos te veem. Por isso, me abomino e me arrependo no pó e na cinza". Mas com a humildade vêm uma profunda alegria e paz; com Cristo no barco, quando se sabe que Ele está lá, sorrimos para a tempestade; não importando se ela continua ou diminui, estamos igualmente em paz agora que entendemos que Cristo está conosco. Creio que tornar real seu Senhor é a principal coisa da qual os cristãos precisam. Primeiro, eles precisam de um Líder de verdade; eles precisam entender a realidade de Sua existência e sentir Seu poder efetivo. E era necessário que para isso Ele viesse aqui pessoalmente? Creio que não. Se fosse para Ele aparecer esta manhã nesta plataforma, e Seu servo escondesse sua cabeça, você diria: "Eis que visão gloriosa, lá está nosso Senhor!". Sei que suas cabeças se curvariam em adoração, e então abririam seus olhos e olhariam para Ele, e suas almas se alegrariam com a visão, e, em seguida, cada um diria: "O que posso fazer por Ele?". E se o Mestre condescendente desse a cada um de vocês permissão para vir e depositar ofertas aos pés do Crucificado, ó, que montes de tesouro seriam trazidos! Cada um sentiria: "Não tenho comigo o que desejo", mas diria: "Pegue tudo o que tenho, meu bendito Senhor, pois tu me redimiste com Teu sangue". Ele não é tão precioso a você agora, embora invisível? A fé não é uma capacidade tão poderosa quanto a visão? Não é "a convicção de fatos que não se veem"? O verso de Wesley não é verdadeiro?

*As coisas desconhecidas ao senso frágil,*
*Invisíveis pelos raios fracos da razão;*
*Com uma forte evidência dominante,*
*Sua origem celestial demonstra!*
*A fé empresta sua luz perceptiva,*
*As nuvens se dispersam, as sombras voam;*
*O invisível aparece à vista,*
*E Deus é visto pelo olho mortal.*

A fé não torna Jesus tão verdadeiro para nós como nossa visão o faria? Ela deveria; oro para que possa. E depois veja o quão verdadeira será a sua consagração, o quão abundante será o seu serviço, o quão pronta sua ação de graças, o quão abundantes suas ofertas! Que Deus lhe conceda graça para chegar a essa posição verdadeira, a vocês que são santos e a vocês que ainda são pecadores — pois ao aceitar o Cristo real, você terá a realidade de todo o bem! Que Deus lhe conceda isso por amor de Jesus. Amém e amém.

---

Este sermão foi pregado no Metropolitan Tabernacle, em Newington, na manhã de 2 de outubro de 1870.

# 10

# ONDE ESTÃO OS NOVE? ONDE?

*Então, Jesus lhe perguntou:
Não eram dez os que foram curados?
Onde estão os nove?* (Lucas 17:17)

Toda a narrativa relacionada ao texto é digna de uma leitura cuidadosa. Havia 10 homens leprosos que, de acordo com o antigo provérbio: "Diga-me com quem andas e te direi quem és", formavam um grupo e, devido à familiaridade do sofrimento, pareciam compartilhar uma amizade maior do que teriam experimentado se fossem saudáveis e capazes de compartilhar a fragrância das alegrias uns dos outros. O sofrimento mútuo pode ter suavizado alguns dos seus ressentimentos naturais, pois descobrimos que havia pelo menos um no grupo que era samaritano, enquanto os outros eram judeus. Bem, "os judeus não se dão com os samaritanos", entretanto, quando ambos são colocados à margem da sociedade, em sua enfermidade surge uma proximidade entre eles.

A calamidade comum também faz surgir amizades inusitadas. Esses homens, que, sob quaisquer outras circunstâncias, teriam sido inimigos mortais, tornaram-se companheiros sem nenhum problema — pelo menos até onde sua enfermidade lhes permitisse a concepção de conforto.

Você não observa em todos os lugares como os pecadores procuram estar juntos? Bêbados são criaturas gregárias — geralmente não bebem sozinhos. A canção lasciva dificilmente é doce a menos que vibre em muitas línguas. Na maioria dos tipos de folias que não são prudentes, sabemos que é a companhia que fornece o entusiasmo e produz a principal satisfação. Os homens parecem ter uma espécie de expectativa do momento em que eles ficarão juntos — alegremente evitam sua tristeza sombria ao se unirem enquanto ainda estão vivos! Ó, se os cristãos se unissem uns aos outros tanto quanto os pecadores o fazem! Eles esqueceriam suas diferenças, sejam eles judeus ou samaritanos, e caminhariam em amizade e amor! Se a doença em comum fez dos leprosos um grupo, a misericórdia em comum não deveria nos unir uns aos outros ainda mais?

Bem, aconteceu que todos esses 10 leprosos concordaram ao mesmo tempo em ir a Cristo, o grande Médico. Ó, que misericórdia é quando todo o hospital cheio de pecadores concorda em ir a Cristo imediatamente! Lembro-me de que nunca posso olhar para trás, a não ser com prazer para o momento em que um grupo inteiro de amigos que eram simplesmente mundanos, pessoas sem religião, e costumavam se reunir constantemente foi todo movido por um desejo de ir à Casa de Deus. E aprouve a Deus mirar na direção deles de tal forma que a maioria foi trazida para baixo do Poder Divino! Alguns deles, que estão sentados aqui agora, lembrar-se-ão muito bem das vezes que costumavam fazer convites para se juntarem em festas nas noites de domingo! Mas agora eles estão conosco, e alguns são os membros mais úteis e fervorosos que temos em nossa igreja! É algo grandioso quando todos os 10 leprosos concordam em ir juntos.

Será melhor ainda quando todos eles forem curados e nenhum se lamentar por ter sido negligenciado!

Esses leprosos se tornaram um exemplo para nós, pois foram a Jesus. A doença deles era imunda e repugnante. Eles a sentiam assim. Sua própria sociedade não podia suportá-los — precisavam de saúde e nada mais do que a saúde perfeita os contentaria. Como foram a Jesus? Primeiro, foram diretamente, porque está escrito na narrativa que, assim que Cristo entrou em uma aldeia, esses leprosos começaram a gritar. Eles não esperaram até que o Senhor entrasse na casa mais próxima, e se assentasse, e comesse, e bebesse alguma coisa. Não, mas eles o encontram na entrada da aldeia e emboscam-no nos portais. Não podiam parar — nenhum atraso, nenhuma procrastinação poderia impedi-los! Ó pecador leproso, vá a Cristo imediatamente! Vá agora, não espere até sair do santuário! Não espere até o sermão terminar! Está escrito: "Hoje, se ouvirdes a sua voz, não endureçais o vosso coração". Jovem, no limiar de sua vida, busque a Cristo! Vá agora, você que começou a adoecer. Vá agora, moça, agora que suas bochechas começam a empalidecer com a tuberculose. Vá agora, vá imediatamente, vá neste instante encontrar-se com o Salvador que cura!

Eles foram humildemente. Note que ficaram longe. Sentiram que não tinham o direito de se aproximar. É assim que devemos ir ao nosso Senhor em busca de misericórdia — conscientes de que não temos nenhuma reivindicação a fazer a Ele e, em pé, assim como o publicano, de longe, sem ousar levantar o olhar ao céu, devemos clamar: "Ó Deus, sê propício a mim, pecador". William Dawson certa vez contou esta história para ilustrar quão humilde a alma deve estar antes que possa encontrar a paz:

Em uma reunião de avivamento, um rapaz que estava acostumado ao sistema metodista — não conto a história por causa do Metodismo, mas por causa da moral — foi para casa até sua mãe e disse:

—Mãe, fulano de tal está convencido e busca pela paz. Mas ele não a encontrará esta noite, mãe.

— Por que, William?, ela perguntou.

—Mãe, porque ele está ajoelhado apenas em um joelho e nunca terá paz até que se ajoelhe com os dois joelhos.

Bem, a moral dessa história, usando-a metaforicamente, é verdade. Até que a convicção de pecado nos leve a nos ajoelharmos em ambos os joelhos, até que sejamos completamente humildes, até que não tenhamos esperança, mérito, vanglória orgulhosa, não poderemos encontrar o Salvador! E devemos estar dispostos a não o abraçar como Maria santificada, mas ficar a certa distância como os leprosos impuros.

Observe com que sinceridade eles o procuraram. Clamaram com grande voz, ou melhor, eles "gritaram, dizendo: Jesus, Mestre, compadece-te de nós!". Eles imitaram uns aos outros. Um gritou com toda a força: "Jesus, Mestre, compadece-te de nós!". E outro pareceu dizer: "Isso não está alto o suficiente". E assim ele gritou: "Jesus, Mestre, compadece-te de nós!". Portanto, cada um forçou sua voz para que pudesse alcançar os ouvidos do Salvador. Não há ganho de misericórdia sem violência santa. "O reino dos céus é tomado por esforço, e os que se esforçam se apoderam dele". Você se lembra daquele homem cego que estava sentado na beira do caminho e, um dia, quando Jesus passou por ali, ouvindo o alarido da multidão passando, perguntou:

—O que é todo esse barulho?

—Jesus de Nazaré está passando, disseram.

O homem rapidamente percebeu que ali estava uma oportunidade para ele, então gritou com toda sua força: "Jesus, Filho de Davi, tem compaixão de mim!". Agora, Cristo estava no meio de um sermão, e alguns dos apóstolos, assim como alguns de nossos bons diáconos poderiam fazer quando houvesse um pequeno distúrbio, saíram do meio da multidão para dizer: "Silêncio, não faça barulho! Você atrapalhará o Pregador". Mas ele gritou: "Jesus, Filho de Davi, tem compaixão de mim!". "Fique quieto! O Mestre não pode atendê-lo". E outros amigos zelosos se reuniram em volta a fim de tirá-lo do caminho, mas ele clamou ainda mais: "Jesus, Filho de Davi, tem compaixão de mim!".

Bem, agora, é assim que devemos orar se quisermos obter misericórdia! Orações frias atraem rejeição. Não se obtém o Céu com súplicas mornas. Aqueçam suas orações em brasa, irmãos e irmãs! Clamem pelo sangue de Jesus! Clamem como alguém que quer prevalecer e, então, vocês prevalecerão!

Para não me demorar onde há muito espaço para longas observações, permita-me chamar sua atenção para a forma como Cristo curou esses 10 leprosos.

Há uma variedade singular nos métodos de cura de Cristo. Às vezes é um toque. Outra vez, barro e saliva. Em outras vezes, uma palavra. Desta vez, disse-lhes: "Ide e mostrai-vos aos sacerdotes". Eles não estavam limpos e poderiam, portanto, ter se virado e dito: "Que instrução tola! Por que devemos ir e apresentar nossa imundícia aos sacerdotes? Mestre, tu nos curarás ou não? Se fores nos curar, *então* iremos aos sacerdotes. Se não fores, é uma incumbência vã irmos aos sacerdotes para sermos novamente condenados à reclusão". Entretanto, eles não fizeram perguntas. Eram muito sábios para isso. Eles fizeram exatamente o que lhes foi dito e, embora estivessem brancos e longe de serem como homens cuja carne está sã, todos os 10 partiram em sua peregrinação rumo aos sacerdotes. E, indo eles, de repente, a cura aconteceu e foram limpos cada um deles! Ó, que bela imagem é esta do plano da salvação! Jesus Cristo diz: "Creia em Mim e viverá". Ó, não seja tolo! Não diga: "Mas, Senhor, cura-me e *então* crerei em ti". Não diga: "Senhor, dá-me um coração terno e *então* irei"; "Senhor, perdoa meu pecado, *então* te amarei". Mas faça o que Deus lhe ordena. Ele lhe manda confiar nele, então, faça o que Ele lhe pede — confie! E, enquanto você confia nele, enquanto estiver indo a Ele com a lepra branca ainda em sua pele, enquanto ainda estiver a caminho, Ele o curará! Você sabe que não somos salvos primeiro para só depois crermos em Cristo — essa pode ser a ordem da revelação da aliança de Deus, mas não é a ordem de nossa compreensão espiritual! Devemos, primeiramente, *crer*, assim como estamos —

*Todos profanos e impuros,*
*Não sendo nada além de pecado*

Devo crer que Jesus Cristo é capaz de me salvar. Devo confiar minha alma a Ele para que o Senhor possa salvá-la. E, ao fazer isso, encontrarei salvação! Peço-lhe para que não seja tão tolo a ponto de dizer: "Senhor, eu me oponho a esse procedimento". Não busque nenhum preparo desnecessário! Não hesite e não pare até se sentir pronto para ir ao Senhor —

*Não permitas que tua consciência te faça hesitar,*
*nem os ilusórios sonhos de tua aptidão.*
*Pois toda a aptidão que Ele requer de ti*
*é que sintas tua necessidade dele:*
*é o crescente feixe de Seu Espírito*
*que Ele te concederá!*

Vamos agora fixar nossa atenção mais de perto no texto. Creio que vejo esses 10 homens: estão marchando ao longo da estrada e, enquanto vão, são obrigados a usar um véu e a gritar enquanto marcham: "Impuro, impuro, impuro", de forma a alertar as pessoas de que há leprosos na estrada. De repente, enquanto seguem, um deles se volta para seu companheiro de sofrimento e diz: "Estou limpo". E o próximo diz: "Eu também!". E todos os 10 se viraram, olhando uns para os outros e cada homem, ao olhar primeiramente para sua própria carne e, em seguida, para a de seus companheiros, chega à conclusão de que todos eles foram curados em um instante!

—O que faremos?, diz um deles.

—Bem, dizem os outros, é melhor irmos aos sacerdotes e sermos oficialmente reconhecidos como purificados o mais rápido possível.

—Tenho uma fazenda, diz um, estou há muito tempo longe dela e eu deveria voltar.

—Ah, diz outro, e eu não vejo minha esposa há muitos dias. Deixe-me ir ao sacerdote e depois ir para casa a fim de encontrá-la.

—Ah, diz outro, tenho meus queridos filhos — espero em breve pegá-los no colo.

—Sim, diz outro, e eu quero me unir aos meus velhos amigos, voltar aos meus antigos companheiros.

Mas há outro que diz:

—Vocês não querem dizer que vão em frente, não é? Creio que devemos voltar e agradecer ao Homem que nos curou. Isso é obra de Deus e, se quisermos ir e agradecer-lhe no Templo, creio que devemos fazê-lo primeiro através do Homem que nos fez esse benefício: Cristo Jesus. Vamos voltar a Ele.

—Ó!, diz outro, Acho melhor não. Se não formos ao sacerdote imediatamente, nossos amigos não nos conhecerão novamente e será uma desgraça para nós, em anos posteriores, se eles disserem: "Aquele é João, o leproso. Aquele é Samuel, o leproso". Acho que seria melhor irmos ao sacerdote imediatamente, concluir isso e, em seguida, voltar assim que pudermos. Vamos ver, você vai para Betsaida, e você vai para Cafarnaum. Vamos voltar o mais silenciosamente possível e manter nossas bocas fechadas sobre isso. Essa é a nossa política.

—O quê?, diz o outro homem — e ele era samaritano — Fazer isso? Jamais se ouviu falar de tal amor como o que foi demonstrado a nós, e esse presente que recebemos deve ser retribuído com gratidão. Se vocês não retornarem, eu retornarei, disse ele.

E eles se viraram, e, talvez, riram dele por seu excesso de zelo, e um afirma:

—Nosso amigo samaritano sempre foi fanático.

—Fanático ou não, diz ele, recebi tal favor que nunca poderia retribuir, mesmo que contasse as gotas de meu próprio sangue. Portanto, voltarei ao Mestre, e me prostrarei a Seus pés, e o adorarei como Deus, reconhecendo que Ele realizou uma obra divina em mim.

Lá vai ele! Prostra-se aos pés de Jesus, adora-o como Deus e, com uma voz tão alta quanto a que clamara: "Senhor, tem piedade de mim", agora declara: "Glória, glória, glória ao Teu nome". E Jesus questiona: "Não eram dez os que foram curados? Onde estão os nove?".

Usarei a pergunta do Salvador com essa imagem diante de você e espero que possamos dar um relato satisfatório dos nove. A gratidão é algo muito raro. Se qualquer um de vocês tentar fazer o bem em prol da obtenção de gratidão, descobrirá que é uma das atividades menos profícuas do mundo. Se você puder fazer o bem, esperando ser *explorado* por ele, receberá sua recompensa, mas, se fizer o bem com uma expectativa de gratidão em troca, ficará amargamente desapontado. Se alguém for grato por qualquer coisa que você fizer, surpreenda-se com isso, pois a natureza do mundo é geralmente ser ingrato. Quanto mais você faz, mais você pode fazer, e, quando você tiver dado o seu melhor, seu amigo o esquecerá. *Infelizmente, em um sentido espiritual, isso deve ser verdade no que diz respeito aos cristãos!* Primeiro, abordarei essa esfera. Quantos há nesta Casa de Deus cujos pecados foram perdoados? Eles devem a Cristo a cura que é mais maravilhosa do que a de ser purificado da lepra! O Senhor os purificou, e estão salvos da morte e do inferno. Contudo, de todas as pessoas salvas neste mundo, quantas são as que nunca fazem nem mesmo uma profissão pública de sua salvação? Há poucas que vêm — eu poderia dizer apenas uma em cada dez? Elas são batizadas, oferecemos-lhes comunhão, agradecemos a Deus, e isso é bom, "mas onde estão os nove?", "Onde estão os nove?".

De vez em quando, um irmão que se tornou participante da Graça Soberana vem à frente e diz: "Estou do lado do Senhor". Bendito seja Deus por isso! Mas não há muitos que, como Saul, estão se escondendo entre a bagagem? "Onde estão os nove?". Ande pelas ruas. Viaje por esta grande cidade de Londres — devemos crer que não há mais cristianismo em Londres do que aquele que é evidente em nossas congregações? *Eu* não posso pensar assim! Espero que haja multidões de cristãos verdadeiros que nunca saíram e disseram: "Eu sou um seguidor do Cordeiro". Mas isso é certo? "Onde estão os nove?". Eles estão onde estão se saindo bem? Eles não estão no lugar dos covardes? Eles não estão se escondendo como desertores? "Onde estão os nove?". Como pode ser que eles não estão trazendo glória a Deus! Comprados com o sangue de Cristo, por que eles não reconhecem que são do Senhor? Sendo um com Ele secretamente, por que não se tornam um com Ele publicamente? Ele disse: "Se me amais, guardareis os meus mandamentos". Ó, vocês nove, onde estão?

Mas — para impactar a maioria de vocês — *daqueles que realmente fazem uma profissão, quão poucos há que suprem as expectativas!* A profissão de fé é feita, e eles se autodenominam de "o povo de Deus". E há alguns cristãos, especialmente alguns nas classes mais humildes da vida, cuja caminhada diária é o melhor sermão sobre religião que provavelmente possa ser pregado. Com que satisfação eu, muitas vezes, vejo muitas meninas pobres com suas agulhas lutando arduamente para ganhar o pão de cada dia, porém adornando a Doutrina de Deus ainda mais do que um bispo na tribuna! E como tenho visto alguns de vocês em outras posições, e observado a sua coerência de vida, a incorruptibilidade de sua honestidade — como vocês se destacam contra as tentações e não são nem influenciados por subornos, nem subjugados por ameaças! Isso é verdadeiro para muitos cristãos. Você os encontrará de vez em quando: homens que são como postes de luz, como São Basílio desejava ser, homens que refletem a imagem de Cristo. Assim que você os vê, não há necessidade alguma de perguntar: "De quem é esta imagem e inscrição?". Eles vivem como Jesus! Sua santidade, seu espírito amoroso, sua devoção, sua gentileza, tudo indica que eles são como o Salvador. Ah, isso é verdade sobre alguns, "mas onde estão os nove?", "Onde estão os nove?".

Aquele balcão de loja pode dizer onde alguns deles estão: enganando o público. "Onde estão os nove?". Alguns deles inconsistentes em sua caminhada — mundano com mundano, superficial com a luz e desperdiçando tempo, tão fútil e, tão apaixonado pelo prazer carnal como qualquer um! "Onde estão os nove?". Ó, irmãos e irmãs, se todos os que professam ser o povo de Deus realmente fossem coerentes com o que professam, que mundo maravilhoso seria este! Como o comércio mundial mudaria! Quão diferentes seriam sua mercadoria e seu tráfego! Como a aparência de tudo seria diferente! Como os pobres seriam abençoados, e os ricos felizes! Onde estaria seu orgulho? Onde o ambicionar de grande gentileza? Onde o seu desejo por tanto respeito à criatura e grandeza terrena? A coisa toda poderia desaparecer se nos tornássemos semelhantes a Cristo! No caso de alguns poucos, eles são livres deste mundo perverso, segundo a vontade de Deus. "Mas onde estão os nove?", "Onde estão os nove?". Permita que a sua consciência responda.

E em nossas igrejas, também, *quão poucos são os que, fazendo uma profissão religiosa, permanecem fervorosos!* Se você procura boas pessoas que vão frequentemente à igreja ou à capela, então compareça de vez em quando, só às vezes, e empenhe-se em visitar a Escola Dominical uma vez por ano. Compadeça-se dos pobres e necessitados, só não se comprometa financeiramente! Se você procura por pessoas boas que desejam todos os tipos de coisas boas, mas nunca as fazem, posso encontrá-las tão facilmente quanto encontro os ninhos de pássaros no inverno, quando as folhas caem das árvores! Mas, se você procura por aqueles que dão o corpo, a alma e a força para a causa de Deus, se tivesse mulheres que quebrassem o vaso de alabastro com unguento valioso para Jesus como Maria o fez, se tivesse aqueles que amam muito porque muito lhes foi perdoado, seria quase impossível encontrar um entre dez! E é muito provável que uma a cada dez será uma samaritana — aquela que, em seu estado anterior, estava cheia de pecado ou um homem que, antes de sua conversão, foi um dos mais vis entre os vis! É frequentemente nessa situação que você encontrará o amor puro e perfeito quando não conseguir achá-lo em qualquer outro lugar. Agradeço a Deus porque nesta congregação há muitos que com alegria e consistência doam de seus recursos ao Senhor — um em dez — "mas onde estão os nove?". Agradeço a Deus porque nesta congregação há muitos trabalhadores diligentes para que as Escolas Dominicais na vizinhança estejam supridas principalmente com a nossa congregação. Isso é bom, mas, "onde estão os nove?".

Agradeço a Deus por aqueles que vão às ruas e pregam, e por aqueles irmãos e irmãs que distribuem folhetos, ou procuram servir o seu Mestre de outras formas. Isso é nobre de sua parte, mas quantos fazem isso? "Onde estão os nove?" Convoque os membros da igreja, faça-os marchar à sua frente e deixe os olhos do oficial supervisionar as fileiras, e ele dirá: "Veja, lá está um que serve bem o seu Mestre. Ei, você, venha à frente. Um, dois, três, quatro, cinco, seis, sete, oito, nove, vocês podem continuar". Depois virá outro: "Este homem *realmente* vive para a causa de Cristo. Ei, você pode vir à frente também. Um, dois, três, quatro, cinco, seis, sete, oito, nove, vocês prossigam, pois não fazem absolutamente nada". Receio que a média seja ainda menor em algumas igrejas e eu poderia, se estivesse me dirigindo a algumas congregações, não somente dizer "Onde estão os nove?", mas "Onde estão as noventa e nove?, pois 99 dentre uma centena entre *alguns* que professam a fé não vivem para Deus com zelo, com fogo, com seriedade e com fervor! Não, meus irmãos e irmãs, quando vocês buscam homens como Brainerd. Quando trazem para as primeiras fileiras homens como Henry Martyn, evangelistas como Whitefield e Wesley, os incansáveis missionários da Cruz, como Robert Moffat ou John Williams, podem dizer depois de olharem para eles: "Sim, estes fazem o bem. Eles devem muito a Deus e vivem como se o sentissem". Mas onde estão os 99? Onde estão os 999? *Nós* todos devemos tanto quanto eles, mas ó, como fazemos pouco! O campo foi muito lavrado, muito regado e bem semeado, mas nós não produzimos 20 vezes, enquanto eles produzem 100!

"Onde estão os nove?" Venham agora, eu não gostaria de deixar esse ponto até que descobrisse alguns dos nove. Não são alguns dos membros da minha própria igreja os que nada fazem? Você não ajuda na Escola Dominical. Precisamos de um número de homens e mulheres jovens para ir para as Escolas Ragged, em Kent Street, para ensinar aos sábados, e essa é uma razão pela qual quero descobrir onde estão os nove. Há um nobre campo de trabalho em meio à pobreza e degradação da Rua Kent, e creio que nós, como igreja, deveríamos cuidar daquela localidade. "Onde *estão* os nove?" Não estou me dirigindo a alguns que nada fazem por Cristo? Quando irmãos e irmãs de vez em quando me perguntam: "Bem, senhor, o que *faremos*?", normalmente suspeito que sejam bastante preguiçosos, pois uma pessoa laboriosa logo descobre o quanto há para fazer em uma cidade como esta! Mas, se houver aqui presente algum dos nove, deixe-me chamá-lo. Por causa do seu próprio conforto, para o bem do mundo, por causa de Cristo, por amor de sua alma porque homens estão morrendo, o tempo está voando, a eternidade está se apressando, venha, peço-lhe, apresente-se, você que é um dos nove! A pessoa sente, às vezes, na perspectiva da morte, como o venerável Beda, que, quando estava quase terminando a tradução do Evangelho de João, disse ao jovem que estava escrevendo o que ele ditava: — Escreva rápido, escreva rápido, pois estou morrendo. Até onde você foi? Quantos versículos ainda restam?

—Tantos.

—Mais rápido, mais rápido, disse ele, escreva mais rapidamente, porque estou morrendo.

Quando finalmente o jovem disse: "Cheguei ao último versículo", o bom e velho homem cruzou os braços, cantou a Doxologia e adormeceu em Jesus! Rápido, irmão, rápido! Você nunca terminará o capítulo se não trabalhar e escrever rapidamente! Rápido, rápido, o seu tempo de morrer está tão perto e então, quando ele tiver acabado, se tiver trabalhado rapidamente para Cristo embora não seja pela dívida, mas pela Graça, você poderá dizer: "Agora, Senhor, podes despedir em paz o teu servo" e, com a Doxologia em seus lábios trêmulos, cantará a Doxologia em cordas mais doces no Céu!

Tendo assim tratado duramente aqueles que professam a religião, vou me dirigir *àqueles que receberam favores especiais de Deus*. Como os 10 leprosos, há muitos no mundo que tiveram favores muito especiais. Quantos estão presentes esta noite que tiveram febre, cólera, ou alguma doença que parecia ser fatal? Bendigo a Deus que, quando eu estava na última sessão com o que buscam unir-se à nossa igreja, um número muito considerável atribuiu sua conversão ao leito de enfermidade. Lá foram despertados e depois vieram à Casa de Deus —

*Para pagar os votos*
*Que suas almas em angústia fizeram.*

Sim, esses são os tipificados pelo samaritano! "Mas onde estão os nove?" Não há um deles ali debaixo da galeria, à direita, que quase se afogou no mar e só então prometeu que, se Deus o poupasse, viveria para o serviço do Senhor? Mas ele é um dos nove. Não há o outro que, além, de ser desenganado pelo médico, como Ezequias, virou o rosto para a parede e disse: "Senhor, deixa-me viver, e serei um homem diferente"? Mas, se alguma diferença houve, ele mais piorou do que melhorou! Há outro dos nove. Não preciso sair para encontrar os outros sete, pois eles estão todos aqui. Uns estiveram doentes, outros sofreram algum "acidente", outros passaram por cirurgias, há os que passaram por perigo iminente tanto em terra quanto no mar e também os que tiveram suas vidas preservadas — acho que os vejo agora — em um período de vida muito avançado. "Onde estão os nove?" Há um dos nove aqui — ele chegou aos seus 70 anos e, embora em algum dos seus anos tenha sido levado a conhecer o Senhor — que, por causa de Sua bondade e gentileza, prolongou-lhe o período de vida — ainda permanece aqui e não dá glória a Deus. Ó almas, mentir para Deus é mentir com vingança! Prometer a Ele e não cumprir? Podemos brincar com Deus? Você se arriscaria com Ele? Ousará enganar o Altíssimo, e prometer-lhe isso e aquilo, e, em seguida, quebrar o seu voto? Em nome de Deus, vocês nove, intimo-os a fazerem sua aparição no último tribunal, a não ser que abandonem agora o erro de seus caminhos! Que o Espírito de Deus os transforme, pois, caso contrário, quando forem perguntados: "Onde estão os nove?", vocês serão arrastados para frente, e seus votos, e obrigações, e privilégios serão lançados contra vocês e serão suas testemunhas céleres para sempre!

"Onde estão os nove?" "Posso lembrá-los das *misericórdias comuns que todos nós desfrutamos*. Alimentados a cada dia pela generosidade divina, vestidos pela caridade do Céu, supridos com fôlego por Deus, há alguns que vivem para louvá-lo, que devolvem esse fôlego em louvor o qual Deus prolonga em misericórdia, que vivem para honrá-lo, cuja longevidade é permitida graças à longanimidade de Deus. Mas esses são apenas um em cada dez, ou direi um em 10 mil? "Onde estão os nove?". Aqui estão alguns deles — homens que vivem dependendo de Deus, mas jamais vivem para Ele! Homens que vão da manhã à noite sem oração, que rolam para fora da cama de manhã e vão para seu trabalho, e rolam para dentro da cama à noite, dormem novamente, mas nunca expressam ou sentem: "Deus seja engrandecido por este dia de favor"! Jamais o pulsar do seu coração é para o Deus que está no Céu! Vivem como brutos e como brutos morrerão. Porém, ao contrário dos brutos, eles ressurgirão novamente e receberão, pelas obras feitas no corpo, a devida recompensa do mal que eles fizeram! "Onde estão os nove?" Permita que a questão provoque em você choro por sua ingratidão e o convença a voltar para Deus.

Então, novamente, para usar a pergunta de outra forma, *onde estão os nove que ouviram o evangelho?* Ultimamente o Senhor tem sido muito gracioso com a nossa cidade. Nossos pregadores não têm sido tão apáticos e monótonos quanto já foram. Os auditórios ecoam o nome de Jesus! Homens como Radcliffe e North, com Richard Weaver — principalmente e acima de tudo — e o Sr. Denham Smith pregam a Palavra com poder, e, das multidões que passaram pelos auditórios, alguns se converteram a Deus — mas "onde estão os nove?", "Onde estão os nove?". E nesta casa, também, com seus corredores e seus assentos lotados constantemente, quantos milhares ouvem a nossa voz? Sim, agradeço a Deus, porque para alguns não tem sido em vão, pois pessoas de todas as proveniências, de todas as classes e condições têm crido em Jesus — mas, ainda assim, "onde estão os nove?". Cristãos, aqui está uma pergunta séria para vocês! Há muita coisa boa sendo feita em Londres agora, mas questionamos se todo o trabalho evangélico em Londres é exercido por apenas um em cada dez. Então, "onde estão os nove?".

Enquanto caminhava em algumas das ruas secundárias no bairro de Kent Street na semana passada, fiquei muito satisfeito ao notar em uma pequena casa "reuniões de pequenos grupos realizadas ali". Um pouco mais adiante, na Escola Ragged, "uma reunião de oração é realizada ali duas vezes por semana". Dificilmente vi uma rua, não importando quão humilde fosse, que parecesse estar sem algum traço de esforço e ação religiosa! Seria impossível declarar isso há 7 anos. Creio que os sinais dos tempos são favoráveis, mas ainda assim o esforço feito não é de todo compatível com a necessidade urgente da época. Vocês fazem muito. A Missão Municipal faz muito. Sua distribuição de folhetos, apesar de tudo o que é dito contra ela, faz muito. Sua pregação na rua faz muito mais do que os críticos admitirão. Creio que há mais bem sendo feito pela pregação nas ruas do que pela pregação dentro de quatro paredes, com algumas poucas exceções. Continuem com o que estão fazendo, mas multipliquem suas ações, deixem esta pergunta instigá-los: "E os nove? E os nove?".

Ó caros amigos, se pudéssemos apenas esperar que um em cada dez nesta grande cidade se convertesse, poderíamos fazer com que os sinos tocassem muito mais alegremente do que quando a princesa passasse pelas ruas! Mas temo que não chegamos a isso. No entanto, se tivéssemos chegado, a pergunta séria que deveríamos fazer é: "E os nove?". Receio que alguns dos nove vêm aqui. Você está aqui esta noite, não convertido. Ó caros amigos, vocês se lembram de quando eram jovens? Havia 10 de vocês — você é o único que restou. E os nove? Estão todos mortos. Ao que lhe diz respeito, estão todos perdidos, e você é o único que sobrou. Ó, que Deus o transforme hoje à noite! Ou pode ser que você esteja ouvindo a Palavra de Deus por um longo tempo e tenha visto alguém se converter, e outro, mas aí está você e seus outros companheiros ainda não abençoados! Ó, que vocês, os nove, possam ser trazidos para dentro! Devemos orar a Deus para converter os nove! Não podemos deixar que Ele vá com apenas um — devemos trazer os nove para dentro! O dia virá quando Cristo se assentará no Trono da Sua Glória, e surgirão diante dele aqueles, a quem Ele dirá: "Vinde, benditos" — mas, depois que fizer isso, pode muito bem dizer: "Dei fôlego para mais do que estes! Enviei o evangelho para mais do que estes! Fui misericordioso com mais do que estes! Onde estão os nove?". E então, vocês nove devem fazer a sua aparição. E Ele vai lhes dizer: "Eu os alimentei, mas vocês não viveram para mim. Eu os chamei, mas vocês não vieram. Eu os convidei, mas vocês não voltaram. E agora, vocês nove, vão, malditos, para o fogo eterno preparado para o diabo e seus anjos".

Mas "esperança" é a palavra para esta noite, mesmo para os nove! Que Deus tenha prazer em dar-lhes esperança interior enquanto profiro esperança exterior! Jesus morreu. A morte dele é a sua vida! Confie nele e você será salvo! Descanse nele com todo o seu peso! Lance-se sobre Ele — não se fie em sua própria força, mas se prostre aos pés de Sua amada Cruz, prostre-se e não será contado com os nove, mas voltará para dar glória a Deus mesmo que, até agora, você possa ter sido um samaritano, um estranho, o principal dos pecadores! Que Deus acrescente Sua benção, por amor de Jesus! Amém

---

Este sermão foi pregado no Metropolitan Tabernacle, em Newington, no ano de 1863.

# 11

# ELE NÃO PODIA?
# AH, MAS ELE NÃO QUIS

*Mas alguns objetaram: Não podia ele,
que abriu os olhos ao cego,
fazer que este não morresse?* (João 11:37)

Aqui se tem um ótimo argumento. Jesus Cristo tinha aberto os olhos do cego — Ele não poderia, portanto, ter curado Lázaro da doença que se mostrou fatal? É claro que poderia! Aquele que pode evitar um mal pode evitar outro. Não poderia ter sido mais difícil para Cristo eliminar a febre, ou o que quer que tenha afligido Lázaro, do que ter aberto os olhos de um homem que nasceu cego. O primeiro era impossível, mas, quando realizado, não restou nenhuma dificuldade. "Impossível" é uma palavra que não se enquadra na linguagem quando se trata de Cristo e, portanto, a partir do momento que Ele, através de um milagre, provou ser verdadeiramente o Cristo, ficou claro que nada é difícil ou impossível para o Senhor. A mesma verdade de Deus é válida em outra forma, ou seja, quando Cristo concede uma bênção, Ele também pode conceder outra. Ele não é como nós, que, depois de concedermos uma dádiva, esgotamos nosso estoque e só poderemos conceder novos bons desejos depois disso por não termos mais recursos. Mas Jesus Cristo é tão cheio de poder quanto se Ele nunca o tivesse exercido. Assim, depois de mil milagres, Ele está tão disposto e capaz de conceder mais favores! Um mal eliminado é um bom argumento de que outro também o pode ser — um bem recebido é um bom argumento de que outro pode ser recebido advindo da mesma mão divina!

Parem um minuto, portanto, e encorajem seus corações com tal argumento. "O Senhor que os livrou de seis problemas, não pode também livrá-los do sétimo? O Senhor que esteve com vocês nestes 40 anos no deserto os deixará neste 45.º ou 50.º ano? É muito difícil para vocês acreditarem que Aquele que os trouxe até aqui e lhes concedeu os primeiros sinais da Sua fidelidade continuará a fazer o mesmo? Vocês foram preservados de muitos perigos — por que não de outros? Vocês tiveram suas necessidades supridas, por que não seriam supridas novamente? Vocês foram levantados quando a maioria está caída, por que não serão erguidos novamente? Vocês encontraram uma maneira de sair das profundezas quando as dores do inferno se apoderaram de vocês e as ciladas do diabo os cercaram — por que não poderá ser encontrada uma maneira para outro resgate?" O Senhor que o fez pode fazer e está fazendo! O que Ele fez no passado é uma garantia de que Ele fará no presente e no futuro! Ele já fez um investimento — se assim posso falar — do Seu amor, da Sua graça e da Sua fidelidade em vocês e não perderá o que já investiu, mas levará a boa obra à perfeição, até que os traga para si mesmo na glória eterna! Conforte-se, então, cristão, com essa abençoada lembrança de sua experiência passada e tenha a certeza de que esse Homem, que abriu seus olhos quando você era cego, pode guardar sua vida da morte espiritual! Sim, e você estava morto, mas viverá através da Sua força, porque Ele é capaz de fazer infinitamente mais do que você pedir ou até mesmo pensar!

O mesmo encorajamento pode ser sugerido para qualquer um aqui que esteja ansioso por sua alma. A salvação de qualquer um deve ser um encorajamento para qualquer outro. Se Deus salvou um pecador, por que não o outro? Se o precioso sangue de Jesus tornou um bêbado sóbrio, por que não o outro? E, se entre os que estão vestidos de branco há alguns que tenham contaminado suas vestes com as manchas mais vis, por que eu não estaria lá pela mesma purificação de sangue e a mesma misericórdia do meu Deus gracioso? Ele, que abriu os olhos de um cego, pode abrir os olhos de todos os cegos se isso lhe aprouver — e Aquele que concede o perdão perfeito e aceitação para um, pode dar a outro o mesmo, onde quer que Ele escolha concedê-los! Que ninguém se desespere! Há exemplos de grandes pecadores salvos com o propósito de encorajar outros a confiar em Cristo. Não me importa quão graves seus pecados possam ter sido, estou certo de que já foram comparados a outros casos também em que a salvação finalmente veio! Você não está além do alcance divino. Você ainda não pecou a tal ponto de já ser condenado ao inferno. A misericórdia ainda pode alcançá-lo! O sangue ainda pode purificá-lo! O seio divino ainda pode recebê-lo e até mesmo o Céu de Deus ainda pode encontrar-lhe espaço, embora você seja o principal dos pecadores! Dizemos que o argumento usado por Jesus é bom. O que foi feito pode ser feito novamente. Se Cristo faz um bem, pode fazer outro. Se Ele abre os olhos do cego, Ele pode fazer com que o enfermo não morra!

Mas, agora, depois desse encorajamento, vem uma grande dificuldade. É certo que, se Cristo quisesse, Lázaro não precisaria ter morrido. Então, Maria não precisaria ter ficado em casa chorando. E, Marta não precisaria ter dito, com tristeza e com o coração abatido: "Senhor, se estiveras aqui, meu irmão não teria morrido". Não havia necessidade de Lázaro sofrer toda aquela dor, todo aquele enfraquecimento e passar pelos portões da sepultura — absolutamente nenhuma necessidade disso! Cristo podia, se tivesse escolhido, ter evitado que aquele homem morresse. Mais ainda, se Cristo quisesse, poderia impedir todos os seus e os meus problemas. Se Ele decidisse, ninguém do Seu povo precisaria ter mais do que uma dor de cabeça ou uma espetada de alfinete no dedo! Nenhum deles precisaria jamais ser pobre ou ter quaisquer perdas, ou fardos. Não precisaria jamais ser tentado, pois Ele poderia acorrentar o diabo. Nenhum deles precisaria morrer, pois Ele poderia levá-los ao Céu, como Elias, e transportá-los, como Enoque. Fica provado que, se Ele pôde abrir os olhos do cego, Ele poderia, se quisesse, impedir que qualquer um de Seu povo ficasse doente, morresse ou sofresse de outros males! Seria possível para Cristo, se Ele assim o quisesse, afastar de nós todos os nossos sofrimentos e todas as nossas perdas. *Então, por que Ele não o faz?* "Vede quanto o amava!", disseram os judeus, e ainda disseram mais: "Não podia ele, que abriu os olhos ao cego, fazer que este não morresse?". No entanto, o Senhor não fez isso, e Lázaro morreu.

Bem, estou muito certo, irmãos e irmãs, se vocês tivessem um ente querido em casa que estivesse doente, e eu fosse visitá-lo, e pudesse levantá-lo da cama com uma só palavra, eu não me atreveria a sair do quarto dele sem curá-lo! Vocês ficariam muito ressentidos comigo se eu não o curasse. Considerariam isso muito descortês e, além disso, tenho certeza de que meu coração não me deixaria sair sem curá-lo. Falar uma palavra? Ora, eu falaria qualquer quantidade de palavras se eu pudesse levantar da cama seus queridos doentes e impedi-los de morrer! Vocês me considerariam muito descortês se eu assim não o fizesse, e desta forma, aqueles judeus não puderam compreender isso. Eles disseram que Cristo caiu em lágrimas pelo simples pensar que Lázaro estava morto! Disseram, ao vê-lo naquela genuína demonstração de sagrada paixão: "Vede quanto o amava!". E não puderam compreender, que, mesmo tendo um poder que podia abrir os olhos dos cegos, o qual deveria ser suficiente para impedir a morte de Lázaro, entretanto Ele não a impediu, mas o Cristo amoroso permitiu que Seu amigo Lázaro dormisse na sepultura por quatro dias, e seu corpo começasse a cheirar mal por causa da decomposição!

Irmãos e irmãs, estamos agora prestes a enfrentar essa pergunta olho no olho — e o que argumentaremos sobre ela? A primeira coisa que diremos é o seguinte:

## 1. NEM SEMPRE É CERTO LEVANTAR QUESTIONAMENTOS QUANTO AO AMOR E À SABEDORIA DO NOSSO SENHOR.

Pode parecer uma coisa muito estranha para nós Ele não impedir as aflições que são tão graves e não nos conceder algumas dessas misericórdias que achamos que nos deixariam tão confortáveis. Contudo, não temos o direito de questionar. Um servo não deve estar todo tempo interrogando seu mestre: "Por que fazes isso?" ou "Por que fazes aquilo?". E o aluno não espera entender todos os feitos do professor a cujos pés ele se senta. Um mestre de obras logo despede o carpinteiro que está sempre dizendo: "Por que esse pedaço de madeira deve ser dessa forma?" ou "Por que essas pedras devem ser colocadas em tal posição?". Espera-se que o arquiteto conheça a planta, não o operário irlandês! É suficiente que o arquiteto a conheça sem que cada pessoa no trabalho compreenda tudo o que deve ser feito. Não devemos, portanto, estar sempre fazendo perguntas. Há outra mentalidade que deve nos governar em vez da mentalidade de crítica insinuante. Um homem vai, e pega as pedras, e coloca algumas delas no solo, no fundo. Algumas delas coloca mais acima, uma sobre a outra. Algumas ele emplastra com argamassa, algumas coloca onde não podem ser vistas e outras lustra e coloca nos cantos. As pedras devem dizer ao construtor: "Por que você me coloca aqui?" ou "Por que você me coloca ali?". O oleiro pega suas porções de argila, as coloca em seus joelhos, e um vaso é feito para a desonra e outro é feito para uma honra muito graciosa, mas a coisa formada dirá àquele que a formou: "Por que me fizestes assim?". A criação não deve começar a questionar seu criador, pois, senão, o criador pode muito bem responder: "Onde estavas tu, quando eu lançava os fundamentos da terra? Dize-mo, se tens entendimento". Esse maravilhoso sermão proferido pela boca do próprio Deus, no fim do livro de Jó, sobrevém como trovoadas sobre nossa cabeça e nos faz acuar conscientes de nossa insignificância! E, quando nos atrevemos a levantar nossa cabeça, mais uma vez encontramos em nossos lábios palavras como estas que saíram da boca de Jó: "Eu te conhecia só de ouvir, mas agora os meus olhos te veem. Por isso, me abomino e me arrependo no pó e na cinza". Para você e para mim, pensar em entender Deus é como se um inseto minúsculo, cuja vida inteira fosse de uma hora, esperasse entender as marchas dos céus e compreender as revoluções das esferas! A criança ao seu lado, enchendo de água uma concha, não faz ideia do que é o mar; e assim você, quando olha para os caminhos de Deus, não vê mais dos Seus caminhos do que aquela pequena concha cheia, por assim dizer, em comparação ao mar! Fique firme e veja que Ele é Deus! Que o Senhor seja exaltado na Terra! Sim, que seja exaltado nos Céus! Ele não explica Seus assuntos. Ele faz o que quer nos exércitos celestiais e entre os habitantes desta Terra inferior. "Ah, Senhor, é melhor nos deitarmos passivamente em Tuas mãos do que tentarmos nos sentar em Teu trono, segurando a balança e julgando Tua obra!". E, se Ele não me fizer rico, mas me deixar na pobreza? E se Ele não me curar, mas me permitir delongar em uma vida de tristeza? E se não abençoar meu empreendimento, mas permitir que provações pesadas me dominem? Não lhe perguntarei por quê! "Recolho-me ao silêncio, não abro os lábios porque tu fizeste isso" — esse é o espírito pelo qual podemos olhar para essa questão. Só mais uma coisa quero que você se lembre, e é esta:

2. **INDEPENDENTEMENTE DO QUE DEUS POSSA OU NÃO FAZER CONOSCO, A SABEDORIA DO CRISTÃO DEVE CONTINUAMENTE FIRMAR-SE NISTO: CRISTO É SEMPRE AMOR.**

Os judeus disseram: "Vede quanto o amava!". Eles podiam ver isso devido às lágrimas do Senhor, embora Ele tivesse deixado Lázaro morrer. Bem, havia boas razões, embora os judeus não pudessem vê-las, e, irmãos e irmãs, há boas razões para que Deus retenha a Sua mão direita, que é tão cheia de graça e, outras vezes, a estenda; também há boas razões para que Ele levante Sua mão esquerda, que é tão pesada para ferir, e a lance sobre vocês, os filhos escolhidos do Seu coração! Mas não pense que Cristo possa ser algo senão bondoso. Se vocês confiam nele, nunca acreditem que Ele pode odiá-los ou esquecê-los. Nunca pensem que Ele pode interromper a Sua afeição por você. Não, Ele nunca lidará com você de acordo com qualquer outra regra que não seja a do amor — jamais! A dispensação pode ser muito escura, mas não julgue pelas aparências. Sua consciência pode sentir-se muito culpada, mas Ele é maior do que a sua culpa. Seu coração pode condená-lo, mas mesmo assim o Senhor pode absolvê-lo, e Seu amor não é medido nem mesmo pela sua consciência da presença dele. Deus o perdoou e não o visitará em ira por causa do pecado! Não, embora Satanás diga que golpes repetidos evidenciem um Deus irado, ele é o pai da mentira desde o início — não creia no que ele sugere! Não é possível que Deus seja cruel! Os camelos foram destruídos, os bois foram roubados, os filhos pereceram, o corpo está coberto de feridas malignas, mas, "eis que me matará [...] contudo, defenderei o meu procedimento", diz o patriarca triunfante. "Temos recebido o bem de Deus e não receberíamos também o mal? O Senhor o deu e o Senhor o tomou; bendito seja o nome do Senhor." Seja, então, como Jó ou como o salmista que, estando prestes a descrever o mal-estar de sua mente por causa da aflição dos justos e a prosperidade dos ímpios, começou o salmo dizendo: "Com efeito, Deus é bom para com Israel", como se ele começasse com isso e nada pudesse afastá-lo disso! Embora os ímpios prosperassem e os justos fossem castigados todas as manhãs, contudo, Deus era bom para o Seu próprio povo da aliança, no sentido mais supremo e enfático! Mas agora vamos abordar essa questão novamente, pois ela ainda parece difícil. Se a fé não faz perguntas e a resignação se contentará, ainda —

## 3. HÁ DIFICULDADE.

Vamos ver agora. Se Cristo tivesse impedido a morte de Lázaro, *o que teria acontecido?* Ele poderia tê-lo feito se quisesse, mas, primeiro, *Cristo não teria sido glorificado por ressuscitar Lázaro dentre os mortos.* Se Lázaro não morresse, não poderia ter sido ressuscitado, e aquela manifestação de poder milagroso não seria evidenciada. Vocês deixarão Lázaro morrer— todos vocês concordam —pois, então, Cristo terá uma oportunidade de ressuscitá-lo novamente. Veja, então, se você tiver um problema — e Cristo pode impedi-lo se Ele quiser — mas, se você não tiver o problema, não poderá ter o livramento; o Senhor não poderá estender Sua mão de amor para salvá-lo se não houver nada do que o salvar! Ó, então, fique muito contente por ter problemas, a fim de que seu bendito Senhor Jesus possa fazer-se ilustre quando vem a você na hora certa e o livra da profundeza do seu sofrimento!

Segundo, *se Lázaro não tivesse morrido, o próprio Lázaro não teria sido tão honrado.* Todos disseram depois: "Aquele é Lázaro a quem Cristo ressuscitou dentre os mortos". Ele era um homem visado e tenho certeza de que, se você fosse Lázaro, diria: "Ah, bem, vale a pena morrer e ser ressuscitado para ter a honra advinda de tal favor". Bem, amado, se você não for provado e afligido, não poderá se tornar um dos santos experientes! Não poderá ser dito de você por seus irmãos e irmãs: "Aquele homem já passou por seis problemas e por sete, e mesmo assim a fidelidade do Senhor foi manifesta em todos eles". Você deixará de experimentar grande prazer se não tiver grande aflição! Confie nisto: você fracassará mais ao deixar de ter problemas do que jamais imaginou!

Terceiro, *Maria e Marta não teriam recebido uma lição tão doce de Cristo*. Seus pobres olhos estavam vermelhos, não duvido pelos seus quatro dias de pranto e os dias anteriores de vigília e cuidados. Mas, em seguida, ó que alegria elas tiveram quando viram o seu querido irmão restaurado novamente! Tal encontro trouxe consolo para toda a tristeza da despedida! E, embora tivessem ouvido o Senhor Jesus falar sobre a ressurreição e a vida, elas ouviram aquela querida voz poderosa gritar: "Lázaro, vem para fora". Ora, foi para a instrução delas, para crescimento espiritual e benefício que o Senhor permitiu que Lázaro morresse! Ele poderia ter impedido, mas elas ganharam tanto através da aflição que isso evidenciou o amor de Jesus visto que Ele não lhes negou o benefício da provação!

Observe, novamente, se Lázaro não tivesse morrido, *então, aqueles poucos não teriam se convertido, pois eles viram Lázaro ressuscitar dos mortos* — e é dito: "Muitos, pois, dentre os judeus creram nele". Bem eles deveriam! Foi um sermão maravilhoso ver um homem morto sair do túmulo envolto em faixas! Mas como ele poderia ter, assim, vindo para fora se não tivesse morrido? Foi para o benefício daqueles espectadores que tal provação foi permitida. Ó, vocês não sabem, alguns de vocês, quantas almas preciosas podem ter seu destino — na linguagem humana — envolta em sua aflição! Para o bem dos outros, a fim de que possam crer através do seu testemunho, há uma necessidade de que você seja levado às profundezas e experimente a tristeza, para que depois Deus possa intervir em prol do seu resgate!

Novamente, *o resultado da ressurreição de Lázaro foi que nosso Senhor entrou triunfantemente pelas ruas de Jerusalém*. Parece-me haver uma ligação entre essas duas coisas. Se você ler o próximo capítulo, encontrará nosso Senhor sendo conduzido em triunfo pelas ruas, a multidão estendendo suas vestes e espalhando ramos pelo caminho com grandes clamores. E, provavelmente, o que levou a multidão a fazer isso, a causa imediata, foi esse milagre maravilhoso que Cristo realizara. Ó, amados, Cristo frequentemente obtém grande triunfo entre os homens advindo das intensas provações de Seu povo, através da qual Ele os resgata, e você e eu não ficaremos bem contentes por Ele se afastar e esconder Seu rosto e até mesmo parecer ser um inimigo para nós, se, por tudo isso, Sua glória for manifestada? Se Ele receber hosanas e clamores, e o aceno dos ramos de palma — e se os homens na Terra e anjos no Céu o homenagearem de forma extraordinária por causa da obra que Ele realiza em nós —, ó, não devemos nos contentar com o fato de que nossas melhores alegrias murchem e que nosso melhor consolo desapareça por um tempo?

No caso de Lázaro, vocês todos podem ver que, embora ele não precisasse ter morrido — em um aspecto Cristo poderia tê-lo mantido vivo —, ainda assim *foi uma grande prova de amor da parte de Cristo que Lázaro tivesse morrido*. Bem, creio que tudo mais que aconteceu no mundo, se tivéssemos luz o suficiente para ver, viria a ser o mesmo. Sei que às vezes é difícil decifrar por que Deus permite certos males. Quando as pessoas dizem, como os negros diziam: "Bem, já que Deus é maior do que o diabo, por que não Ele não o mata?". Tenho certeza de que não posso responder à pergunta, mas estou bem convencido de que, se, de modo geral, matar o diabo fosse a melhor coisa a fazer, Ele o faria! E é, afinal, de uma forma mais misteriosa, a melhor coisa para o Seu povo, e a coisa mais gloriosa para Ele mesmo, que a existência do diabo fosse autorizada. A Queda — que coisa misteriosa é! Poderia ter sido evitada. Não posso impor qualquer limite à onipotência de Deus — se Ele quisesse, não seria necessário ter acontecido uma Queda. Então, por que Ele a permitiu? Respondo a isso com a mesma mentalidade. Não sei e não quero saber, mas penso que posso ver uma demonstração de misericórdia divina, amor e graça e todos os outros atributos na redenção de nosso Senhor Jesus Cristo que a Queda, coisa terrível como foi, parece ser uma grande plataforma na qual a glória de Deus poderia ser revelada!

Quando o Senhor libertou o Seu povo do Egito, eles poderiam ter ido diretamente para Canaã. Por que Deus não os levou para lá imediatamente? Por que Ele os fez rodear o mar Vermelho e chegar àquele lugar difícil? Por quê — por quê, de fato? O povo não teria tido a metade dos medos, nem a metade dos terrores. Não, mas lembre-se de que não haveria tantos egípcios afogados. Nem haveria tão grandiosos alaridos, nem o doce ressoar do tamborim de Miriam, nem dos demais tamborins ou danças de pés ágeis. E eles não teriam dito: "Cantai ao Senhor, porque gloriosamente triunfou e precipitou no mar o cavalo e o seu cavaleiro!". Toda a dificuldade apenas levou a um triunfo maior! Deus foi glorificado! Seus inimigos foram colocados em confusão, e as lembranças de Seu povo foram guardadas com os registros dos poderosos feitos de Deus, que poderiam estimular sua fé, enquanto o mundo existisse. É melhor que seja assim. Afinal de contas, Deus ordena todas as coisas bem, e, embora Ele pudesse impedir isso, e não o faz, e pudesse nos conceder certas coisas, e não o faz, cremos que é tudo para o melhor e nos prostramos, esperando até que a luz brilhe, para que possamos entender mais o motivo.

Agora, amados, o ponto a que quero chegar é este — confie nisto, como já abordei no caso de Lázaro: a melhor coisa era que a pior coisa devesse acontecer. Assim é no seu caso! Você está com problemas esta noite. Bem, Cristo poderia tê-los impedido, poderia tê-los levado para o Céu em um colchão de plumas se Ele tivesse assim escolhido. Ele poderia tê-los feito irem para o Céu em uma carruagem que jamais sacudisse — em uma estrada pavimentada direto ao paraíso, sem um único atoleiro, ou qualquer pedra — mas escolheu não fazê-lo. Agora,

## 4. VEJAMOS SE NÃO PODEMOS ENCONTRAR UMA RAZÃO PARA ESSA FORMA DE DEUS AGIR.

Se não pudermos, não importa(não importará que você creia estar certo) se você crê que esteja certo. Ainda assim tentaremos. A aspereza da estrada na qual está labutando agora, *não será necessária para afastá-lo deste* mundo? Ó, mas os benefícios deste mundo são como visgo para pássaros — ele gruda em nossos pés e nos impede de ir ao Céu. "Ah", disse um deles enquanto olhava para fora para seus jardins, sua casa e seu parque, "estas são as coisas que tornam o morrer difícil". Sim, e essas são as coisas que tornam difícil viver perto de Deus! Quando o coração de um homem começa a se contentar com as coisas deste mundo; quando encontra a sua satisfação *aqui*, não está inclinado a olhar para o seu Deus. Bem, talvez você seja um daqueles do tipo que não suportam muita prosperidade. Todos os jardineiros lhe dirão que há algumas de suas flores que não podem ser expostas ao brilho do sol, pois jamais cresceriam. Assim é com você — cresce melhor na sombra. Sua proximidade com o Céu e a saúde de sua alma requerem essa aflição.

Além disso, será que essa aflição não foi enviada de propósito a fim de provar *sua fé por ser fraca*? "O quê?", diz você, "Provar minha fé porque ela é fraca? Pensei que você diria *não* a provar porque ela é fraca". Ah, mas a fé cresce por meio da provação. Quando a fé é fraca, uma provação muito forte a esmagaria, mas uma provação adequada é regida por Deus para o fortalecimento da fé. Você deve crescer! O Senhor não quer que Seus filhos sejam atrofiados nem pequenos, e essa provação é enviada a fim de fazê-los crescer.

Além do mais, você pode não crescer na fé apenas dessa maneira, mas *também em estreita comunhão com o seu Deus*. Li recentemente um antigo puritano cuja opinião é que nunca crescemos, exceto em aflição. Não poderia endossá-lo, mas receio que haja uma grande dose de verdade nisso, pois nós desperdiçamos quase todos os dias ensolarados que temos, e quando Deus é muito gracioso para conosco nos temporais, geralmente achamos que essas vacas magras de nossa ingratidão devorarão o gado gordo das misericórdias do Senhor! Crescemos melhor, confie nisto, quando o vento nos sopra para longe de nossos abrigos naturais para o grande porto de paz que se encontra na comunhão com Deus em Cristo Jesus! Quando nossa alma não tem mais nenhum lugar para onde voar a fim de se abrigar, ela voa para Cristo. Quando ela vê todas as suas muletas e todos os seus apoios despedaçados, e todas as suas fundações oscilarem, então lança seus braços sobre seu amado Senhor e lá se pendura em êxtase e simples amor e confiança como os de uma criança! E ela é trazida para mais perto de Deus do que jamais foi pela força de suas provações — e isso é sempre um resultado divino, um resultado divinamente valioso. Já será uma grande misericórdia — se nada mais vier disso — é misericórdia ter problemas se esse for o resultado final!

Irmãos e irmãs, se Cristo quisesse, poderia impedir de sermos afligidos, mas Ele não impedirá as aflições *porque quer fazer algo em nós a partir disso*. Por exemplo, Ele quer tornar alguns de nós em consoladores para os outros, mas como você pode consolar os outros que estão passando por problemas quando você mesmo nunca experimentou problemas? Ó, que mãos frágeis alguns de nós têm ao tentar confortar alguns dos santos de Deus que estiveram em águas muito mais profundas do que nós jamais navegamos! Bem, descobrimos que eles nos olham como meras crianças e ficam imaginando como temos a petulância de levar-lhes consolo! Mas, quando podemos dizer: "Acabo de experimentar exatamente a mesma provação pela qual você está passando agora, e o Senhor a santificou e me sustentou", o enlutado abre os seus ouvidos e a sua alma e recebe o nosso conforto como se fosse mel escorrendo do favo!

Meus queridos irmãos e irmãs, *vocês jamais estarão qualificados para entender e explicar algumas das promessas sem as provações*. Algumas das promessas de Deus não podem ser lidas, exceto pela luz do fogo da aflição. Há um tipo de tinta invisível que as pessoas às vezes usam, a qual não aparece até que vocês a coloquem sob a luz do fogo — e algumas das promessas parecem ser escritas com esse tipo de tinta. Vocês não as entendem até que tenham uma provação, mas na provação, descobrem que Deus colocou cada palavra de consolação na providência na qual Ele os colocou. Mas, na verdade, meus irmãos e irmãs, quando considero a infinidade de bênçãos que nos vêm puxadas pelo grupo de cavalos negros que nosso Pai sempre mantém para essa finalidade; quando considero como Deus é glorificado pela perseverança dos santos e pelas graças divinas que recebem em consequência da tribulação; e como sua alegria será aumentada no final, quando vierem para o seu descanso, pela recordação de sua peregrinação aqui na Terra. Só posso pensar que seja uma marca da misericórdia o fato de Deus não permitir que Seu povo entre em campos gordos de prosperidade ilimitada, pois é em campos de provação e tribulações que eles enriquecem e que suas almas conseguem ficar acomodadas.

Venham, então, deixem ir cada pensamento murmurante! Que cada suspeita obscura seja lançada fora. Beijemos a mão daquele que nos fere e olhemos para a face de nosso Pai mesmo quando nos pune! E desta forma descobriremos, em breve, que a provação se transformará em alegria, o cálice amargo se tornará doce e a resignação adoçará tudo!

Se essas palavras tiverem ministrado algum consolo aos sofredores de Deus, meu coração se alegrará. Eu mesmo, às vezes, preciso de tais pensamentos, e há momentos em que, se eu pudesse tê-los dito a mim mesmo por outra pessoa, eles seriam para mim como os caminhos de Deus, que gotejam de gordura. Bem, pode haver alguns de vocês — sei que são provados e conturbados — a quem isso será como a própria Palavra. Se assim for, não deixe Satanás tirá-la de vocês. Apropriem-se dela pela fé e se alimentem dela com alegria e conforto. Sim! "Consolai, consolai o meu povo, diz o vosso Deus. Falai ao coração de Jerusalém". Assim, eu gostaria que vocês pudessem ser um povo feliz e exultante em meio a todos os seus problemas.

Entretanto, infelizmente, isso não pertence a todos vocês. Isso é conforto somente para aqueles que pertencem a Cristo — alguns de vocês não pertencem a Ele e nunca confiaram nele. O Senhor os traz esta noite para crerem no Senhor Jesus Cristo! Aqueles prestes a serem batizados dizem a vocês hoje à noite: "Nós confessamos ser crentes em Jesus! Somos sepultados na água para mostrar que desejamos estar mortos para todo o mundo e sepultados na morte de Cristo. Levantamo-nos para mostrar que desejamos viver em novidade de vida pelo poder vivificador da ressurreição de Cristo".

Você não terá direito a essa ordenança até que confie no Salvador. Até confiar totalmente no Senhor. Quando Ele se tornar tudo em tudo para você, então você poderá receber a Sua marca, porque a promessa é sua!

Que o Senhor o abençoe por amor de Jesus.

---

Este sermão foi pregado no Metropolitan Tabernacle, em Newington, em 20 de agosto de 1914.

# 12

# BOM ÂNIMO DA PARTE DE CRISTO E DE SEU CHAMADO

*E foram para Jericó. Quando ele saía de Jericó, juntamente com os discípulos e numerosa multidão, Bartimeu, cego mendigo, filho de Timeu, estava assentado à beira do caminho e, ouvindo que era Jesus, o Nazareno, pôs-se a clamar: Jesus, Filho de Davi, tem compaixão de mim! E muitos o repreendiam, para que se calasse; mas ele cada vez gritava mais: Filho de Davi, tem misericórdia de mim! Parou Jesus e disse: Chamai-o. Chamaram, então, o cego, dizendo-lhe: Tem bom ânimo; levanta-te, ele te chama. Lançando de si a capa, levantou-se de um salto e foi ter com Jesus. Perguntou-lhe Jesus: Que queres que eu te faça? Respondeu o cego: Mestre, que eu torne a ver. Então, Jesus lhe disse: Vai, a tua fé te salvou. E imediatamente tornou a ver e seguia a Jesus estrada fora* (Marcos 10:46-52).

O cego descrito nessa narrativa é um retrato do que sinceramente desejo que cada ouvinte e leitor de meus sermões possa se tornar. Em sua primeira condição, Bartimeu era um tipo do que o pecador é por natureza: cego, irremediavelmente cego, a menos que o Salvador que cura interfira e derrame sobre ele a luz do dia. Não é, no entanto, a essa questão que agora voltaremos nossos pensamentos, mas à sua conduta enquanto buscava a visão. Esse homem, por grande misericórdia de Deus, agiu de forma que pudesse ser apresentado como um exemplo para todos os que reconhecem sua própria cegueira espiritual e, sinceramente, desejam ver a luz da graça!

Vários dos cegos das Escrituras são pessoas muito interessantes. Há um deles — você se lembra — o cego de nascença — que confundiu os fariseus ao responder com certa coragem mesclada com esperteza e sagacidade natural. Bem, seus pais poderiam dizer que ele era adulto, pois já era responsável por si próprio. Por mais que fosse cego, ele podia ver muito, e, quando seus olhos se abriram, ele provou, sem deixar qualquer dúvida, que seus inquiridores mereciam o título de "fariseus cegos" o qual o Senhor Jesus lhes conferiu!

Bartimeu, filho de Timeu, é uma figura notável. Há uma individualidade afiada e um frescor de estilo nele que o torna uma pessoa excepcional. Ele é aquele que pensa e age por si mesmo; não fica logo assustado nem é facilmente seduzido; certifica-se do que sabe e, quando é questionado, fornece uma resposta clara. Suponho que, quando ele se sentava na escuridão da meia-noite que era seu lugar perpétuo, pensava muito. E, tendo ouvido que da semente de Davi havia surgido um grande profeta que fazia milagres e pregava boas-novas aos pobres, estudou o assunto e concluiu que Suas afirmações eram verdadeiras. Um cego conseguiria ver bem esse fato se estivesse familiarizado com a profecia do Antigo Testamento. E, quando ouviu mais e mais sobre Jesus, e o comparou com a descrição profética do Rei que estava por vir, ficou convencido de que

Jesus era o Messias prometido. Então, pensou consigo mesmo: "Se Ele viesse por esse caminho, eu me anunciaria como um dos Seus seguidores. Eu o proclamaria Rei quer os outros reconhecessem a Sua realeza ou não. Agiria como um arauto do grande Príncipe e gritaria em alta voz que Ele é o Filho de Davi". Então, mais tarde, ele decidiu procurar a misericórdia do Messias e implorar para que voltasse a enxergar, pois fora predito que o Messias viria para abrir olhos cegos! Ele tomara essa decisão há tanto tempo que, quando chegou a hora e soube que Jesus passava, imediatamente aproveitou a oportunidade e gritou com toda sua força: "Jesus, Filho de Davi, tem compaixão de mim!". Ó, que você que lê estas linhas possa pensar sobre as alegações de Jesus e chegue à mesma conclusão do mendigo cego de Jericó!

Peço-lhe: aprenda uma lição simples com esse homem. Ele fez uso do sentido que tinha. Embora não pudesse ver, Ele podia *ouvir*. Temos ouvido pessoas falarem sobre suas incapacidades naturais para executar ações graciosas e não lhes respondemos, porque passará muito tempo falando-se sobre o que elas não podem fazer até que façam o que podem fazer! Há algumas coisas que temos certeza de que podem fazer, e elas as têm negligenciado — isso é pura hipocrisia, pois alegam falta de poder quando não usam a força que têm. Elas não escutam o evangelho constantemente, ou, se o fazem, não o escutam com atenção e, consequentemente, não obtêm fé, pois a fé vem pelo ouvir. No caso de Bartimeu, tudo era honesto e sincero; ele não tinha visão, mas tinha ouvidos e uma língua e teve o cuidado de usar as faculdades que lhe restavam de modo que, quando o Salvador passou, clamou-lhe com toda a força! Ele fez sua confissão de fé e ofereceu, ao mesmo tempo, uma súplica pessoal por misericórdia quando gritou: "Filho de Davi, tem misericórdia de mim!".

Desejo me dirigir a apenas um ponto, que se destacará quando eu tiver terminado. Mas preciso fazer uma volta, para abranger meu plano. Que o Espírito Santo dite cada palavra!

1\. Minha primeira observação é que esse homem é um padrão para todos os que buscam Jesus VISTO QUE BUSCOU O SENHOR SOB GRANDE DESALENTO.

Ele clamou tão alto ao Senhor Jesus, tão sem cerimônia e em um momento tão inoportuno, conforme pensaram os outros, que o detiveram e ordenaram que ficasse quieto! Mas isso foi como jogar álcool no fogo e o deixou ainda mais contundente em sua súplica.

Observe seu primeiro desalento: *ninguém o incentivou a clamar por Cristo*. Nenhum amigo amorosamente sussurrou em seus ouvidos: "Jesus de Nazaré está passando! Agora é a sua oportunidade. Busque Sua face!". Possivelmente você, caro amigo, pode ter sido tão negligenciado que suspirou: "Ninguém se importa com minha alma". Então, o seu caso é igual ao de Bartimeu. Pouquíssimos poderão reclamar da mesma forma se eles vivem entre cristãos cheios de vida, pois, com toda a probabilidade, muitas vezes foram convidados, receberam súplicas e quase foram obrigados a ir a Cristo! Alguns até reclamam de importunação por parte dos cristãos e estão cansados disso, e não gostam de que se fale sobre suas almas. "Intrusão" é como isso tem sido chamado por alguns opositores, mas, na verdade, é uma intrusão abençoada sobre um pecador, adormecido no seu pecado à beira do inferno, para perturbar seu sono e despertá-lo a fugir para salvar sua vida! Você não acha que seria muito ridículo se uma casa estivesse em chamas e o bombeiro se recusasse a retirar alguém da casa só porque ele não havia sido apresentado à família? Ele deve mostrar seu distintivo a fim de obter uma autorização para entrar? Creio que uma violação da cortesia é muitas vezes a coisa mais cortês quando o desejo é o benefício de uma alma imortal! Se eu disser algo muito pessoal e encorajar qualquer pessoa a procurar e a encontrar a salvação, sei que ela jamais me culpará por isso!

Ainda assim, uma pessoa pode residir onde não há ninguém para convidá-la a buscar Jesus. E, se assim for, ela pode recordar o exemplo desse homem, que, de forma espontânea, procurou a ajuda do

Salvador. Ele sabia de sua necessidade e, acreditando que Jesus poderia lhe restaurar a visão, não precisou ser pressionado para rogar ao Senhor. Ele decidiu por si só, algo que todos deveriam fazer. Você não fará o mesmo, meu caro amigo, especialmente em um assunto tão importante como a salvação de sua própria alma? E se você nunca foi o motivo de amáveis súplicas de insistência? Você não deve forçá-las! Você está possuído por sua razão — sabe que é pecador e ficará perdido para sempre a menos que o Senhor Jesus o salve. O senso comum não sugere que você deveria clamar ao Senhor imediatamente? Seja pelo menos tão sensível como esse pobre mendigo cego e deixe a voz da sua fervorosa oração subir até Jesus, o Filho de Davi.

O desânimo de Bartimeu era ainda maior, pois, quando ele começou a clamar, *aqueles ao seu redor começaram a desencorajá-lo*. Leia o versículo 48: "E *muitos* o repreendiam, para que se calasse". Alguns por uma razão e alguns por outra o repreendiam para que se calasse. Não apenas o aconselhavam, mas "o repreendiam". Falavam como pessoas em posição de autoridade. "Fique quieto. Cale-se! O que você está fazendo?" Julgando-o como se ele fosse culpado de uma grave inconveniência por perturbar a eloquência do grande pregador, buscaram silenciá-lo! Aqueles que não sofrem com a consciência do pecado muitas vezes pensam que pecadores despertos estão fora de si e são fanáticos quando, na verdade, são apenas sinceros. As pessoas perto do mendigo cego o culparam por seu comportamento indecoroso ao gritar tão alto: "Filho de Davi, tem misericórdia de mim!".

Mas ele não podia ser interrompido. Pelo contrário, somos informados de que ele gritava não apenas mais, e sim "cada vez mais", de modo que era inútil tentar silenciá-lo! Um homem pensou que certamente o humilharia, e, portanto, falou mais peremptoriamente, mas não teve êxito, pois o cego gritou ainda com mais vigor: "Filho de Davi, tem misericórdia de mim!". Eis aí uma oportunidade de ter seus olhos abertos, e ele não perderia isso para agradar a ninguém! As pessoas ao seu redor poderiam julgá-lo mal, porém isso não importava se Jesus abrisse seus olhos. A visão era a única coisa necessária, e, por causa disso, ele poderia suportar rejeições e censuras. Para ele, desencorajamentos eram encorajamentos e, quando lhe disseram "Cale-se", clamou ainda mais! Sua maturidade e determinação foram desenvolvidas pela oposição. Amigo, e com você? Pode desafiar a opinião dos ímpios e se atrever a ser o único a fim de que possa ser salvo? Você pode enfrentar oposição, desencorajamento e decidir que, se é para obter misericórdia, você a obterá? Opositores chamarão sua determinação de teimosia, mas isso não importa; a sua firmeza é o material do qual são feitos os mártires! Em uma causa errada, a vontade forte cria rebeldes indisciplinados, mas, se for santificada, dá grande força ao caráter e firmeza à fé! Bartimeu deve ter visão e terá visão. Não há como detê-lo. Ele é cego para todos os obstáculos e impedimentos! Estava mendigando há tanto tempo que sabia como mendigar de forma importuna. Foi um mendigo tão vigoroso com Cristo como tinha sido com os homens e assim prosseguiu em seu intento apesar de todos os que queriam demovê-lo.

Houve, entretanto, mais um desencorajamento que deve ter pesado sobre ele muito mais do que a necessidade de agir e a presença de oposição: *Jesus não lhe respondeu de imediato.* Ele tinha, evidentemente, de acordo com a narrativa, clamado a Jesus muitas vezes, pois por que mais teria sido dito: "mas ele cada vez gritava mais"? Seu grito tinha se fortalecido embora não houvesse resposta! O pior era que o Mestre continuava em movimento. Temos certeza disso porque o versículo 49 nos diz que Jesus, por fim, "parou" o que implica que, antes disso, Ele tinha caminhado certa distância, falando à multidão ao Seu redor enquanto seguia. Jesus estava passando — passando sem atender o desejo desse cego, sem lhe dar um sinal de tê-lo ouvido!

Você, meu amigo, é aquele que tem clamado por misericórdia, mas não a tem obtido? Está orando há um mês e não tem resposta? Há mais tempo? Você tem passado dias e noites cansativos vigiando e esperando por misericórdia? Há um erro em todo esse caso que não vou explicar agora, mas lhe direi como agir. Mesmo que Jesus não pareça ouvi-lo, não desanime, mas grite para Ele "cada vez mais". Lembre-se de que Ele ama a importunação e às vezes espera de propósito por um tempo a fim de que nossas orações reúnam forças e, assim, sejamos mais sinceros. Clame a Ele, meu querido! Não esmoreça! Não se desespere nem desista! A porta da misericórdia tem dobradiças lubrificadas e se abre com facilidade — empurre-a novamente. Se você bater por tempo suficiente, o porteiro aparecerá e lhe dirá: "Entre, bendito do Senhor, porque está aí fora?". Tenha a coragem desse pobre cego e diga: "Embora por um momento possa não me ouvir, ainda assim o confessarei como Filho de Davi, declararei que é capaz de me salvar, e ainda clamarei a Ele 'Filho de Davi, tem misericórdia de mim!'".

Observe, então, que esse homem cego é um exemplo para nós, porque não levava muito a sério os desencorajamentos, quaisquer que fossem. Ele tinha dentro de si uma força motriz que ninguém poderia extinguir! Estava decidido a aproximar-se do Grande Médico e colocar seu caso em Suas mãos. Ó, meu querido amigo, que essa seja sua firme determinação e você, também, ainda será salvo!

2. Segundo, observe que houve uma mudança de cena. "Jesus parou e mandou chamá-lo". Aqui podemos vê-lo sob uma luz mais quente e mais brilhante por um instante e observamos que, DEPOIS DE UM TEMPO, O CEGO RECEBEU ENCORAJAMENTO.

O encorajamento não lhe foi dado por nosso Senhor, mas pelas mesmas pessoas que o tinham anteriormente repreendido. Cristo não lhe disse: "Tem bom ânimo", porque o homem não precisava de tais palavras. Ele não estava, de nenhuma maneira, relutante, ou desconsolado, ou vacilante por causa da oposição que havia encontrado. Jesus Cristo disse: "Tem bom ânimo" no caso do pobre homem paralítico que foi baixado por cordas do telhado porque este estava desanimado. Mas esse homem cego já estava animado e, portanto, o Salvador não lhe deu nenhum consolo supérfluo. Os espectadores ficaram satisfeitos com a esperança de ver um milagre e assim ofereceram seus encorajamentos que não foram de nenhum grande valor ou peso, uma vez que vieram de lábios que poucos minutos antes haviam entoado outra canção!

Neste momento, gostaria de dar a todas as almas ansiosas que estão tentando encontrar seu Salvador algumas pequenas palavras de ânimo e ainda assim alertá-las para não pensarem muito nisso, pois precisam de algo muito melhor do que qualquer coisa que o homem possa dizer! O conforto dado a Bartimeu foi tirado do fato de que Cristo o chamou. "Tem bom ânimo; levanta-te, *Ele te chama*". Para cada pecador que está ansioso para encontrar Jesus, essa é uma nota da trombeta de prata! Você é convidado a estar com Jesus e não precisa, portanto, ter medo de ir a Ele! Em um sentido ou outro, é verdade sobre todos os que ouvem o evangelho: "Ele te chama", e, portanto, podemos dizer a cada um de nossos ouvintes: "Tem bom ânimo".

Primeiro, é verdade que Jesus chama a cada um de nós pelo convite universal do evangelho, pois sua mensagem é para todas as pessoas. Ministros são comissionados a ir por todo o mundo e pregar o evangelho a toda criatura. Você, meu amigo, é uma criatura e, consequentemente, o evangelho tem um chamado para você: "Crê no Senhor Jesus Cristo e serás salvo". Somos ordenados a pregar o evangelho do reino a todas as nações e a gritar: "Quem quiser receba de graça a água da vida". "Quem quer que seja". Não há limite para isso, e seria uma violação da nossa comissão se tentássemos limitar o que Deus tornou tão livre quanto o ar e tão universal quanto a humanidade! "Não levou Deus em conta os tempos da ignorância; agora, porém, notifica aos homens que todos, em toda parte, se arrependam". Esse é o chamado universal. "Arrependei-vos e crede no evangelho". Nisto, há conforto de esperança para todos os que desejam se achegar a Deus:

*Ninguém está excluído, portanto, afora aqueles*
*Que se autoexcluem!*
*Bem-vindo, ao erudito e ao educado,*
*Ao ignorante e ao rude.*

Mas há ainda mais conforto no que, por questão de distinção, chamaremos de *o chamado do caráter*. Muitas promessas na Palavra de Deus são dirigidas a pessoas de determinado caráter. Por exemplo: "Vinde a mim, todos os que estais cansados e sobrecarregados, e eu vos aliviarei". Você está cansado? Você está sobrecarregado? Então Cristo especificamente o chama e lhe promete alívio se você for a Ele. Aqui está outra: "Ah, todos vós, os que tendes sede, vinde às águas". Você tem sede de algo melhor do que este mundo pode lhe dar? Então o Senhor o ordena a ir às águas de Sua graça. "E os que não tendes dinheiro, vinde". É você? Você está destituído de mérito, destituído de tudo o que poderia obter o favor de Deus? Então, você é a pessoa a quem Ele convida especialmente! Encontramos grande número de convites, tanto no Antigo quanto no Novo Testamento, dirigidos a pessoas em certas condições e posições. E, quando nos encontramos com uma pessoa cujo caso é assim previsto, somos obrigados a ordená-la a ter bom ânimo porque o Senhor está claramente chamando-a.

Em seguida, há *um chamado ministerial*, que é útil para muitos. Às vezes, o Senhor capacita os Seus servos para chamar pessoas de uma maneira muito notável. Eles descrevem o caso com tanta precisão, mesmo com mínimos detalhes, que o ouvinte diz: "Alguém deve ter contado ao pregador sobre mim". Quando as palavras pessoais e incisivas são, assim, colocadas em nossas bocas pelo Espírito Santo, podemos fornecer ao nosso ouvinte conforto e dizer: "Levanta-te, Ele te chama". O que disse a mulher samaritana? "Vinde comigo e vede um homem que me disse tudo quanto tenho feito. Será este, porventura, o Cristo?". Quando seus segredos mais íntimos são revelados, quando a Palavra de Deus entra em você como a faca afiada do sacerdote que abre a vítima sacrificial pondo às claras suas intenções e pensamentos íntimos e secretos, você pode dizer: "Agora senti o poder daquela palavra, que é viva e eficaz. Ó, que eu também possa conhecer o seu poder de cura!". Quando um chamado ao arrependimento e à fé vem sobre uma descrição pessoal minuciosa, você pode certamente perceber que o Senhor enviou essa mensagem especialmente para você, e é seu direito e privilégio sentir imediatamente o conforto do fato de que Jesus *o* chama. "A vós outros foi enviada a palavra desta salvação".

No entanto, há outro chamado que supera esses três, pois o chamado universal, o chamado do caráter e o chamado ministerial não são *eficazes* para a salvação a menos que sejam assistidos pelo próprio *chamado eficaz* e pessoal do Espírito Santo.

Caro amigo, quando você sentir em seu íntimo uma atração secreta por Cristo, uma atração que você não entende, mas mesmo assim não pode resistir, quando você experimentar uma ternura de espírito, uma suavidade de coração em relação ao Senhor, quando sua alma acender com esperança, para o que anteriormente era estranho, e seu coração começar a suspirar e a quase cantar ao mesmo tempo por amor a Deus, quando o Espírito de Deus trouxer Jesus para perto de você e o levar para perto de Jesus, então podemos aplicar a você esta mensagem: "Tem bom ânimo; levanta-te, Ele te chama".

**3.** Assim tentei apresentar esse homem diante de vocês como quem recebe consolo. Mas veremos que ELE SALTOU TANTO SOBRE O DESENCORAJAMENTO QUANTO SOBRE O ENCORAJAMENTO E FOI A JESUS POR SI MESMO!

Bartimeu não se importava nem um pouco mais com o conforto do que com as repreensões daqueles ao seu redor. Esse é um ponto que deve ser bem observado. Você que está em busca de Jesus não deve se acomodar em nossos encorajamentos, mas prosseguir em direção a Jesus. Gostaríamos de motivá-lo, mas esperamos que você não se satisfaça com o nosso incentivo. Faça o que esse cego fez! Leiamos o texto novamente: "Parou Jesus e disse: Chamai-o. Chamaram, então, o cego, dizendo-lhe: Tem bom ânimo; levanta-te, ele te chama. Lançando de si a capa, levantou-se de um salto e foi ter com Jesus". O cego não lhes agradeceu pelo consolo. Não parou sequer por meio minuto para o aceitar ou rejeitar. Não precisava — esse homem queria Cristo, e nada mais!

Caro amigo, sempre que qualquer homem com as melhores intenções do mundo tenta consolá-lo antes que você creia em Jesus, espero que você o deixe para trás e prossiga em direção ao próprio Senhor, pois todo consolo sem o próprio Cristo é consolo perigoso! Você deve ir imediatamente a Cristo. Você deve se apressar pessoalmente em encontrar-se com Jesus e ter seus olhos abertos por Ele. Você não deve ser consolado até que Jesus o console ao realizar um milagre da graça. Temo que o mimemos demais na incredulidade, aplicando bálsamo que não vem das montanhas de mirra, nem do sacrifício de nosso Senhor redentor. Temo que falemos como se houvesse bálsamo em Gileade, mas não há nenhum em lugar algum exceto no Calvário! Se há um bálsamo em Gileade, o Senhor pergunta: "Por que, então, a saúde da filha do meu povo não está recuperada?". A unção de consolo — separada de Cristo — tem sido usada por muito tempo e não curou ninguém! É tempo de direcioná-lo ao próprio Jesus Cristo! Mesmo o consolo a ser extraído do fato de um homem ser chamado requer muito cuidado em sua utilização para que não o desvirtuemos. O verdadeiro colírio está com o próprio Jesus, e, a menos que a alma realmente entre em contato pessoal com Cristo, nenhum outro consolo deveria satisfazê-la, pois este não pode salvar. Observe com admiração, então, que esse cego não se contentou com os melhores consolos que lábios amigáveis pudessem expressar, mas estava ansioso para chegar ao Filho de Davi!

Lemos anteriormente que *ele se levantou*. Antes esse cego estava sentado, envolto em sua grande capa na qual sentara muitas vezes para mendigar, mas agora que ouviu que fora chamado, conforme algumas versões, "de um só salto colocou-se em pé". A expressão pode ser, talvez, muito forte, mas pelo menos ele se levantou ansiosamente e não procrastinou! Sua oportunidade chegara, e ele estava pronto para ela! Na realidade, estava *faminto* pela dádiva! Bem, caro amigo, peço-lhe que não deixe que desânimos ou consolos o mantenham sentado imóvel, mas levante-se com ímpeto! Ó, mova-se para buscar o Senhor! Permita que tudo o que há em seu interior seja despertado para ir ao Salvador!

O cego ficou em pé imediatamente. E, quando se levantou, *lançou de si sua capa* que poderia tê-lo impedido. Ele não se importava com o que deixaria para trás ou perderia desde que recebesse sua visão! Sua capa, sem dúvida, tinha sido muito preciosa para ele por muito tempo enquanto era um pobre mendigo, mas agora que precisava chegar a Jesus, largou-a como se não valesse nada para que pudesse passar pela multidão mais rapidamente e alcançar Aquele em quem suas esperanças se concentravam! Portanto, se alguma coisa o impede de se relacionar com seu Salvador, lance-a fora! Que Deus o ajude a se livrar do seu "eu" e do pecado e tudo mais que está no caminho! Se houver qualquer má companhia à qual você estiver acostumado. Ou qualquer mau hábito em que você caiu. Se qualquer coisa valiosa como a vida o impede de ter uma simples fé em Jesus, considere-a como um mal a ser renunciado! Livre-se disso e corra para Jesus que o chama. Agora, agora mesmo, aproxime-se e se lance aos pés do Redentor. Diga em seu interior: "Encorajado ou desencorajado, considerei a questão e compreendo que a fé em Cristo me salvará. Jesus Cristo me dará paz e descanso e pretendo recebê-lo imediatamente não importando quem me impeça ou me ajude".

Em seguida, somos informados de que *ele foi a Jesus*. O cego não parou no meio do caminho, mas, encorajado pelo chamado de

Cristo, foi até o Senhor. Esse homem não ficou com Pedro, ou Tiago, ou João, ou qualquer um deles, mas foi a Jesus! Ó, que você, meu amigo, possa ter fé em Jesus Cristo e confiar nele de imediato colocando sua situação, por meio de um ato distinto e pessoal, nas mãos de Jesus Cristo para que Ele possa salvá-lo!

Nosso Senhor estava bem consciente de que esse cego conhecia Seu nome e caráter e, assim, sem lhe dar mais instruções, Jesus se dirigiu a ele com estas palavras: "Que queres que eu te faça?". As abordagens do nosso Senhor às pessoas eram geralmente com base na condição delas. Jesus sabia que esse homem entendia muito claramente o que precisava, assim Cristo fez a pergunta: "Que queres que eu te faça?" para que o cego simplesmente respondesse: "Mestre, que eu torne a ver", ou, como traz outra versão: "Rabi, quero enxergar". Vá, caro amigo, a Jesus se estiver consolado ou desencorajado e diga-lhe o que o aflige. Exponha sua questão em palavras simples. Não diga: "Não consigo orar. Não encontro palavras". Qualquer tipo de linguagem servirá se for sincera. Em relação ao discurso, Jesus não precisa de jacintos advindos de um conservatório — Ele se contenta com flores do campo colhidas de qualquer lugar onde você puder encontrá-las! Dê-lhe tais palavras da maneira como vierem assim que seus desejos estiverem totalmente despertos. Diga-lhe que você é um miserável incapaz sem a Sua graça soberana. Diga-lhe que é um pecador digno de morte. Diga-lhe que tem um coração empedernido. Diga-lhe que é um bêbado, ou um blasfemo, se for o caso. Abra-lhe seu coração, como a mulher fez com aquele sobre quem lemos no evangelho. Depois, diga-lhe que você precisa de perdão e de um novo coração. Fale com a alma e não esconda nada. Fale! Fale! Não fique ouvindo sermões ou consultando seus amigos cristãos, mas entre em seu quarto e fale com Jesus! Isso lhe fará bem. Pode ser bom aconselhar-se com um evangelista sincero, mas é infinitamente melhor tornar seu próprio quarto uma sala de aconselhamento e ali se aconselhar com o Senhor por sua própria conta. Que o Espírito divino o conduza a fazer isso agora se você nunca aceitou Jesus! Assim, quando Bartimeu apresentou pela fé sua condição, recebeu mais do que havia pedido! Recebeu salvação — desse modo a palavra pode ser interpretada.

*Ele foi curado, e assim salvo.* Portanto, o que quer que tenha causado sua cegueira foi totalmente retirado — ele recebeu a visão e era um homem salvo! Você crê que Jesus Cristo é tão capaz de salvar almas quanto o foi para curar corpos? Você acredita que, em Sua glória, é tão capaz de salvar hoje como o foi quando era um homem humilde aqui na Terra? Bem, se houver alguma diferença, Ele deve ter muito mais poder do que tinha desde então! Você crê que Ele é o mesmo amoroso Salvador agora como o era enquanto viveu aqui no mundo? Ó alma, peço que discuta isso com você mesmo e diga: "Irei a Jesus imediatamente. Jamais o vi desprezar qualquer pessoa — por que Ele me rejeitaria? Nenhuma doença física o confundiu, e Ele é o Mestre da alma, bem como o é do corpo — por que minha doença da alma o desconcertaria? Irei, e me prostrarei aos Seus pés, e confiarei nele, e verei se Ele me salvará ou não. Desencorajado ou encorajado, deixarei os homens e irei ao Salvador". Essa é a lição que eu gostaria que toda alma não salva aprendesse! Gostaria que você fosse além dos meios exteriores da graça para a fonte secreta da graça, até mesmo ao grande sacrifício pelo pecado — vá ao próprio Salvador, caso as pessoas o animem ou o desaprovem! Abatido, rejeitado, negligenciado, mesmo assim vá a Jesus e saiba que você é chamado para ser aperfeiçoado nele!

Uma coisa mais, e assim finalizo. Desejo que esse homem seja um exemplo para todos nós, se obtivermos uma bênção de nosso Senhor e formos salvos. *Tendo encontrado Cristo, uniu-se a Ele.* Jesus lhe disse: "Siga seu caminho". Ele seguiu seu caminho? Sim, mas que caminho escolheu? Leia a última sentença: "…e seguia a Jesus estrada afora". O caminho de Jesus tornara-se *o caminho desse homem*. Na verdade, ele disse: "Senhor, sigo o meu caminho ao te seguir. Agora posso ver e, portanto, posso escolher meu caminho e faço dele minha primeira e última escolha — assim, te seguirei por todo caminho que o Senhor indicar". Ó, que todo aquele que professa ter recebido Cristo realmente o siga! Mas, infelizmente, muitos são como aqueles dez leprosos que receberam a cura física, mas apenas um deles voltou para agradecer ao Senhor. Grandes multidões, após cultos de avivamento, são como os outros nove leprosos: declaram-se ser salvos, mas não vivem para glorificar a Deus! Por que isso? "Não eram dez os que foram curados?" Em grande decepção indagamos: "Onde estão os nove?". Infelizmente, com o coração debilitado perguntamos: "Onde estão os nove?". Eles não são firmes em nossa doutrina e comunhão, ou no partir do pão! Não são ativos na obra nem exemplos no caráter. Onde estão eles? Onde? Mas o cego de nosso texto bíblico era de uma nobre linhagem visto que, imediatamente após recuperar a visão, seguiu "Jesus estrada afora".

Esse homem usou sua visão para o melhor dos fins! Ele viu o seu Senhor e manteve-se em Sua companhia. O ex-cego decidiu que Aquele que lhe restaurou a visão deveria ser o dono de seus olhos! Ele jamais poderia ter uma visão mais agradável do que a do Filho de Davi, Aquele que removera sua cegueira. Assim, esse homem permaneceu com o Senhor a fim de celebrar seus olhos sobre Ele! Se Deus deu paz, alegria e liberdade à sua alma, use sua liberdade recém-descoberta em deleitar-se em Seu Filho amado!

Bartimeu se tornou um discípulo reconhecido de Cristo. Ele já o tinha proclamado o Filho real de Davi e agora decidiu ser um membro do grupo de Davi! Ele alistou-se sob o Filho de Davi e marcha com Ele para o conflito em Jerusalém. Ele permaneceu com o nosso grande Davi para compartilhar de suas perseguições e ir com Ele para a própria morte. Somos informados de que ele seguiu "Jesus estrada afora", e aquele caminho levava a Jerusalém, onde o seu Mestre estava prestes a receber uma cusparada, ser ridicularizado e crucificado. Bartimeu seguiu o Cristo desprezado e crucificado! Amigo, você fará o mesmo? Você agirá como Ele o fez e suportará censura por causa do Senhor? Homens corajosos são necessários para estes tempos maus — temos muitos desses que professam a fé, mas são frágeis e desmaiam se a sociedade os despreza! Poder para caminhar com o Senhor crucificado em direção às mandíbulas do leão é uma dádiva gloriosa concedida pelo Espírito Santo! Caro amigo, que esse poder esteja plenamente em você! Que o Espírito de Deus o ajude!

Esse Bartimeu, filho de Timeu, era um bom homem. Quando ele foi realmente despertado, você pode ver que ele possuía uma humanidade firme, decidida e nobre. Muitos, hoje em dia, dobram-se a cada brisa, como o salgueiro pela correnteza, mas esse homem se manteve firme. A maioria dos seres humanos é feita de material flexível que se permite moldar a todas as formas, mas esse homem possuía dentro de si material sólido. Quando era cego, clamou até receber sua visão, embora Pedro, Tiago e João o tivessem proibido! E, quando deixou de ser cego, seguiu a Jesus a todo o custo, embora a vergonha e a cusparada esperassem por ele. É nossa impressão que ele permanecera um discípulo firme e bem conhecido de Jesus, pois Marcos, que é o mais descritivo de todos os evangelistas, sempre quer dizer algo mais cada vez que usa sua pena, e o menciona como Bartimeu, cujo nome significa "filho de Timeu". E então, mais adiante, explica que o seu nome realmente tem esse significado. Um nome pode não estar realmente correto, pois muitos Johnson (filho de João) não são filhos de João, muitos Williamson (filho de William) não são filhos de William, e, por isso, possivelmente poderia existir um Bartimeu que não era o filho de Timeu. Marcos, no entanto, escreve como se Timeu fosse muito conhecido e seu filho também. O pai era provavelmente um crente pobre e conhecido por toda a Igreja, e o filho deixou sua marca na comunidade cristã. Não me admiraria se ele fosse o que chamamos "um ícone" na igreja — conhecido por todos devido a sua personalidade marcante e força de espírito.

Se, meu amigo, você está há muito tempo em busca da salvação e ficou desanimado, que o Senhor possa lhe conceder a decisão de ir a Jesus Cristo neste exato momento! Traga essa sua mente firme e constante, e submeta-a a Jesus. Ele o aceitará e acabará com sua escuridão! Sob os Seus ensinamentos, você ainda pode se tornar uma pessoa notável na igreja, de quem, nos últimos anos, os crentes dirão: "Você conhece aquele homem — aquele terrível pecador quando não era salvo, aquele que buscava ansiosamente por misericórdia, aquele obreiro fervoroso depois que se tornou cristão. Em seu agir, ele não será superado por ninguém! Ele é um homem íntegro, pois entregou todo o seu coração ao nosso Senhor". Ficarei muito satisfeito se você for esse tal convertido — um homem ou uma mulher que não precisará de cuidados, mas uma pessoa determinada e resoluta a fazer o bem, custe o que custar! Tais pessoas são um grande ganho para a boa causa. Gentilmente, gostaria de sussurrar para cada um de vocês: *Você não se tornará um deles?*

---

Este sermão foi pregado no Metropolitan Tabernacle, em Newington.

# 13

# A MORAL DE UM MILAGRE

*Ao que Jesus lhes disse:
Tende fé em Deus* (Marcos 11:22).

Essa exortação está relacionada com o milagre da figueira que secou, pois, embora repleta de folhas, não tinha fruto algum. A peculiaridade da parábola exige algumas palavras de explicação antes de prosseguirmos a fim de reforçar a moral nela implícita. Para muitos leitores parece estranho e inconsistente que, como não era época de frutificação, nosso Senhor esperasse encontrar algum figo naquela árvore. Eles se perguntam por que o Senhor culpou a figueira por não ter figos visto que ainda não era tempo de dar frutos. Porém, não entendemos isso devido a não vivermos em regiões onde essa espécime de árvore é encontrada, pois, de acordo com a ordem natural da produção, o fruto precede a folhagem. A figueira, antes de tudo, produz frutos no final dos brotos — os pequenos botões começam a se formar no início da primavera, e os figos se desenvolvem bastante antes que quaisquer folhas apareçam — sendo assim, se uma figueira apresentasse folhas, deveria ter figos consideravelmente maduros. Logo, essa figueira, numa época em que nenhum figo era esperado e muito menos sua folhagem, parecia ter superado todas as outras de sua espécie, ter ido muito à frente delas, ter avançado em suas próprias responsabilidades como figueira, ter excedido todas as exigências da estação e ter atingido um estado de produção sobrenatural que nenhuma outra figueira tinha sonhado alcançar. Havia folhas. O Salvador subiu e, ao encontrar as folhas que geralmente indicariam a presença de figos em um estágio considerável de maturação, perscrutou-a, mas não encontrou um único figo que justificasse tal pretensão, assim declarou: "Nunca mais nasça fruto de ti". Você sabe que, ocasionalmente, as árvores dão folhas fora de estação. Há um famoso carvalho em New Forest [N.E.: Sul da Inglaterra], que normalmente tem folhas bem desenvolvidas próximo ao Natal, quando o inverno reina por todos os lados, e "o reino vegetal se encontra morto". Existe uma bela superstição sobre ele, como se a árvore apresentasse suas honras repentinas no nascimento do grande Senhor. Vi o tal carvalho e parece muito estranho que esteja verdejante quando em toda a floresta não há folha alguma em qualquer outro lugar. A figueira, de igual modo, por alguma razão tinha produzido folhas em um momento em que não deveria. Se deu folhas, deveria ter figos; porém tinha a folhagem, mas não o fruto. Como tal, torna-se um símbolo apropriado de um homem que por vezes encontramos, que alardeia uma retidão que não se pode confirmar, aparentemente é mais piedoso em seu caráter do que se pode esperar que seja, demonstra uma devoção que é totalmente prematura, indica sinais de maturidade antes da época, professa um prodígio de presunção muito embora não produza nada para corroborar isso. Esse homem não diz que é absolutamente perfeito, mas é necessária uma ótica muito precisa para fazer essa distinção. Ele supera todos os seus companheiros. Sua conversa é algo maravilhoso. Seu credo é mais consistente, sua consciência mais sensível, sua conduta mais moralista, e seu padrão para considerar outros é mais severo do que o restante da comunidade. Você se questiona sobre isso até aproximar-se dele e então descobrir que é tudo conversa, ornamento e entulho, "Nada além de folhas", nenhuma virtude verdadeira, mas uma demonstração sem valor. Sim, conheci uma moralidade decente ultrajada por tal duplicidade monstruosa. Todas as folhas e folhagens de uma vida piedosa, toda a morte e corrupção de uma libertinagem sem a graça! Aqueles em torno dele eram envergonhados ao se virem tão inferiores em suas realizações, até que a rapidez com que ele secou os surpreendeu mais do que a velocidade de seu crescimento. Não havia nada nele. O antigo provérbio diz: "Muito barulho por nada". Muito barulho com certeza, pois as vozes mais santas ficam silenciadas por ele, e nada tem a oferecer que seja realmente útil para promover edificação, "Nada além de folhas". Bem, se alguém for seco, certamente será um homem como esse. Algo que tenho percebido ao observar uma igreja grande é que alguns, que pareciam bons demais para viverem aqui, revelaram-se muito ruins para desejarmos que vivam por muito tempo. Os tais são tão puros, tão brancos, tão impecáveis, tão imaculados, tão precisos, tão exatos, tão amáveis, tão lisonjeiros, tão doces, tão santos em sua hipocrisia, que parecia cruel sentir náusea interiormente quando se estivesse perto deles. No entanto, sob uma fina camada dessa pretensão vazia, eles são tão deficientes em toda a vida espiritual, realidade e sinceridade que, quando os encontramos, não podemos evitar sentir uma ardente indignação na própria alma de que os homens possam ir tão longe mentindo para o Espírito Santo. Não é de admirar que Ananias e Safira tenham caído mortos, ou que a figueira tenha sido condenada por ter tantas folhas e nenhum fruto. Vimos a mesma coisa acontecer aos homens e não ficamos admirados. Só pensamos em como Deus os desmascarou com justiça e expôs seus hediondos vícios à denúncia até mesmo do mundo, que, embora jaza no maligno, tem ainda algum senso de desprezo pela mentira religiosa.

Bem, nosso Salvador realizou esse milagre por meio de uma parábola, não porque gostava de figos, ou estava com raiva por não ter encontrado algum, mas porque a figueira lhe propiciou uma oportunidade de instruir os Seus discípulos. Essa foi uma lição objetiva. Jamais aprendemos algo tão bem como quando podemos realmente comprovar com os próprios olhos. Jesus fez isso para que Seus ouvintes pudessem ver e suas mentes ficassem impressionadas com o que presenciaram. A principal impressão na mente de Pedro e dos outros discípulos parece ter sido o extraordinário poder de Cristo. Certa manhã, seu Senhor disse: "Nunca jamais coma alguém fruto de ti", e no dia seguinte, quando passaram pela figueira, encontraram-na seca, até mesmo as raízes — não somente todos os seus brotos, mas, de acordo com Marcos 11:20, viram que "a figueira secara desde a raiz", ou seja, estava totalmente destruída. Estava completamente arruinada, exatamente o oposto do que estava 24 horas antes. Os discípulos ficaram impressionados com o poder da palavra de Cristo; ao simples decreto de Sua boca, a ruína sobreveio a árvore. Até onde sabemos, Ele não tocou na árvore, mas simplesmente falou a ela; sua folhagem se foi, e sua sentença aplicada. Bem, nosso Senhor não continuou a falar abertamente sobre a parábola com eles, mas, percebendo a impressão que ela causara a suas mentes naquele sentido, intentou fixar ainda mais na alma de Seus seguidores a moral que fora transmitida aos sentidos deles. Assim, Jesus prosseguiu falando sobre o grande poder de Deus que eles estavam admirando dizendo-lhes que poderiam obter tal poder, que poderiam praticá-lo e que poderiam exercê-lo como Ele o exerceu. Jesus praticamente lhes disse como poderiam obter esse poder e prosseguir revestido dele.

1. Com o propósito de trazer à tona essa linha de pensamento, nossa abordagem será: É BOM OBSERVARMOS O PODER DE DEUS.

Aqueles discípulos viram o poder de Cristo, que é o poder de Deus, quando a figueira secou. Não vemos milagres agora. Não procuramos por sinais e maravilhas para fornecer as credenciais e o selo da fé. As obras de Deus na natureza, se entendidas adequadamente, são testemunhas do eterno poder e divindade, ao mesmo tempo simples e excelsos. Talvez, sob alguns aspectos, elas transmitam lições mais sublimes do que os milagres. Deveríamos, penso eu, ter nossos olhos constantemente abertos para ver o poder de Deus na renovação da face da Terra. Gosto de observá-lo nas estações do ano. Que poder maravilhoso foi aquele que, de repente, chamou todos os brotos e flores para fora de suas sepulturas e fez com que aquilo que era solo negro subitamente florescesse em um jardim dourado, ou em canteiros radiantes com muitas cores! Você já não viu lugares solitários nas florestas e recantos entre as árvores tão gloriosos em cores que parecia como se o Senhor tivesse rasgado pedaços do manto do céu e os lançado entre as árvores na floresta? Vimos os jacintos de repente em seu mais profundo azul, onde tudo antes era musgo negro ou folha seca. Vemos isso todos os anos, mas é algo maravilhoso estar em pé e dizer: "Com que brevidade o inverno se foi! Com que rapidez a Terra se vestiu de juventude novamente!". Você não vê o poder de Deus em tudo isso? Essas criações e ressurreições da primavera não são nada? E agora, nesta época do ano, quando as folhas estão caindo ao nosso redor, embora as árvores não estejam secando, com que rapidez elas estão passando pelo maravilhoso processo de se despir. Você passou por uma árvore em um dia que estava verde e ficou satisfeito por estar sob sua folhagem, e agora no pôr do sol desta tarde, parecia que ela estava queimando em um fogo dourado, cada folha tinha se tornado amarela pelo toque do outono. Como Deus fez tudo isso? Silenciosa e calmamente, sem o som da trombeta, ano após ano, esses milagres, sobre os quais estou falando superficialmente agora, acontecem na natureza. Mas aquele que olha para eles e os analisa, ficará cheio de espanto com o poder extraordinário de Deus. Este planeta tem girado ao redor do Sol, fazendo sua rotação. Quem poderia mantê-lo em sua trajetória senão o Altíssimo? Cada dia ele gira e nos dá a encantadora vicissitude do dia e da noite, é o Senhor que mantém o mundo em seu eixo. Não pensamos de forma adequada no grande poder de Deus que continuamente se manifesta. A transformação da água em sangue como praga do Egito nos surpreende muito mais do que a rotação do mundo, e, entretanto, esta é de longe a coisa mais surpreendente das duas.

Faz-nos bem, amados amigos, ficar às vezes à noite olhando para o céu estrelado e pensar que Deus chama todas as estrelas pelo nome, as conduz em marcha para que nenhuma delas fracasse e sustenta cada uma delas na órbita celeste, em seus lugares, ao longo dos tempos. Maravilhosas são as obras de Deus na natureza. Vocês poderiam ler sobre o Vesúvio começando a cuspir seu fogo, ou sobre terremotos em diferentes lugares sacudindo as bases das montanhas e fazendo as obras mais fortes dos homens estremecerem e oscilarem, sem a consciência de um temor reverente? Em uma tempestade no mar, poderiam tremer enquanto cada madeira se abala com o bater das ondas contra a embarcação, sem sentir que esse é o grande Deus a quem servimos? Convido-os a pensarem na grandeza, no majestoso esplendor de Deus na natureza, porque o Deus da natureza é o Deus da graça, o Deus que governa nas alturas e troveja de acordo com Sua vontade; é o Deus a quem chamamos de Pai e que nos adotou em Sua família a fim de sermos Seus filhos e filhas. Embora não vejamos figueiras secando, muitas vezes deveríamos permanecer em santa admiração e declarar: "Grande Deus, quão maravilhosas são as Tuas obras!".

Bem, se vocês tirarem seu olhar da natureza e o colocarem na providência, o que os convido a fazerem, observarão exemplos estupendos do grandioso poder de Deus. Esse definhamento da figueira foi repetido 10 mil vezes em grande escala. Desejo lembrar-lhes apenas do que aconteceu em nossos próprios dias. Alguns anos atrás, a escravidão parecia ter fixado suas raízes no sul dos Estados Unidos. Seus galhos passaram por cima dos muros, e assim os estados do Norte eram obrigados a devolver escravos fugitivos. Com que rapidez essa figueira secou! A escravidão se foi, bendito seja Deus para sempre. Assim, hoje, não pisa em solo americano nenhum escravo, de qualquer cor que seja. Longe de lá, aqui do outro lado do canal, o grande império de Napoleão franzia a testa. Parecia ser muito poderoso. Espalhou-se como uma árvore verde. Era o principal apoio do papado, mas com que rapidez essa figueira secou! Lá longe, na Itália, houve uma série de principados mesquinhos representada por tiranos insignificantes que massacravam as pessoas. Deus levantou um homem honesto, que se apresentou como o campeão dos oprimidos, e com que rapidez aquelas pequenas folhas de figo caíram. Lá estava o homem do pecado com seu poder temporal, e ele era mestre de seus próprios domínios e, principalmente, da cidade de Roma, mas com que rapidez essa figueira secou. No decorrer dos séculos, revoluções ocorreram e eventos aconteceram em nossos dias, o que prova que o Senhor é muito grande em poder. Ao longo da história, as épocas testificam que sempre que uma frondosa instituição surgia, contudo, sem produzir bom fruto algum, e as pessoas diziam: "Agora podemos esperar frutos dela", parecendo ser impossível que ela desaparecesse, era exatamente o momento em que o Senhor falava e a sentenciava à ruína.

Uma palavra dele e quão rapidamente essa figueira secou! Toda providência está cheia dela. Aquele que lê a história em busca de providências não precisa virar duas páginas para encontrar exemplos. O leitor verá a mão de Deus aqui e ali, e ali e lá novamente, permitindo por um tempo o crescimento do mal, mas, em seguida, rapidamente eliminando-o. Assim será com todo sistema que desafia as leis do Senhor, visto que a sua prosperidade é a precursora de sua total destruição. Brota e floresce, mas para pender e morrer, morrer justamente em seu apogeu. Embora estejamos trêmulos e espantados com sua propagação, tão espessa sua folhagem, tão tangível sua vitalidade, nesse mesmo momento ouvimos a poderosa voz de Cristo e vemos o inevitável resultado no definhamento daquilo que estava no apogeu de seu vigor.

Bem, enquanto temos oportunidade de contemplar o poder de Deus, estejamos sempre prontos a observá-lo. Entretanto, não com vã admiração, nem com conversa inútil a fim de exclamar um ao outro "Que extraordinário!". Embora as obras de Deus estejam unidas a fim de enaltecer Suas maravilhas, no entanto, ao nos lembrarmos de quem Ele é e o que Ele é, há um sentido em que podemos deixar de nos maravilharmos e tremermos, como se a nossa pobre filosofia devesse considerar os sinais de Sua presença, as provas de Sua ação e a influência de Sua mão como fenômenos estranhos. Você conhece a história da piedosa mulher que, ao ser informada de algumas respostas de oração recebidas, foi indagada: "Não é maravilhoso?", e ela simplesmente respondeu: "Não, de modo nenhum. O Senhor é exatamente assim. Essa é a Sua maneira de agir". E assim, quando Deus põe de lado figueiras secas e manifesta o Seu poder de outras formas em Sua divina providência, contemplamos maravilhados, e, contudo, para Ele não é nada extraordinário. Ele quebra o arco e corta a lança. Queima a carruagem no fogo e nos ordena a ficar em silêncio e saber que Ele é Deus. Ele será exaltado na Terra. Esse tem sido o Seu modo de agir desde o princípio e sempre o será.

Devemos observar essas obras de poder para que possamos sentir que esse poder está totalmente comprometido em nos auxiliar. Se estivermos realmente do lado de Deus, se Sua graça nos reconciliou com Ele, se vivemos para promover Sua glória, se estivermos sob Sua proteção e dos cuidados do exército do Senhor Jesus, então todo o poder que é capaz de causar um terremoto será usado para abalar o Céu e a Terra antes que pereçamos. Todo o poder que se manifesta na providência será colocado em ação para nos libertar antes que sejamos aniquilados. Nosso lugar de defesa serão as munições das rochas. Nosso pão nos será dado e nossa água garantida. O poderoso Deus, Jeová é o Seu nome, prometeu Sua onipotência para o avanço e a vitória de Seu povo, e eles permanecerão firmes e vencerão.

Esse é o meu primeiro ponto para nossa meditação da noite; é bom observar o poder de Deus.

**2.** Deus chamou o Seu povo para OBRAS QUE PRECISAM DE TODO ESSE PODER.

Nosso Senhor Jesus Cristo praticamente nos revela isso quando diz: "Tende fé em Deus; porque em verdade vos afirmo que, se alguém disser a este monte: Ergue-te e lança-te no mar, e não duvidar no seu coração, mas crer que se fará o que diz, assim será com ele". Um cristão é um milagre. É uma gama de milagres. Quando ele chegar ao Céu, será o milagre de milagres. A sua história narrando tudo isso encherá o Céu com entusiasmo, de tão maravilhosa que é a obra de Deus nos herdeiros da salvação. Não é pouca coisa ser um soldado da cruz — um seguidor do Cordeiro. Bem, esta noite, queridas almas, se o Senhor Jesus Cristo, pelo Seu Espírito, chamasse qualquer um de vocês para ir a Ele, vocês sentiriam, talvez, imediatamente a ansiedade mais profunda em seu coração. Penso que os ouço indagando: "Se eu me achegar e confiar nele, como serei salvo, já que vejo as dificuldades que se encontram em meu caminho? Vejo diante de mim o grande acúmulo do meu pecado passado. Como posso ir a Cristo? Certamente esta montanha de transgressão esconde o Senhor de mim". Tenha fé em Deus, caro amigo, e o Seu poder será manifesto para remover essa montanha, sim, Cristo a removeu com a Sua preciosa morte. "Sim", diz o pobre coração, "mas sinto essa montanha de desespero, não posso ter esperança. Creio que pequei além da graça". Tenha fé em Deus e você verá toda essa montanha de dúvida e desespero removida e se alegrará naquele que dissipa o seu pecado como uma névoa e suas transgressões como uma neblina espessa. "Ah", diz a alma, "mas pareço tão indiferente, tão pesado, tão morto. Não me sinto tão sincero e ansioso como deveria. Não há nada em mim que seja bom". Tenha fé no poder de Deus para ajudá-lo nisso e você verá sua letargia e sua apatia darem lugar à energia e ao vigor, e o seu coração gélido será aquecido nos rios do arrependimento. "Ó", diz alguém, "mas preciso de tudo. Estou longe de Deus tanto quanto posso. Há barreiras intransponíveis entre Deus e eu". Sim, mas tenha fé no Senhor. Creia no Seu amor e graça paternos, Sua bondade e fidelidade. Confie em Cristo e conte com o amor do grande Pai em Jesus Cristo e você verá que as montanhas que o detêm se desfarão e não mais o impedirão.

Sei o que aconteceu com você. Sua figueira secou até as raízes. Quão cheia de folhas ela costumava ser! Anteriormente, você era um bom sujeito. Se você não produziu nenhum fruto para Deus, pelo menos fez promessas justas — como eram grandiosas suas resoluções! Que ótima autojustiça você tinha, mas o poder da vontade de Deus já a secou até as raízes. Agora, o mesmo poder de Seu evangelho através do Espírito pegará todas as montanhas que ficam entre você e Deus e as lançará nas profundezas do mar, assim você se alegrará nele.

Deus chama o pecador que se achega a Ele a deveres e obrigações muito além de sua própria capacidade natural os quais requerem todo o poder do Senhor para capacitá-lo a cumpri-los. Mesmo quando ordenado a se arrepender, crer e ir a Cristo, a ação divina é necessária para ajudá-lo a fazer isso, mas o Senhor o capacitará, e, por isso, esse pecador receberá graça para obedecer à fé. Tenha fé em Deus, e assim não desfaleça por dúvida ou desânimo.

Entretanto, mesmo depois que nos entregamos a Cristo, ainda não consideramos tarefa fácil prosseguir com Deus. Você que crê nele e é salvo, com frequência não clama: "Ó fraco e errante mortal que sou! Como, algum dia, chegarei à perfeição? Como posso me livrar do pecado que assombra minha imaginação e impacienta o meu coração? Que Céu de felicidade posso conhecer a menos que minha alma seja purificada de toda a mácula?". É muito verdade que não existe a felicidade perfeita até que haja santidade perfeita, e, mesmo assim, pela fé, o crente busca por ambas. "Mas", ouço-o dizer: "primeiro, minha ignorância está no caminho". Tenha fé em Deus e você aprenderá dele, e essa montanha de trevas desaparecerá. "Ó, mas depois há minha antiga corrupção no caminho e está entre mim e cada progresso na graça". Tenha fé em Deus e você verá que Ele removerá o coração de pedra de sua carne e o encherá de virtude e vitalidade por meio da fé. "Ó, mas as provações e as tentações de cada dia, como posso resisti-las?" Você não pode fazê-lo sozinho. Elas são demais para você, mas tenha fé em Deus e, por mais intensas que essas tentações possam ser, você estará habilitado a resistir, pois o poder do Senhor é capaz de sustentá-lo. Embora uma legião de demônios possa tentá-lo, de uma vez só, tenha fé em Deus e eles serão forçados a fugir. Você terá graça suficiente para passar por elas.

"Sim, mas", diz outro, "você não conhece minhas provações". Não, meu caro amigo, e você não conhece as minhas, porém tanto eu quanto você sabemos disto: Deus, Aquele que mediu a provação, pois elas são todas medidas e pesadas até o último grama, sabe como nos fortalecer para que possamos suportá-las. Seremos capazes de dizer às montanhas de provações: "Afastem-se", tão verdadeiramente como ordenamos à figueira infrutífera, "Seque-se". Levante-se, ó vermezinho de Jacó, pisoteie as montanhas e você as esmiuçará. Sim, transforme-as em forragem e as padejará, e o vento as levará. Apenas confie no eterno poder e divindade, e não há nada entre aqui e o Céu que precise provocar-lhe medo. Se estivermos sem Deus, tropeçaremos na palha, mas, se Deus é por nós, quem será contra nós? Mesmo que a nossa vida fosse prolongada a uma idade avançada, nossos ossos estariam cheios de dor, e nossa carne infectada com mil enfermidades dolorosas, mesmo que passássemos anos em cima de uma cama desgastada, devido à pobreza, e com a dor para nos afligir, aquele que tem fé em Deus cantará em voz alta sobre seu leito e louvará o Senhor porque o Seu poder repousa sobre ele. Vocês não são chamados para serem soldados em um desfile, a fim de exibir suas fardas e suas belas plumagens [N.E.: Comuns em alguns uniformes militares de gala do século 19.]. Vocês são chamados a lutar. Devem lutar se desejam reinar. Não se enganem, vocês são chamados para realizar milagres — milagres morais, milagres espirituais. Vocês são chamados para realizar grandes maravilhas entre aqui e o Céu. Irmão, você vê o seu chamado? Você o verá se o enxergar corretamente, pois nada, a não ser o poder divino, pode o ajudar a cumpri-lo.

Bem, se isso for verdade no que diz respeito à nossa própria vida espiritual, tenho certeza de que é assim ao tentarmos ganhar almas para Cristo. O homem que conduz uma alma a Cristo alcança um resultado que nenhum gênio ou habilidade humana poderia compreender. O poder que Deus coloca sobre um homem para torná-lo a ferramenta com a qual Ele arrebata o pecador das trevas para a luz não tem comparação. Se um homem pudesse me dizer que parou as cataratas do Niágara com uma palavra, eu não invejaria seu poder se Deus apenas me permitisse deter um pecador em sua louca carreira de pecado. Se uma criatura pudesse colocar o dedo no Vesúvio e, com isso, apagar sua chama, eu não lamentaria não possuir tal poder caso eu pudesse ser apenas o instrumento usado para interromper um blasfemo e ensiná-lo a orar. Esse poder espiritual é o maior imaginável e o mais desejado. Se qualquer um de nós almeja ser útil, não podemos obter sucesso a menos que tenhamos esse poder divino, pois, sem o auxílio do Onipotente, não podemos produzir resultados espirituais. Você pode ler, ou pregar um sermão, ou ouvir seus filhos lerem em sua classe de Escola Dominical sem qualquer ajuda divina, mas nada resultará disso. Para que haja pregação viva e ensino vivo que realmente conduzam almas a Jesus Cristo, é necessário que a obra seja inteiramente realizada no poder do Espírito Santo do início ao fim. Então, irmãos, vocês veem o seu chamado? Vocês devem possuir esse poder que fala às figueiras e elas secam — sim, um poder suficiente para falar com uma montanha e arrancá-la pela raiz, pois nada menos do que isso será apropriado para sua obra.

Vamos agora observar isso numa escala ampliada. Somos todos chamados a praticar e a ampliar o reino do Redentor e, como cristãos, estamos muito comprometidos com o progresso de Sua Igreja e da verdade de Deus. Estou certo de que nestes dias maus não há um de nós que possa olhar para os sinais dos tempos sem uma considerável tristeza. Espero que não seja por estar envelhecendo que tenho uma visão mais sombria das coisas hoje do que tinha há alguns anos; não são os meus olhos, mas realmente vejo a superstição muito mais desenfreada do que era antes. Essa figueira particularmente doce do ritualismo espalhou seus ramos surpreendentemente. E também há a especiosa figueira do ceticismo que parece ofuscar uma parcela considerável da igreja confessional de Cristo. Bem, agora, o que deve ser feito? Nada, exceto o que o texto bíblico nos diz: "Tende fé em Deus". E, quando temos fé em Deus, devemos falar com fidelidade e também com autoridade. Devemos demonstrar a nossa fé pelo testemunho que damos, e a Palavra de Deus que sai de lábios fiéis deve soar como trovão e brilhar como relâmpago e atingir com potência elétrica. E assim o antigo efeito — causado por tal poder — sobre essas figueiras frondosas e infrutíferas será repetido, tornando-as secas. Se você já leu a história do pensamento cético na Alemanha — não que eu recomende que façam isso, pois é tarefa dolorosa e fadiga de espírito — mas, se você já percorreu qualquer dessas histórias da filosofia como eu, sem dúvida observou um pensamento se elevando como uma nuvem cheia de presságios e cobrindo a Pátria com suas fantásticas sombras até que as pessoas sejam levadas a ver tudo sob uma nova perspectiva, ou sob uma nova coloração. Eles dão crédito por inspiração ao poeta, ao ensaísta e ao crítico da nova região de nuvens, e todos os que permanecem sob essa sombra são considerados infalíveis. Mas como é inseguro o reinado da sabedoria humana! Daqui a 25 anos, você poderá comprar todos os livros sobre aqueles dias a preço de papel usado, porque uma nova filosofia floresceu, um novo sistema tornou obsoleto tudo que o precedeu. Os eruditos estão em êxtase. Eles gritam "Eureca!" e zombam com desprezo de todos os que se abstêm de ecoar o seu clamor. Espere um pouco e outro meteoro atrairá o olhar deles, outro efêmero vagalume começará a piscar na escuridão. Li sobre uma planta "que numa noite nasceu e numa noite pereceu", mas os cedros do Líbano crescem lentamente e duram por mais tempo. "Com que rapidez essa figueira secou!" Assim pensei e assim disse quando li, um após o outro, os vários sistemas de absurdos que eles chamam de filosofia e metafísica. "Com que rapidez essa figueira secou!" Bem, na vida de até mesmo algumas das pessoas mais jovens aqui, você pode ter visto na Inglaterra diversos sistemas de descrença surgindo em diferentes lugares, sob os quais os pensadores da época (como eles se autodenominam), ou os levianos do momento (como poderíamos melhor descrevê-los), buscaram abrigo. Houve uma época em que todos nós estávamos errados por causa de alguma maravilhosa descoberta de ossos antigos. A Geologia nos frustrou. Então outra ciência tomou a frente. Vive-se para ver uma série de pequenos sustos. As figueiras aparecem com uma vasta exibição de folhagem, sem nenhum fruto. Ao olhar para trás e observá-los, podemos dizer: "Com que rapidez essa figueira desapareceu". E, quanto às atuais presunções, sejam elas quais forem, só temos que esperar um pouco mais, com confiança em Deus, e veremos essas figueiras infrutíferas também definharem. Sim, e se houver sistemas no mundo que pareçam mais duradouros, colossais como os Alpes, com fundações profundas como o inferno, temos ainda que apenas exercer fé suficiente, e em alta voz clamar a Deus insistentemente, e com coragem nos arremessar sobre a onipotência, e, então, falar, e, no falar do evangelho eterno, veremos esses sistemas montanhosos arrancados pelas raízes e lançados no meio do mar. Eis o ponto: precisamos ter força divina para fazer isso.

3. Bem, nosso Salvador nos mostra O ELO ENTRE O PODER DIVINO E O NOSSO AGIR.

Como obteremos esse poder? Cremos que Deus pode fazer todas as coisas; vimos algo da grandeza do Seu poder. Como podemos ser revestidos com ele? Eis a resposta: "Tende fé em Deus". Precisa ser pela fé, isto é, a confiança, a dependência, a crença. Deve ser em Deus. Nossa fé não deve ser metade em Deus e metade em outra coisa, mas fé em Deus. Literalmente, é: "Tenha a fé de Deus" — a fé que Deus efetua em nós e que é sustentada por Ele, pois essa é a única fé que vale a pena possuir.

*Tenha a fé de Deus.* "Ó, mas isso é algo muito pequeno", alguém diz. De fato, é. Pois é instintivo de uma criança confiar em seu pai, mas é a graça mais rara do mundo confiar em nosso Pai que está no Céu. "Quando vier o Filho do Homem, achará, porventura, fé na terra?". Se alguém puder encontrá-la, será o Senhor. Ele sabe onde ela está, pois Ele é o autor, o doador e o mantenedor da fé. No entanto, há tão pouco dela na cultura que, se o próprio Deus procurasse, não encontraria muitos campos em que ela cresça, ou muitos corações em que prospere. Ora, alguns têm fé nele, pela qual somos salvos do perverso século presente. Temos razão de estar muito chocados conosco mesmos em relação à pouca fé que temos em Deus em promover a Sua própria obra, e por nosso coração afundar sob nossas próprias provações diárias! Ele nos deu a fé justificadora, mas nossa fé ainda é de uma fraqueza que deveria nos levar a nos humilharmos diante do Senhor. Duvidar de Deus? Quão monstruoso e tolo isso soa — parece impossível! Para um cristão experiente, à primeira vista, parece realmente inconcebível que qualquer discípulo de Jesus possa duvidar de Deus. Você, meu querido irmão, que foi alimentado e nutrido toda a sua vida por providências singulares — você, cuja vida é tão notável que, se seus incidentes fossem todos escritos, as pessoas olhariam para eles como uma obra literária, você que viu o braço do Senhor agir a seu favor em muitas ocasiões, você que muitas vezes foi motivado a dizer: "Minha vida tem visto novas maravilhas" — você duvida dele? Como pode ser? Infelizmente! Infelizmente! Não é essa a falha, o grave e lamentável pecado de muitos dos filhos de Deus? Por isso o nosso Senhor coloca-o assim. Ele não só fala da fé em Deus, mas Ele diz: "Tenha-a; tenha-a. Tenha fé em Deus. Tenha-a em sua vida. Tenha-a com você. Tenha-a para o uso diário. Carregue-a com você". Alguns de vocês têm uma boa âncora em algum lugar, mas a deixaram em casa quando veio a tempestade. Vocês têm fé em algum lugar, mas parece que não a exercitam exatamente no momento em que ela é necessária. "Tende fé em Deus". Ele não lhe diz o quanto. Não há necessidade de prescrever qualquer limite. Tenha fé ilimitada no Senhor, tenha fé diária em Deus, tenha fé contínua, perpétua e abundante em Deus. "Tende fé em Deus". Esse é o elo entre a nossa fraqueza e a força divina, por meio da qual somos fortalecidos.

Tenha fé em Deus com relação a todos os fins e perigos que possam surgir. Você viu como a figueira secou. Acredite nisso. Você viu isso. Agora, tenha fé com relação às montanhas. Não pense que o poder de Deus se restringe a figueiras secas. Tenha fé sobre as coisas de magnitude e as coisas mínimas, porém mais particularmente sobre as coisas que neste momento o afligem. Quando você sente que poderia crer em Deus sobre tudo, mas uma questão específica aflige agora sua mente e tira sua paz, você evidentemente subestima sua própria capacidade para a fé. Você deve medir a força de sua fé pela influência que ela exerce sobre você durante sua atual provação. Ó, minha irmã, tenha fé em Deus com relação àquela pequena criança doente em casa. Seu coração está triste visto que a vontade do Senhor deva ser feita nisso, mas

Ele a fortalecerá para suportá-la. Tenha fé, também, com relação aos simples assuntos familiares que lhe causam tanta irritação. Você tem orado a respeito deles, agora entregue sua causa a Deus e tenha fé que Ele concederá o seu pedido. Mas você diz: "Ó, mas há uma questão profunda incomodando minha alma que não gostaria de mencionar a ninguém". Tenha fé com relação a isso e mencione-a para o seu Senhor. Não erre compartilhando isso com todos, mas tenha fé em Deus. "Sim, mas estou desempregado", diz um pobre homem lá longe, "e eu estou ficando muito perturbado". Querido irmão, você é um verdadeiro crente? Tenha fé no Senhor agora. Sei que você me dirá que não conheço sua provação. Não, não a conheço. Mas você também não sabe de alguns problemas pelos quais passei! E se você me dissesse para ter fé em Deus com relação a eles, eu o agradeceria pela exortação, pois essa é a única maneira que tenho para superá-los. E, querido irmão, essa é a única maneira que você encontrará para se livrar de seus dilemas. Que grande quantidade de problemas está representada por esta multidão reunida! Se pudéssemos esvaziar cada pessoa aqui, que monte de problemas se formaria. No entanto, se confiarmos no Deus vivo, esse monte desaparecerá! O que isso significa? Todo o fardo desaparece uma vez que você o tenha deixado com Deus. Que o Senhor, o Espírito Santo, auxilie a cada um de nós a ter fé em Deus com relação à dificuldade atual, quer seja uma figueira, quer uma montanha. Não sei o que fazem aqueles que não confiam em Deus. Alguns de vocês são muito pobres e sofrerão muito nesta vida, e ainda não têm esperança no mundo vindouro. Ah, pobres almas, o Senhor tenha misericórdia de vocês. Alguns de vocês aqui parecem passar pelo fogo e pela água e, mesmo assim, não têm o Céu à vista, nem esperança no mundo vindouro. Ó, garanta isso. Que o Senhor lhe ajude a ter fé em Cristo, assim não haverá montanhas entre você e Deus, e você estará com o Senhor onde Ele estiver quando chegar a sua hora de partir.

**4.** Agora, concluo com o meu quarto ponto, que é O ELO ENTRE O PODER DIVINO E NÓS MESMOS.

Para usar uma ilustração muito simples, você se lembra de como Benjamin Franklin, quando soube que havia um fluido elétrico na nuvem, empinou sua pipa e provocou um relâmpago? Bem, lá no alto existe o poder eterno de Deus, e eu preciso aprender a deixar a minha fé chegar até as nuvens para trazer o poder divino até mim aqui embaixo. Se eu tiver fé suficiente, posso ter qualquer quantidade de poder. "Faça-se-vos conforme a vossa fé". Se você é fraco, é porque a sua fé não é um bom condutor entre você e a força eterna. Se você tivesse uma fé melhor, seria possível avaliar o quão forte você poderia ser? Não tem como prever o que um homem seria capaz de realizar se sua fé aumentasse conforme a ocasião. Em Sansão, vemos o que a força física fez em um homem que tinha confiança em Deus, pois o homem Sansão, embora falho em quase todos os aspectos, tinha tanta confiança no Senhor como dificilmente alguém tem. Havia milhares de filisteus que gritaram contra ele, mas o que isso importou para aquele grande filho Sansão quando o Espírito do Senhor veio poderosamente sobre ele? Ele disse: "Com uma queixada de jumento um montão, outro montão; com uma queixada de jumento feri mil homens". Que fé gloriosa! E assim deveríamos nos sentir: "não sou nada. Não sou ninguém, mas Deus está comigo, e eu prossigo destemido e impávido". Estando Deus conosco, não importará se o mundo estiver todo armado. Quando há a minoria de um, e este é Deus, somos precisamente a maioria, pois Deus é tudo, e todas as pessoas no mundo não são nada diante dele.

O Senhor nos dá algumas dicas de como usar nossa fé. Primeiro, devemos usá-la para expulsar todas as dúvidas restantes. "Porque em verdade vos afirmo que, se alguém disser a este monte: Ergue-te e lança-te no mar, e não duvidar no seu coração, mas crer que se fará o que diz, assim será com ele". Deus não abençoará a fala do homem que está cheio de dúvidas. Livre-se das dúvidas. O evangelho desta presente metade do século 19 é: "Duvide". Ele não proclama "e você será salvo", porque esse evangelho não vê a necessidade imediata de se ser salvo. A pregação do evangelho em inúmeros lugares de culto é: "Duvide, duvide. Não seja como os puritanos, quase extintos, que acreditam na inspiração da Bíblia e se mantêm firmes nas doutrinas ultrapassadas e desacreditadas. Seja homem e duvide". Eles ficarão em dúvida diante das dificuldades em pouco tempo. Alguns deles estão duvidando até que suas capelas fiquem vazias, estão assustando seu povo para longe, como naturalmente fazem, visto que a dúvida é uma aparição assustadora.

Mas, queridos irmãos, vocês e eu temos que fazer o oposto disso. Temos que descobrir todas as dúvidas persistentes, extraí-las e lançá--las fora. Uma dúvida! Quando um homem está prestes a dar um passo de fé, é uma dúvida que o paralisa. Uma dúvida! Pois mesmo uma pequena dúvida, que é como uma pedrinha no sapato de um viajante, o faz mancar. É algo muito pequeno, mas é melhor passar uma semana para retirá-la do que prosseguir com ela. Crente, você precisa retirar a dúvida, pois, até que você creia, jamais viajará bem para o Céu, ou será forte no Senhor. Só imagine Martinho Lutero perturbado com dúvidas enquanto cavalgava para Worms [N.E.: Cidade alemã.]! Sem muita certeza sobre a justificação pela fé ao responder por sua vida! Imagine ele perturbado com dúvidas enquanto, de maneira pessoal, lidava com a própria vida a fim de enfrentar os poderes do mundo em nome de Deus? A dúvida o teria arruinado. Expulsemos o espírito de incredulidade. Que o Senhor nos ajude a fazermos isso e a sermos cheios de fé.

A próxima dica que o Salvador nos dá é que sejamos pessoas de muita oração, pois é por meio da oração que a fé é exercitada em Deus. "Por isso, vos digo que tudo quanto em oração pedir- des, crede que recebestes, e será assim convosco." Muita oração, mas do tipo confiante, deve ser oferecida pelos discípulos simples e confiantes, pois o clamor da fé, que a é verdadeira oração, alcança o coração do grande Pai e Ele está pronto para atender os pedidos de Seus filhos.

Outra dica é esta: Devemos garantir que estejamos purificados, pois, caso não, isso efetivamente impediria a oração de ser ouvida. "Se eu, no coração, contemplasse a vaidade, o Senhor não me teria ouvido." Logo, a fim de terem o poder de Deus para cingi-los, devem limpar o seu coração de toda a malícia. Vocês devem perdoar o seu irmão. Todo egoísmo e falta de caridade devem ser erradicados de sua vida ou então o Senhor não poderá lhes conferir poder. Se tivessem poder despótico relacionado a uma disposição implacável, não só amaldiçoariam uma figueira sem folhas, mas passariam a amaldiçoar qualquer coisa e tudo mais que fosse contrário aos seus próprios interesses. Se fossem dotados de todos os tipos de poder, não haveria misericórdia alguma para vocês, mas uma miséria infinita, a menos que vocês também fossem participantes da mente de Cristo. A menos que tenham o Seu coração de infinita pureza e benevolência inimitável, seria extremamente perigoso confiar-lhes o poder. O Senhor só confiará poder aos Seus filhos na proporção em que conhecerem a Sua vontade e se esforçarem para cumpri-la. Quando se tornarem completamente como Jesus, suas próprias orações que foram semeadas em fraqueza se levantarão em poder. Mas o pecado é terrivelmente debilitante; ele enfraquece, esgota e prostra totalmente um homem. Se qualquer tipo de pecado for tolerado na disposição — qualquer anseio e cobiça egocêntricos — se pensarmos que, quando adquirirmos esse poder, poderemos usá-lo para o nosso próprio prazer, lucro ou honra, tudo isso será empecilho para que recebamos o poder. Não é possível que o poder seja concedido sob tais circunstâncias. Vocês não removerão nenhuma montanha de seu lugar até que, antes de tudo, a montanha de seu egoísmo seja lançada ao mar. Ó Senhor, purifica Teus vasos e depois os enche! Limpa a ferrugem dos instrumentos e, em seguida, usa-os!

Agora, estamos aqui diante de ti. Bendito seja o Teu nome, tu nos salvaste. Torna-nos aptos a fim de sermos úteis em Tua causa e reino, indignos e pobres como somos, e terás a honra de nossa parte e por nosso intermédio. Amém.

---

Este sermão foi pregado no Metropolitan Tabernacle, em Newington.

*Impressão e acabamento:*

**Geográfica**
editora